大夏书系 | 幼儿教育

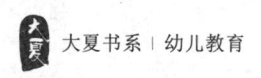

幼儿园保教管理工作指南

（第2版）

李峰 等/编著

华东师范大学出版社
·上海·

图书在版编目（CIP）数据

幼儿园保教管理工作指南/李峰等编著. — 2 版.
上海：华东师范大学出版社，2024. — ISBN 978-7-5760-5147-6

I. G617-62

中国国家版本馆 CIP 数据核字第 202406JW77 号

大夏书系 | 幼儿教育

幼儿园保教管理工作指南（第 2 版）

编　　著	李　峰　等
责任编辑	任红瑚
责任校对	杨　坤
封面设计	百丰艺术
出版发行	华东师范大学出版社
社　　址	上海市中山北路 3663 号　邮编 200062
网　　址	www.ecnupress.com.cn
电　　话	021-60821666　行政传真 021-62572105
客服电话	021-62865537
邮购电话	021-62869887
地　　址	上海市中山北路 3663 号华东师范大学校内先锋路口
网　　店	http://hdsdcbs.tmall.com/
印 刷 者	北京密兴印刷有限公司
开　　本	700×1000　16 开
印　　张	16
字　　数	220 千字
版　　次	2024 年 7 月第二版
印　　次	2024 年 7 月第一次
印　　数	5 100
书　　号	ISBN 978-7-5760-5147-6
定　　价	68.00 元
出 版 人	王　焰

（如发现本版图书有印订质量问题，请寄回本社市场部调换或电话 021-62865537 联系）

编 委 会

专家指导：罗　滨　姚守梅　申军红
编委成员：李　峰　马　虹　陈敏倩　张瑞芳
　　　　　周立莉　赵蕊莉　吴采红　田彭彭
　　　　　张志存　李　程

目录

CONTENTS

序　言 / 001

第一章　幼儿园保教管理工作概要

一、幼儿园保教管理工作的意义 / 003

二、幼儿园保教管理工作的内容 / 003

　　1. 保教制度建设 / 004

　　2. 保教计划制订与管理 / 004

　　3. 日常进班观察与指导 / 005

　　4. 组织教师开展园本研修 / 005

　　5. 教师工作评价和幼儿发展评价 / 006

　　6. 保教工作总结 / 007

三、幼儿园保教管理者的工作职责 / 008

第二章　幼儿园保教管理制度建设和计划制订

一、保教管理制度建设的意义 / 013

二、保教管理制度建设的要点 / 013

三、全园保教工作计划的制订 / 017

　　1. 全园保教工作计划的主要内容 / 017

　　2. 制订全园保教工作计划的工作流程 / 018

　　3. 制订全园保教工作计划应关注的要点 / 019

四、指导班级制订保教工作计划 / 026

第三章 深入班级指导

一、进班指导的主要内容 / 035

二、进班指导的基本原则与标准 / 037
    1. 进班指导的要点 / 038
    2. 进班指导的原则 / 038
    3. 进班指导的基本标准 / 040

三、进班指导中的角色定位 / 042

四、进班指导的基本方法 / 044
    1. 进班前：全面分析，做好准备 / 044
    2. 进班中：多种方法结合运用 / 046
    3. 进班后：不同问题不同指导 / 048

五、专项进班指导的策略和实践案例 / 051
    1. 专项进班指导计划的制订 / 051
    2. 生活活动的观察与指导 / 056
    3. 幼儿游戏的观察与指导 / 061
    4. 集体教学活动的观察与指导 / 065
    5. 户外活动的观察与指导 / 074

六、对教师反馈指导的策略和实践案例 / 083
    1. 提升沟通反馈的有效性 / 083
    2. 运用焦点讨论开展反馈指导 / 092

第四章 幼儿园教师的评价与指导

一、幼儿园教师评价的内容 / 101
    1. 什么是幼儿园教师评价 / 101
    2. 如何进行幼儿园教师评价 / 102
    3. 幼儿园教师评价包括哪些方面 / 102

二、教师评价的原则 / 107
    1. 尊重与发展的原则 / 107
    2. 全面与细节的原则 / 108

3. 沟通与引领的原则 / 111

　　4. 灵活与标准的原则 / 113

三、评价者的角色定位 / 115

　　1. 从裁判型评价到发展型评价 / 115

　　2. 从督导到建构 / 117

　　3. 从单枪匹马到多元主体参与 / 118

　　4. 从指向个体到指向群体 / 120

四、教师评价策略与案例 / 121

　　1. 基于幼儿发展的教师评价 / 121

　　2. 基于教师发展的分层指导 / 123

　　3. 从教师的职业状态切入的评价 / 131

　　4. 自我评价与直接评价相结合的方式 / 134

　　5. 聚焦个体发展的追踪指导与评价 / 136

第五章　园本教研与专业引领

一、园本教研中的专业引领 / 143

　　1. 什么是园本教研 / 143

　　2. 什么是专业引领 / 143

　　3. 专业引领的意义 / 144

二、专业引领的原则 / 145

　　1. 针对性原则 / 145

　　2. 有序性原则 / 147

　　3. 协同性原则 / 147

　　4. 适度性原则 / 149

　　5. 反馈性原则 / 150

三、专业引领中的角色定位 / 151

　　1. 真诚的倾听者 / 151

　　2. 积极的支持者 / 152

　　3. 可信赖的合作者 / 154

四、找准"研"的问题是专业引领的前提 / 158

 1. 什么是园本教研的问题 / 158

 2. 园本教研问题的特点 / 159

 3. 园本教研问题的来源与确定 / 160

五、做好"研"的计划是专业引领的基础 / 164

 1. 学期园本教研计划的制订 / 165

 2. 单次教研活动方案的设计 / 174

六、激发教师主动学习是专业引领的目标 / 184

 1. 关注教师的原有经验和不同水平 / 184

 2. 关注教师的参与感受，及时调整支持性材料 / 185

 3. 关注教师的参研状态，适时分解重点提问 / 186

 4. 关注教师的发展差异，引发教师反思 / 186

 5. 尊重教师的学习特点，支持教师自主建构 / 188

七、把握教研组织过程是专业引领的核心 / 189

 1. 教研组织过程的五个关键要素 / 189

 2. 尝试不同的教研形式 / 191

八、主持教研活动的方法 / 203

 1. 围绕主题，引导教师讨论 / 204

 2. 团队共研，促进思想碰撞 / 206

 3. 敏锐观察，适时调控节奏 / 207

 4. 梳理策略，关注实践运用 / 208

第六章 园本课程建设中的课程领导

一、课程领导的主要内容 / 211

二、课程领导的原则 / 211

 1. 幼儿为本原则 / 211

 2. 多主体参与原则 / 212

 3. 激励性原则 / 212

 4. 支持性原则 / 212

三、课程领导中的角色定位 / 212
    1. 课程建设团队的凝聚者 / 212
    2. 园本课程规划的领导者 / 213
    3. 园本课程实施的引领者 / 213
    4. 园本课程实施效果的观察者 / 213

四、园本课程的目标确定 / 213
    1. 以国家政策文件为指导思想 / 213
    2. 结合园所实际情况制定课程目标 / 214
    3. 建构横向关联和纵向递进的目标体系 / 214

五、园本课程的内容建构 / 220
    1. 依据课程目标选择课程内容 / 220
    2. 协同多主体参与课程内容的审议 / 220
    3. 协调和拓展教育资源，丰富幼儿的课程体验 / 221

六、园本课程的组织实施 / 225
    1. 理解课程理念并达成共识 / 225
    2. 制度保障明确基本要求 / 225
    3. 赋予教师课程自主权 / 226
    4. 实施过程的跟进与引领 / 226
    5. 指导教师合理利用教育资源 / 226

七、园本课程的诊断评价 / 236
    1. 强化自我评估的方式，充分发挥教师的评价主体性 / 237
    2. 共研课程评价的标准，确保评价的科学有效 / 237
    3. 综合运用多种评价方法，全面了解课程实施状况 / 238
    4. 注重评价主体的多元性，激发不同群体参与课程评价 / 238

八、园本课程的管理机制 / 240
    1. 在平等对话、民主参与的氛围下建设课程管理机制 / 240
    2. 保持课程管理机制的活力，激发教师课程创生能力 / 241

序言
PREFACE

随着国家对学前教育的重视，在规模急剧扩大的同时，质量提升也成为重要的关键任务。保教管理者作为幼儿园的中层管理者，肩负全园保教管理工作，是决定园所保教质量、教师专业成长的关键人物。保教管理者在实践中往往会遇到各种困惑、基于调研发现的实践问题和现实需求，海淀区开展了幼儿园保教管理者研修项目并开展行动研究，研究自2011年开始，至今已有14年。

本书作为该项目研究成果，为保教管理者科学开展工作提供专业支持，内容包括幼儿园保教管理工作概要、保教管理制度建设和计划制订、深入班级指导、教师的评价与指导、园本教研与专业引领、园本课程建设中的课程领导等六部分内容。全书理论和实践相辅相成，各章节既有理论引领，又有与理论相呼应的经验分析和典型案例。所有案例凝聚着几十名经验丰富的保教管理者的实践智慧，这些真实而亲切的故事以及可直接借鉴的经验和方法，可以帮助保教管理者加深对理论的理解、更专业地开展工作。

十年前，依托海淀区对保教管理者专业能力提升研究的实践成果，本书得以出版。她被海淀区幼儿园保教管理者们称作"红宝书"，作为保教管理者研修项目的核心"教材"，十年来陪伴着海淀所有保教管理者的专业成长，不仅受到海淀区管理者的喜爱，也得到全国同行的认可和好评。

十年间，我们持续开展研究，先后开展了北京市教育科学"十二五"规划课题"促进幼儿园业务园长专业发展的培训模式研究"、北京市教育学会学前教育研究会重点课题"基于保教管理关键问题的业务园长培训课程研究"、中国学前教育研究会课题"以学习者为中心的业务园长研修课程建构与实施研究"等。

随着国家各类政策文件对于保教管理者的专业能力要求更加清晰，我们的研究内容也不断拓宽，成果也不断增加。2022年2月，教育部印发《幼儿园保育教育质量评估指南》（以下简称《评估指南》），文件要求幼儿园重点关注保育教育过程质量，这也对保教管理者提出了更高要求。

为落实《评估指南》要求，基于十年来的研究成果，我们对第一版进行了修订。第二版更新并丰富了案例和经验，体现了学前研修室近年来的研究成果，包括中国学前教育研究会课题"以学习为中心的业务园长研修课程建构与实施研究"、北京市教育学会"十四五"教育科研重点课题"促进幼儿深度学习的幼儿园主题活动课程研究""促进幼儿园园本教研质量提升的区域教研指导体系研究"等。新增内容为：第一章，整体分析了保教管理工作的意义、内容和工作职责，使保教管理者对自身角色有更加清晰的认识。第二章聚焦保教管理制度建设，以及如何制订全园保教工作计划并指导班级保教计划。第五章源于2018年以来海淀区幼儿园课程领导力研修项目的系列成果，针对保教管理者在课程领导中的困惑问题提供实践对策。同时，根据《评估指南》精神，我们也对其他各章节的内容进行了调整和更新。

本书第一章和第二章由李峰、张瑞芳负责编写工作，第三章的修订工作由陈敏倩负责，田彭彭、李峰参与部分编写工作，第四章由李峰负责修订，第五章由周立莉负责、李程参与部分编写工作；第六章由赵蕊莉、李峰、陈敏倩、张志存负责编写工作。

特别感谢北京师范大学李敏谊教授和首都师范大学刘昊教授长期以来对我们的引领和指导，感谢华东师范大学出版社任红瑚编辑的鼓励和支持，在她的努力下，这份送给保教管理者的礼物，虽走过十年的光阴，却历久弥新！

李　峰

2024年5月

第一章

幼儿园保教管理工作概要

保教工作是幼儿园全部工作的中心，幼儿园的一切工作都必须围绕这一中心开展，这是幼儿园的独特特点，是由幼儿园的性质和任务所决定的。因此，在幼儿园管理工作中，应以保教管理为核心，以保证和提升保教工作质量，促进幼儿身心和谐发展。

　　保教管理者是实施保教管理的主体，其业务能力直接影响着幼儿园的保教工作质量。因此，保教管理者要明确自身的角色与工作职责，以及保教管理的工作内容与方法，关心幼儿和教师的成长，不断提升自身专业素养与管理水平，以规范、科学及系统的保教工作促进园所教育质量持续提升。

一、幼儿园保教管理工作的意义

2016年教育部修订的《幼儿园工作规程》提出了保教工作的核心任务，即贯彻国家的教育方针，按照保育与教育相结合的原则，遵循幼儿身心发展特点和规律，实施德智体美等全面发展的教育，促进幼儿身心和谐发展。幼儿园同时面向幼儿家长提供科学育儿指导。因此，幼儿园保教管理工作的核心是落实国家要求，通过保教管理提升教师专业能力，逐步提高园所保育教育工作质量，促进幼儿身心和谐地发展。

保教管理者是实施保教管理的主体，其业务能力对幼儿园教育质量有着决定性的影响。幼儿园保教管理能够为保教人员指引明确的工作方向和工作重点，帮助保教人员落实国家立德树人的根本要求、理解幼儿园的教育理念和目标，确保教育活动的设计和实施与幼儿园的整体目标一致，从而提升教师团队的协同效应，共同推进园所教育质量的提升。

保教管理能够确保幼儿园日常保教工作的顺畅和有序开展，通过制定明确的管理规范和工作流程，建立工作机制，实现幼儿园日常活动的有序进行，确保幼儿在安全、有序的环境中成长和学习；同时，通过对教师的定期观察和反馈、定期组织教研和培训，提升教师专业能力，实现幼儿园教育质量的持续提升。

高效的保教管理工作意味着不断地自我检视和优化，通过科学的方法诊断问题，总结经验教训，促进园所整体教育质量的持续提升。管理过程中以人为本的管理哲学是关键，它要求管理者不仅关注制度和流程的优化，更要关心教师的发展和幼儿的成长，通过提供持续的支持和资源，促进他们的可持续成长。

二、幼儿园保教管理工作的内容

总体而言，幼儿园保教管理主要包括保教制度建设、保教计划制订和管理、日常进班指导、组织园本研修、园本课程建设、保教工作评价和幼儿发展评价、保教工作总结等方面。

1. 保教制度建设

要保证幼儿园日常工作的质量，规范教师的言行，制度建设是关键。保教制度建设是幼儿园有效开展保教工作的基础，是提高保教质量和管理效率的重要手段。缺少了规范的保教制度，园所管理将是一盘散沙。

保教管理者要带领团队根据国家要求和园所实际情况共同建设保教制度，在执行过程中及时修订和完善，不断提升保教制度的科学性、可操作性、公平性和合理性，通过制度规范和指导教师言行，引领观念和行为的转变，促进保教质量提升。

2. 保教计划制订与管理

计划是行动的纲领，具有指导工作的作用。因此，制订符合本园实际，又能促进本园发展的保教工作计划至关重要。一份既符合本园"最近发展区"又切实可行的计划，才能引领园所保教工作有效开展。

学期初保教管理者不仅要制订本园保教工作计划（一般包括上学期保教工作的情况分析，本学期保教工作目标、重点任务及措施，逐月工作安排等），还要指导各部门（教研组、年级、班级）依据幼儿园保教工作计划制订本部门工作计划，指导教师依据幼儿园保教工作计划、班级工作计划及幼儿学期发展目标，制订班级月、周、日教育教学计划。

在指导班级保教工作计划中，要着重考虑以下四个方面：

第一，指导班级保教人员进一步学习与领会全园工作计划和保教工作计划内涵，保证学期班级工作方向、重点与园所一致。

第二，班级保教工作计划的制订应依据《幼儿园教育指导纲要（试行）》（以下简称《纲要》）、《3—6岁儿童发展指南》（以下简称《发展指南》）等文件要求与精神，基于本班幼儿发展情况、家长情况，以及保教人员的个性特点，在班长带领下全体班组成员共同讨论和制订各班保教工作计划。

第三，各班保教工作计划既要体现与园所重点工作的一致性，同时又应体现具有本班特点的针对性，措施具有操作性、可达成性。

第四，班级月、周、日教育教学计划应体现对班级学期保教工作计划的逐层具体落实，并根据幼儿的发展实际和幼儿学期发展目标灵活制定具体活动方案，坚持以幼儿为本的理念，体现保育教育的连续性、发展性。

3. 日常进班观察与指导

在幼儿园中有目的、有计划地指导保教人员开展保育和教育工作，促进园所保教工作质量提高，是保教管理者的主要工作之一。保教管理者要深入班级保教实践，通过观察和指导帮助教师在保教实践中进行自我反思，发现优势与改进不足，针对性地提升保教质量。

保教管理者的进班不应该走过场，而应通过认真细致的观察，了解教师开展班级保教工作的全面情况。在日常进班时，保教管理者应着重从班级保教工作的环境创设、生活活动、区域游戏、教学活动、户外活动、家园共育及教学资料批阅等方面来入手进行观察与指导。要尽可能详细观察并记录教师实施计划、组织活动的情况，注意在进班的基础上做出分析和评价，使被指导者明了优点与不足，共商改进措施，促使工作不断改进。

关于进班观察与指导工作的内容及策略，我们将在第三章进行分析。

4. 组织教师开展园本研修

幼儿园园本研修应基于本园发展实际，体现培训、教研、科研以及教师自主学习的有机融合。保教管理者应做好园本研修的整体规划、系统设计、资源开发、有效实施和评价管理等几方面的工作，过程中坚持以问题驱动、学用结合、突出实效。保教管理者在组织和指导园本研修中要抓住以下关键：

● 制订园本研修计划。在充分调研的基础上，准确分析园所和教师发展需求，体现自上而下和自下而上相结合的原则，精准确定研修主题和目标，聚焦于影响本园保教工作质量的关键问题。

● 多种形式开展研修活动。按计划组织实施多种形式的园本研修活动，可根据园所实际和教师个性化发展需求，综合运用自主学习、实践反思、专业引领、同伴互助、线上线下结合等方式，并注意方式的适切性、灵活性和多样性，提升研修质量。

● 固化和推广研修成果。指导各研修组对研修过程中形成的影像、文字、档案等各种资料进行整理归档。要将园本研修与本园教育教学实践和师资队伍建设实际相结合，不断固化研修成果，建立推广应用机制，促进研修成果应用于日常保教工作，实现教育教学持续改进。

在教师研修工作中，保教管理者的专业引领能力是影响研修效果的重要因素，保教管理者要通过多种途径学习专业知识，不断提升自身专业引领能力，帮助本园教师发现和解决真问题，将理论运用于教育实践，引领教师不断成长。

结合保教管理者的实践问题，我们将在第五章分析园本教研的组织与实施。

5. 教师工作评价和幼儿发展评价

幼儿园评价工作，即主要依据一定的标准和程序，有目的、有计划、有组织地对幼儿园工作进行深入调查，并做出价值判断的过程。[①] 对幼儿园保教工作实施评价的目的在于获得改进保教工作的依据，包括对教师工作的评价和对幼儿发展的评价。

教师工作评价是针对教师日常工作内容进行的评价，是幼儿园工作质量评价的重要组成部分。它包括一日生活中的生活活动、区域游戏、户外活动、教学活动等多项内容以及与幼儿发展紧密联系的环境创设家园共育的内容[②]。一般而言，每学期对教师工作评价内容的确定应基于保教管理者对园所保教工作现状的分析，并与园所保教工作的重点任务相结合；在此基础上，保教管理者要组织保教人员共同制定切实可行的评价标准，注意发挥标准的导向价值。在运用标准开展评价时，要注重过程性评价而非结果性评价，要将自评与他评相结合，评价者要对评价结果达成共识。此外，要特别关注评价结果的运用，即评价结果要用于改进教师教育行为，提高园所保教质量。

幼儿发展评价包括对幼儿的健康、语言、社会、科学与艺术五个领域及幼儿学习品质的评价。通常主要开展针对幼儿全体发展情况的群体性评价和针对幼儿个体发展情况的评价。从评价改革趋势来看，教师应以日常生活中

---

① 张燕.幼儿园管理［M］.北京：人民教育出版社，2011.
② 乔梅，沈心燕，陈立.幼儿园业务园长/保教主任工作指南［M］.北京：北京师范大学出版社，2017.

的自然观察为基本方法，还可以灵活采用谈话法、作品分析法、儿童成长档案袋等其他方法，综合运用多种方法来客观全面地了解真实的幼儿。在开展幼儿评价时，评价的主体不仅是教师，还可以请幼儿、家长一同参与；对幼儿的评价应贯穿于幼儿园的课程建设与实施过程中，对幼儿的观察与评价成为课程开展、反思与调整的依据，以有效促进幼儿的学习与成长；教师在评价幼儿时应关注和接纳幼儿在经验、兴趣、学习特点等方面的个体差异，以发展的眼光看待幼儿，避免用同一标准来评价幼儿。教师要将对幼儿发展的评价作为制订班级工作计划、改进自身教育的依据与家园工作的重要内容，促进班中每一位幼儿健康成长。

在班级评价的基础上，保教管理者要对园所儿童发展的总体情况进行分析，评价结果将成为检验上一阶段工作措施有效性和制订下一阶段保教工作计划的重要依据。

结合保教管理者的实践问题，我们将在第四章分析教师评价与指导工作。

6. 保教工作总结

要切实保证教育过程顺利进行，不断提高工作水平，吸取经验教训，探索保教规律，就应及时对保教工作进行总结。总结是保教管理工作的最后一个环节，总结工作对于园所发展的不同阶段而言，起到了承上启下的桥梁作用，既是对上一阶段工作的整理，也是为下一段工作做好铺垫和提供依据。一般而言，每学期应进行一次较全面的总结工作，分析园所保教工作中的优势与问题，以明确下一步工作的方向与重点任务。

每学期末保教管理者要指导各部门针对计划落实情况撰写工作总结，并在年级、班级工作总结的基础上，根据保教工作计划落实情况撰写保教工作总结，内容包括成绩与问题、努力方向等。此外，要指导各部门、各班级教师做好专题总结、优秀案例整理等工作，完成业务归档。

在总结工作时要避免出现以下问题，如总结的内容与计划脱节，计划中安排的工作内容在总结中无涉及，或者仅逐一罗列本学期所做的全部工作，没有主次，没有对问题与成绩进行分析，这样就不能实现总结工作的目的与价值。

三、幼儿园保教管理者的工作职责

教育部于 2015 年 1 月 10 日颁布了《幼儿园园长专业标准》（以下简称《园长标准》），标准适用于国家和社会力量举办的幼儿园正、副职园长。本书提到的保教管理者，是指引领园所保教工作的正副园长、保教主任、年级主任、教科研主任等从事保教管理的人员。

《园长标准》明确了园长集领导者、管理者和教育者三种职业角色于一身，并提供了规划幼儿园发展、营造育人文化、领导保育教育、引领教师成长、优化内部管理、调试外部环境六方面的专业职责。对于保教管理者而言，领导保育教育、引领教师成长是其重要职责。总体而言，保教管理者的主要职责包括：

- 确保办园方向正确，坚持以游戏为基本活动，理解尊重幼儿并支持有意义的学习，不断提高保育教育质量。
- 落实国家要求，立足本园实际，制订全园保教计划，组织保教人员科学实施，确保工作落实。
- 建立与健全幼儿园保教管理的各项规章制度，不断提高幼儿园保教管理的规范化、科学化水平。
- 定期督促检查与指导班级的学期、月、周计划的制订和落实情况，指导教师根据每个幼儿的发展需要，制定个性化的教育方案，组织开展灵活多样的教育活动。
- 深入班级观察与指导保育教育活动，及时了解教师与幼儿互动情况、评价保育教育状况并给予建设性反馈。
- 根据教师专业发展的需求，鼓励支持教师参加在职能力提升培训，组织和指导园本培训和教科研工作。
- 定期开展教师工作评价，引导教师对自己的教育行为进行分析与反思，并提出改进措施。
- 审阅教师的各种文本资料，如观察记录、反思、论文等，多方面了解教师的工作和发展情况，根据教师发展状况和需要进行针对性指导和培养。

- 带领教师团队基于园所实际来编制与实施课程，有效进行课程决策，引领教师进行课程实践创新，使全体教师同心协力地达成教育目标。
- 通过多种方式了解家长需求，组织各类家长活动，指导教师开展多种形式的家长工作。

保教管理者负责的工作内容多样，在不同规模、类型和发展阶段的园所中保教管理者的工作职责和分工也会有不同，但是通过管理实现幼儿发展、教师成长、质量提高的目标都是相同的。面对复杂多样的工作，保教管理者要全面系统地思考，用联系的观点看问题，将各项工作有机整合，能够横向联系、纵向分析，通过多种途径分析和解决问题。

一方面，保教管理者要学会在千头万绪和错综复杂的工作中找到关键，发现各项工作之间的联系，使各项工作与保教质量提升紧密相连；另一方面，保教管理者要具有合作意识，不可只关注"分内之事"，要与其他部门协调沟通，努力得到领导和其他部门的理解和支持，才能实现"劲儿往一处使"的局面。保教管理、保教质量提升是一个系统工程，只有各方齐心协力，在管理过程中不断反思和调整，才能促进园所保教质量整体提升。

第二章

幼儿园保教管理制度建设和计划制订

保教管理制度是幼儿园保教工作有序开展、高效运转的基础和保障。科学、完善的保教管理制度能规范幼儿园保教管理工作，提高保教管理工作的效率，促进幼儿园保教质量提升。

保教管理干部应明确制度建设的意义，重视制度建设的过程，充分发挥教师主观能动性，坚持自上而下与自下而上相结合、规定性与动态性相结合的原则，建立基于本园实际的保教管理制度，让保教管理制度真正成为凝聚保教人员思想、改进保教人员观念、规范保教人员行为及提升保教人员素质的有力手段，最终促进幼儿园保教质量的提升。

一、保教管理制度建设的意义

制度是组织的基本活动准则，是任何一个组织正常运转的保证，保教管理制度建设是幼儿园保教管理中的基础工作。保教管理制度能够使保教管理工作程序化、规范化、科学化，确保各项工作高效运转。

保教制度作为保教工作的准则，体现了教师共同认同的价值观，也能反映社会的道德规范和一定的文化传统，为全员指明行动方向。制度建设好了，教师日常工作就有明确、具体的方向，观念和行为的转变才有保障，日常保教工作质量才有可能提升。

一般而言，幼儿园保教管理制度可以分为全园教育教学管理、班级保教工作、干部教师培养以及家园和社区工作四个方面。其中，教育教学管理制度包括保教管理者进班观察制度、园本研修制度、教科研制度等；班级保教工作制度包括幼儿作息制度、保教人员一日生活常规、交接班制度、班会制度等；干部教师培养制度包括各层各类教师（新任教师、发展期教师、市区骨干教师等）评聘和分层培养管理制度、园本教研和培训制度等；家园和社区工作制度包括家长开放日制度、家委会制度、家长联系制度等。

当前，很多幼儿园对建设保教制度的过程并不重视，存在"盲目照搬、制度空泛、缺少针对性"等问题，究其原因主要是保教管理者仅仅将制度作为约束和管理保教行为的工具，没有理解制度对于提高保教质量、促进教师观念和行为转变的重要作用。

二、保教管理制度建设的要点

第一，制度建设的过程是自上而下和自下而上相结合、发挥教师主观能动性的过程。

新建园的保教制度一般由保教管理者起草，然后集体讨论、提交教代会或教师大会审议通过，方可实行。制度建立不能简单学习或照搬一些成熟园所的制度，要根据本园实际情况科学研制。虽然各园保教工作内容大致相似，但园所文化、教师水平和保教工作现状都存在差异，只有适合本园"土壤"的保教制度，才能被教师认同和执行。

制度建设的主体是教师，制度建设过程也是管理者和教师共同商定的过程。管理者和教师不是"我制定、你执行"的关系，而是"共同建设、共同执行、相互监督"的关系，教师参与制度建设的过程，也是参与民主管理的过程。制度建设的过程要开放、民主，体现以人为本，尊重和理解每一名教师的需要，使每一项制度真正走进教师心里。

第二，制度建设要与时俱进，体现国家和地方对保教工作的要求，体现国家教育改革发展的要求。

2016年教育部颁布的《幼儿园工作规程》（以下简称《规程》）删去了原有《规程》中幼儿园日常生活组织的"一致性"原则。这是针对实际工作中对幼儿生活环节的一致性要求和统一行动，如集体排队如厕、排队喝水等一些不符合幼儿年龄特点的常规要求，强调了生活照料因人而异，适应和满足个体需要的基本价值取向。根据国家要求，幼儿园中的幼儿作息制度、一日生活常规也应有所调整。同时，为了促进教师的专业成长，新《规程》还增加了"建立教研制度，研究解决保教工作中的实际问题"，引导教师在研究中不断提高保教能力。可见，园本教研受到高度重视，各园要根据国家要求细化教研制度，确保教研的有效性。

第三，根据园所发展情况及时对保教制度进行修订和完善。

没有任何制度是一成不变的，在制度建设之后要持续关注制度的实施效果，观察教师行为，发现经验和问题，听取教师意见，不断调整和完善制度。要将优秀经验和研究成果通过制度固化下来，也要通过问题反思制度中存在的不合理因素。调整制度时不要急于改变，要带领团队共同分析思考形成当前状况的根本原因，找到关键点和影响因素，然后才能有效解决问题，进而有的放矢地调整制度。

制度是教师观念和行为转变的催化剂。保教管理者要能够透过现象看本质，发现原有制度是否存在不合理的地方、是否存在遗漏，及时诊断出关键问题，以促进教师专业发展和提高保教工作质量为目标进行补充和完善。不断科学优化的保教制度才能正确引领教师，给予教师适当的策略支持，为保教质量提升持续发挥支持和保障作用。

【案例与分析】

海淀区北部新区实验幼儿园（凯盛园）的园本教研制度

1. 建立"执行园长——教研主任——保教处各班班长"教研分层管理机制，做好人员分工，明确职责。

园长是教研第一责任人，把握园本教研理念和方向，创设民主、平等的教研氛围，解决园所的真实问题，保证教研活动有效落实。教研主任负责园本教研的整体统筹安排，是教研活动负责人，负责专业引领与教研氛围创设、活动组织与实施、示范作用等具体层面。

2. 学期初，教研主任根据全园工作计划制订教研计划。一般而言园本教研计划包括以下几个部分：现状分析、研究专题、研究目的、研究步骤/方法、途径和措施、逐月安排。

3. 根据实际确定教研专题，定期开展有一定质量的教研活动。每学期不少于8次教研活动，每次一般为60~120分钟，并运用丰富的教研活动形式开展教研，如专题教研、案例教研、辩论式教研、问题推进、体验式等。

4. 每次教研活动之前，教研主任需要制定详细的活动方案并做好充分准备。园本教研方案包括教研活动目的、教研活动参加人、教研活动的准备、教研活动组织过程。

5. 教研过程中，要体现教研组织者的专业引领，带领教师聚焦问题开展研讨。教研过程要有记录，包括时间、地点、参加人员、主持人、记录人、教研过程、活动反思等。

6. 教师是园本教研的参与者，是活动的主体，需准时参加教研活动，遵守教研制度，积极参与讨论和发言，分享自己的理论学习或实践经验。

7. 教研活动后，要做反思与评价。为了保证教研活动的效果，促进教师及教研管理者的反思，为后续教研活动的开展奠定基础，每次教研活动结束后，教师、教研组织者、管理者要围绕教研选题、教研活动准备、教研过程、教研活动效果进行反思评价，不断促进教研活动质量提升。此外，教师还要对自己的教育实践进行反思,并思考教研活动对自己的启发,为后续跟进教研提供依据。

8. 参与教研活动表现优秀的教师在考核和职称评定时优先考虑。

9. 学期末教研主任对本学期教研开展情况进行总结。对照学期教研工作计划查看教研落实情况,梳理反思教研过程与效果,总结优势及不足,确定下一步可持续研究的方向。

10. 教研资料的整理,包括学期初教研计划、学期末教研总结、8次教研活动的方案、教研过程性记录、教研活动中有关培训内容的整理、教师的期末教研专题总结、教研过程的照片与录像等。

园本教研是以园为本的教育教学研究,是促进教师专业发展的助推器。园本教研制度的建立,不仅仅是为了约束教师的教育行为,更多的是期望通过制度来规范教研活动的开展,激发教师的参与热情,培养教师教研的自主意识、自觉行为,培养教师的思维习惯,提升教师研究能力。该园教研制度结合园所规模、园所文化、教师队伍发展情况等实际情况进行了综合思考。建立以园为本的教研制度,能够起到提升质量、确保实效的作用,但是制度建立后重在落实,因此必须强化教研制度的贯彻落实,培育和谐民主的教研文化,激发教师研究的主观能动性,使制度成为教师专业发展的有力保障。

【案例与分析】

作息制度在实践中不断优化调整

科学规范的作息制度指引幼儿园高质量起步并平稳发展。随着时代对学前教育的不断新要求,我园的作息制度也在因势、因时变化中。

《评估指南》提出,要"以游戏为基本活动,确保幼儿每天有充分的自主游戏时间,因地制宜为幼儿创设游戏环境,提供丰富适宜的游戏材料,支持幼儿探究、试错、重复等行为,与幼儿一起分享游戏经验"。要确保幼儿每天有充分的自主游戏时间,但是原有我园流程式作息制度一定程度上影响了儿童充分的自主游戏时间,如何对制度进行调整呢?

教师们展开讨论，大家达成共识，一致认为延长游戏时间是保障自主游戏的基础。于是区域游戏时间从原来的40分钟延长到1小时，带班教师可依据班级幼儿游戏现状进行调整。经过一段时间的尝试，教师们有了更多的"掌控权"，幼儿游戏时间也有所增加。

但是，一段时间后，原定10点钟的全园操节时间，各班到操场的时间参差不齐。老师们说："我们班真出不来，孩子们在建构区玩得特别投入。""我们今天上午组织的扎染活动，还没来得及收拾呢。"如何解决户外体育活动与自主游戏之间的"矛盾"呢？我们再次研读《评估指南》，经过讨论和实践，老师们认为可以根据班级幼儿的游戏情况确定操节时间，以保证幼儿的自主游戏时间。就这样，我园的作息制度进一步优化调整，由原来的"较为分散的环节"调整为"大环节活动"，为幼儿的游戏提供了更多的时间保障。

制度调整的过程需要保教管理者理解并落实国家要求，不断转变观念，给教师赋权，也需要管理者对实践进行跟进与分析，在调整中不断激发教师的主观能动性，使制度能与时俱进，真正为高质量保教"保驾护航"。

（北京市海淀区北部新区实验幼儿园　葛富清）

三、全园保教工作计划的制订

计划是行动的纲领，具有引领和指导工作的作用。制订一份既符合本园"最近发展区"又切实可行的保教工作计划，才能引领园所保教工作有效开展。

1. 全园保教工作计划的主要内容

（1）上学期保教工作的情况分析

对上学期的保教工作进行全面的回顾和分析，从幼儿发展情况、教师专业能力、日常保教管理等方面来分析目前幼儿园保教工作中的优势与问题。

（2）指导思想

深入学习国家学前领域纲领性文件与市区的相关文件和工作计划、全园计划的精神，对接园所保教实践现状，明确保教工作方向与重点。确保园所保教工作计划既符合国家要求，又具有针对性和实用性。

（3）本学期保教工作目标

● 基于国家文件政策及上级部门工作计划，落实全园计划中的重点工作。认真学习与贯彻国家关于幼儿园工作的法规性文件，党和国家关于教育的最新政策与文件精神，从宏观、全局的角度把握学前教育事业发展的战略性方向；学习上级行政部门及业务部门的工作计划（包括教委工作计划、学前科工作计划、教研室研训工作计划等），明晰与落实区域学前教育发展的重点；研究全园工作计划的目标与重点工作，并在保教工作中具体体现与落实。

● 基于上学期保教工作中存在的问题，依据上级部门的指导建议，提出本学期工作的质量要求。

● 基于幼儿、教师的近期发展水平，提出本学期发展目标。

以上目标应根据国家政策文件和上学期情况分析来进行设定，旨在提升园所保教质量、解决存在的问题，并促进幼儿全面发展。目标的设定应具有可衡量性，以便于在学期末对工作成效进行评估。

（4）重点任务及措施

确定目标之后园所需明确本学期的重点任务，并制定相应的措施来确保任务的顺利完成。

● 根据目标确定重点任务，可从幼儿发展、教师队伍建设、日常保教管理工作、教科研工作、家园共育等几方面确定。

● 措施与重点任务相对应，具有针对性、可操作性。

（5）逐月工作安排

为保证目标落实，园所需将重点任务分解到每月、责任到人，以更好地管理时间和资源，确保每项工作都能按时保质完成。逐月工作安排还需考虑季节变化、节假日安排等因素，合理安排活动和课程，以促进幼儿的全面发展。

2. 制订全园保教工作计划的工作流程

幼儿园制订全园保教工作计划主要经历以下6个流程：

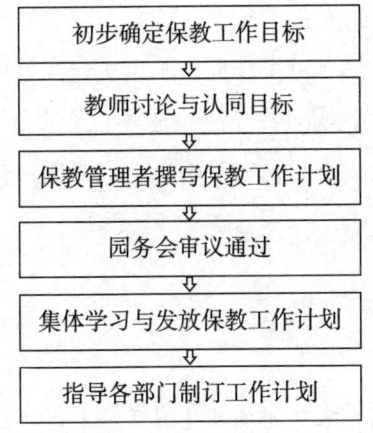

3. 制订全园保教工作计划应关注的要点

在制订全园保教工作计划时，保教管理者需要综合考虑多个关键要素，以确保计划的全面性、实用性和有效性。需要重点关注以下五个方面：

（1）重视决策过程的多方参与

计划的产生是自上而下和自下而上相结合的过程。保教工作计划不应是保教管理者的单方面决策，教师、家长乃至幼儿的意见和建议也应充分考虑。这种多方参与保证了计划的广泛接受性和执行时的协同效应。

（2）关注计划的连续性和渐进性

计划应建立在之前工作的基础上，形成一个连续的发展链。这要求本学期的计划目标和内容不仅要基于上学期的总结和评估，还要逐步推动园所质量的持续发展。计划的渐进性可以帮助幼儿园稳步提升保教质量，而不是盲目追求短期的飞跃。

（3）重视计划内容的内在逻辑

计划的制订应注重内容的前后一致性和内在逻辑，以保证各项目标与内容能真正落在实处。

（4）从两个角度确定重点工作

在确定重点工作时，应充分考虑每个学期的常规保教任务，还应关注幼儿园当前发展阶段的具体需求。这意味着计划应同时具备稳定性和灵活性，稳定性确保教育工作的连贯性和一致性，而灵活性则保证园所能够应对新挑战，满足阶段性的变化需求。

（5）制定具体明确的实施措施

措施要明确具体，具有可操作性，确定工作实施的时间、负责人、操作方法、步骤等主要因素。明确的实施措施不仅有助于确保计划的顺利执行，还便于监控进度和质量，及时调整策略以达成既定目标，并通过具体的指标来评估效果。

【案例与分析】

北京大学附属幼儿园保教工作计划

（2023.08—2024.01）

一、上学期情况分析

（一）成绩与效果

1. 日常保教管理方面：不断完善和规范保健管理制度和工作要求，确保幼儿的安全与健康；细化教师保教工作的落实，提高各层级管理水平，促进保教工作质量总体提升；关注大班幼儿四项准备有机融合，深入开展幼小衔接研究工作。

2. 幼儿发展方面：幼儿身体发展各项指标良好，达到相关发展水平要求。儿童体检率达100%，视力低常率各班级在8.68%~9.36%，需关注幼儿用眼卫生；全园幼儿在身心发展、动作发展方面突出，生活习惯和生活能力、语言领域、社会领域方面较好，科学领域、艺术领域方面进步显著，但科学领域还需进一步加强。

3. 教师发展方面：发挥党团员优秀力量，不断提升教师师德水平；聚焦教师困惑，解决教师主题活动建构视角、思路等问题；形成7个领域小组，开展相关领域的教研活动，提高教师教育教学能力；以研促教，借助课题研究、微研究，促进教师内涵式发展，打造更加专业的融合教育教师团队。

4. 家长工作方面：教师通过观察记录、作品分析、照片视频分享等不同方式，加强日常与家长有效沟通；通过丰富的活动，让家长进一步了解孩子在园情况；从期末家长评议结果来看，家长对班级工作非常认可，尤其是教师师德、责任心等方面，同时也提出了多参与幼儿园活动的愿望。

（二）有待努力之处

1. 日常管理方面：根据保教工作管理岗位调整情况，进行合理分工，进一步细化和规范教师保教工作，进行有效分层管理，不断提高新任保教管理干部的管理及专业指导的能力。

2. 幼儿发展方面：在原有基础上进一步提高幼儿身高、体重增长合格率，关注幼儿口腔及用眼卫生。提高师幼互动质量，注重对幼儿的观察与支持，借助STEM活动，提升幼儿科学领域教育质量。

3. 教师发展方面：基于教师发展中的真问题和真需求开展各项教科研工作。调研了解教师专业发展需求，指导教师做好个人专业成长规划，多途径支持教师个性化成长。

4. 家长工作方面：结合家长需求，园所将开展更加丰富的家园活动，使家长能深入了解幼儿园教育；挖掘家长资源，鼓励家长参与到幼儿园各项活动中，开展高质量的家园共育。

二、指导思想

以教育部《幼儿园工作规程》《纲要》《发展指南》《评估指南》《幼儿园入学准备指导要点》精神为指导，履行"立德树人"使命，巩固和优化幼儿园办园质量，确保幼儿的身心安全与健康，促进幼儿富有个性的和谐发展。

三、学期工作目标

1. 贯彻落实国家关于开展学前教育的相关要求及标准，明确"立德树人"目标，坚守教育文化阵地，坚持"以儿童为本"的教育理念，确保幼儿的安全健康。

2. 基于儿童视角，提高教师观察和分析幼儿的能力，提高师幼互动质量，开展丰富适宜的活动，促进幼儿富有个性的和谐发展。

3. 积累和优化主题活动、教学活动、游戏活动、生活活动中积极师幼互动的经典案例，提高教师的业务素养、研究意识与能力，促进教师专业成长。

4. 挖掘家长资源，继续丰富家园活动、家长学校形式与内容，提高家园共育的质量。

四、工作重点

1. 保教管理工作：根据保教工作管理岗位调整，不断完善和规范保教管理制度和工作要求，继续优化班主任负责制，在实践中梳理方法和经验，进一步缩小班级保教质量的差距。

2. 日常保教工作：提高教师一日生活中的师幼互动及观察分析幼儿的能力，让幼儿感受宽松有爱的班级氛围，开展符合年龄特点、满足幼儿发展需要的高质量的一日活动，提高班级保教工作质量。

3. 幼儿发展：基于儿童视角设计和开展游戏活动，增强幼儿体质，提高幼儿生活及劳动能力；创设能够促进幼儿主动学习和深度学习的游戏环境，提高游戏中的师幼互动质量，满足幼儿个性化发展需要；开展STEM教育，提高幼儿科学素养及探究能力。

4. 教师发展：发挥党团力量，加强师德教育，继续提高全体教师师德水平；关注教师发展中的真问题和真需求，提高教师教科研水平；了解教师专业发展需求，协助教师做好个人专业成长规划，搭建平台支持教师个性化成长。

5. 家长工作：根据家长个性化需求，有针对性地开展家园活动、家长学校和家园沟通，让家长深入了解幼儿园教育与家庭教育合力的重要性。

五、具体任务与措施

（一）保教管理工作

任务一：继续完善和规范各项保教管理制度和工作要求，确保幼儿的安全与健康。

措施：

1. 结合市区教委、卫生保健部门要求，优化和完善幼儿园各项保教管理制度，并进行逐级培训，保障幼儿在园的安全健康。

2. 不断调整和优化安全教育与预案及演习工作，注重演习后的反思总结，提升全体教职工和幼儿的突发事件应急疏散和安全防护能力。

任务二：根据保教管理干部调整的情况，细化和规范保教工作的落实。

措施：

1. 学习园所保教管理制度与岗位工作要求，保教管理团队合理分工，在实践中梳理方法和经验。

2. 关注教师文案质量，开展针对性的指导，优化各项计划的关联性与实用性。

3. 加强班组工作经验交流学习，打造班班有亮点，班班有质量，提高班主任管理能力。

（二）日常保教工作

任务一：做好开学迎新活动。

措施：

1. 根据园所特点、小中大班幼儿需求和年龄特点，进行集体备课，制定新学期迎新方案。

2. 做好小班新生入园及适应期活动，设计丰富有趣的游戏活动，帮助幼儿逐渐熟悉、喜欢幼儿园。

3. 关注插班生，创设机会增强同伴之间的交流，让幼儿快速融入新的班级。

任务二：做好日常保教工作。

措施：

1. 学习《评估指南》，以幼儿为主体开展保教工作，关注师幼互动质量，支持教师日常保教工作有质量地开展。

2. 重视教师对幼儿的观察与分析，关注幼儿游戏状态，根据幼儿兴趣和需求，创设与幼儿互动的环境，支持幼儿游戏。

3. 注重中国传统节日及传统文化教育渗透，让幼儿体验重阳节、中秋节、国庆节、春节等中国节日，感受传统文化的魅力。

任务三：开展幼小衔接工作。

措施：

1. 业务部门开展相关培训工作，将幼小衔接目标贯穿于幼儿园三年工作中，班级教师对本年龄段的内容、目标有了解，能落实。

2. 大班开展幼小衔接主题活动，将四个准备有机融合与渗透，促进幼儿全面发展。

3. 结合"十四五"幼小衔接课题，重点梳理大班数学游戏及活动案例，丰富我园幼小衔接园本课程。

任务四：做好幼儿发展评价工作。

措施：

1. 以提高师幼互动质量为切入点，班级老师通过高质量的师幼互动全面了解幼儿，补充幼儿评价的过程性资料。

2. 在研发室的支持下，与北大心理学院合作，开展幼儿社会性发展评价。家园保持沟通，共同做好幼儿成长评价过程性资料收集工作。

（三）幼儿发展

任务一：幼儿喜欢幼儿园，养成良好常规，积极参与幼儿园各项活动，健康快乐。

措施：

1. 根据幼儿年龄特点，建立幼儿自然、自主、有序的一日生活，鼓励幼儿自己的事情自己做，培养动手能力、自我服务及劳动能力。

2. 充分利用园所自然资源与体育游戏材料，创设情境、科学设置，提高户外游戏的质量。

3. 结合不同年龄幼儿兴趣特点，开展丰富有趣的迎新活动、主题活动，鼓励幼儿参与各项活动，促进各领域有机整合。

任务二：创设幼儿喜欢的游戏活动，促进幼儿主动学习和深度学习。

措施：

1. 根据幼儿兴趣和需要，为幼儿创造丰富且有挑战性的游戏环境和材料，关注幼儿在游戏中的状态，支持幼儿的自主游戏。

2. 关注幼儿游戏、活动情况，根据幼儿需要，开展儿童视角的主题活动，促进幼儿主动学习，逐渐丰富幼儿经验。

任务三：关注幼儿个性化需求及科学领域的发展状况，促进幼儿富有个性的全面发展。

措施：

1. 借助特教资源中心力量，开展相关培训及教研，深化融合教育理念，提高融合教育质量，满足幼儿个性化发展需求。

2. 借助数学、STEM 课题，支持幼儿在解决真实问题过程中提高科学探究能力及 STEM 素养。

（四）教师发展

任务一：发挥党员先锋模范作用，开展师德培训，提高全体教师师德水平。

措施：

1. 开展新时代中国特色社会主义思想主题教育，发挥党员教师的先锋模范作用，提高政治觉悟。

2. 将师德教育及政治思想教育紧密结合，比如日常师幼互动、班务会每日师德必谈，支持教师在实践中提升师德修养。

任务二：结合教师日常工作中的问题与需求，开展有针对性的教科研工作，不断提高教师专业素养和水平。

措施：

1. 基于调研中教师对主题活动背景下教学活动的设计与实施的困惑、问题，由教师自主选择，形成不同教研组，开展相关教研活动。

2. 借助市区教研平台、课题研究，分层分项目进行专业培训和实践研究，助力教师成为爱学习、善思考、敢实践、巧表达、能写作、会研究的优秀教师。

任务三：开展调研，协助教师制定个人专业成长规划，搭建平台，促进教师个性化专业发展。

措施：

1. 依据学前教育相关文件精神，完善研修制度及体系，激发教师专业成长愿景，指导教师分析个人优势及需要制定专业成长规划。

2. 结合个人发展目标与工作能力细化分层分类分项培训，打造满足教师个性化成长需求的园本研修。

3. 依托市区园所各级平台，在交流展示中成长；成立领域教研组，自主选择促成长；开展"师带徒"的带教活动等。

（五）家长工作

任务一：开展丰富的家园活动，提高家园沟通质量，增进相互了解，达成共识，提高家园合作质量。

措施：

1. 开展迎新活动、节日教育、家长半日开放、家长进课堂等丰富的家园活动，家长有机会感受幼儿在幼儿园的生活学习。

2. 加强家园沟通策略的培训与分享交流活动，激发家长主动参与到幼儿教育活动中。

3. 借助学区平台和研发室力量，设计家长学校关于家庭教育方面的讲座和活动，提高家长对家庭教育的理解和能力。

任务二：挖掘家长资源，开展高质量的家园共育，促进幼儿个性化发展。

措施：

1. 挖掘、借助家长资源或专业优势，开展班级活动，提高家园共育质量。

2. 通过个性化幼儿评价工作，教师和家长了解幼儿在幼儿园及在家的表现，支持幼儿个性化需求发展。

六、月工作安排（略）

（北京大学附属幼儿园　孟帆）

四、指导班级制订保教工作计划

班级是落实全园保教工作计划的基本单位，发挥着承上启下的作用。保教管理者指导各班级依据幼儿园保教工作计划制订班级工作计划，不仅要体现对园所保教工作重点的落实，也要能引领班级保教人员明确班级工作目标与措施，指导各位教师制订班级月、周、日教育教学计划，有重点地开展日常保教工作。保教管理者在指导班级保教人员制订保教工作计划的过程中，要着重考虑以下四个方面：

第一，指导班级保教人员进一步学习与领会全园工作计划和保教工作计划内涵，保证学期班级工作方向、重点与园所一致。

第二，班级保教工作计划的制订应依据《纲要》《发展指南》等文件要求与精神，基于本班幼儿发展的情况、家长情况，结合本班保教人员的个性特点，在班长带领下全体班组成员共同讨论和制订各班保教工作计划。

第三，各班保教工作计划既应与园所重点工作具有一致性，同时又具有本班特点的针对性，措施具有操作性、可达成性。

第四，班级月、周、日教育教学计划应体现对班级学期保教工作计划的逐层具体落实，并根据幼儿的发展实际和学期发展目标灵活制定具体活动方案，坚持以幼儿为本的理念，体现保育教育的连续性、发展性。

【案例与分析】

基于儿童发展，提升教师计划制订的科学性

《纲要》明确指出：幼儿园的教育活动是教师以多种形式有目的、有计划地引导幼儿生动、活泼、主动活动的过程。而幼儿园教育计划则指的是教师依据幼儿教育的目标和幼儿园课程标准，有目的、有计划系统地设计、组织和安排各类活动和时间的过程，幼儿园教育计划是幼儿园课程的体现，更是确保教育质量的重要起始环节。

关乎教师层面的教育计划有学期计划、月计划、周计划和日计划，不同计划各有区别，具有层层递进、相互关联的特点。如何制订符合幼儿实际发展的教育计划是教师专业发展的关键。

通过调研我园教师近两年的教育工作计划文本，发现存在以下问题：

一、忽视幼儿发展现状和年龄段点

1. 计划中看不见幼儿。
2. 主观罗列内容。
3. 喜欢简单照搬。
4. 幼儿年龄段特点不突出。

二、全面分析班级幼儿的能力不足

1. 分析表面、片面。
2. 缺乏全面、全体分析幼儿的视角。

3. 活动安排随意化、简单化。

4. 领域发展目标不清，不均衡。

三、计划制订与实施脱节

1. 计划仅是计划，仅在文字文本中体现。

2. 实践仅是实践，仅在一日生活中体现。

3. 反思仅是反思，仅存在于教师主观认知中。

4. 计划"制订—实施—反思"的系统性缺乏。

为此，我们以"问题"为切入点，特别重视与教师建立情感连接，通过文字批阅、及时反馈、小组培训、一对一指导等多种途径，与教师深入对话，创造教师参与反思计划的机会，提高教师工作计划的科学性，以促进教师的专业发展。

针对以上问题，对教师制订与实施计划的改进采取如下策略：

一、转变儿童观，解决教师计划中看不见儿童的问题

通过"现场制订计划"的方式，提高教师计划前观察幼儿的意识。以大班为例：

第一步：支持教师描述大班幼儿发展现状。

第二步：理论对接学习与运用（大班幼儿年龄特点）。

第三步：制订科学计划。

通过三步走引领策略，形成闭环学习路径，提升教师以"幼儿发展"为线索制订计划的意识。

二、提升整体观，增强教师全面分析幼儿的能力

依托教师的计划文本，通过对比分析的方式，尝试结合五大领域幼儿发展目标，增强教师全面分析幼儿的能力。首先带领教师研读自己的文本计划，发现忽视"全面分析幼儿发展"的问题，再聚焦主题"如何在计划中体现幼儿的全面性发展？"进行研讨。

经过讨论明确计划的全面性要求：一是关注全体幼儿发展；二是关注五大领域均衡发展；三是关注内容各要素（目标、措施、策略、反思、评价）

在计划中的体现。

达成幼儿全面性发展的教育价值的共识后，就到了保教干部示范引领阶段，我们调动集体的力量共同生成了既符合"全体幼儿全面发展"又突出年龄段"重点发展"的文本计划，教师获得了"观察幼儿—深入分析—制订计划—有效实施"的综合思考。主要体现为：

（1）建立了总概括、准定位的分析思路。
（2）掌握了总分总的计划书写方法。
（3）围绕儿童全面发展和重点发展作深入分析。
（4）尝试整合资源，提出教育建议。
（5）理解《发展指南》，活用《发展指南》的实战经验。
（6）计划的依据性、科学性不断增强。

三、增强系统观，提升计划制订与实施的反思能力

我们主要解决的问题是：制订计划—执行计划—反思计划的脱节问题。以"周计划反思"为抓手，开展园本教研。教研聚焦问题"从上周反思中你看到了哪些具体的教育教学活动安排？"引发教师认知冲突。教研过程如下：

李老师：一周工作很多，可我们写得太少。

我：怎么制订与实际生活一致的周计划？

张老师：可以想这周重点工作是什么，通过什么方式（材料、机会）支持幼儿的主动发展。

李老师：一周工作太多了，有一日生活各个环节，还有园里的重点工作以及家长工作，怎么写得完啊！

杨老师：我理解呀，不是让您都写完，重点地写就行。

我追问：怎样重点写呢？

杨老师：比如上周视力检查，小班第一次参加活动，我通过"捂住一只眼睛"的游戏让孩子们认识视力表，积累幼儿听懂医生指令的经验，孩子不仅没有害怕医生的现象，还自主有序参加活动，对教师和幼儿来说都是一次参加大型社会性活动的良好体验。

张老师：结合杨老师说的，我想到近阶段我班孩子重点学习跳绳，可以分析跳绳中的幼儿数学发展、前书写的运用、手眼协调能力提升、合作意识激励等内容，有重点地安排。

通过教师间的对话和日常追踪教师书面计划的摘录，我们发现：
（1）教师已经有了思、说、写、做统一的教育行为；
（2）文本计划中提高了与幼儿实际生活的关联；
（3）增强了计划制订—实践观察—反思评价的系统意识。

通过一学期的追踪培训和深入研讨，我们看到了老师们的成长，达成了以下目标：
（1）统一了教师以"儿童学习与发展"为核心制订教育计划的思想。
（2）提高了计划中重科学依据、重实践策略、重反思成长的三重意识。
（3）规范了计划制订前的科学性和目标性的教育分析。

最终，形成了符合我园教师计划制订、实施能力提升的路径，由骨干教师牵头制定了"计划—实施—反思"的评价量表，这个量表既适用于教师自评，也适用于管理者总体评价，主要从7个维度进行评价。

本学期教师计划中"上周反思"质量统计分析表

序号	教师	文字篇幅适中，有具体内容	与实际教育结合紧密	教师思路清楚有重点	有观察分析幼儿发展	关注材料支持和幼儿机会	反思教师策略支持	有理论思考与应用
1	宋清瑞	√	√	√	√	√	√	×
2	朱月娇	√	√	×	×	×	×	×
3	赵丽娜	√	√	√	√	√	√	×
4	翟子暄	√	√	√	√	√	√	×
5	纪嵘	√	√	×	×	×	√	×
6	张甜	√	√	×	×	×	√	×
7	秦琳琳	√	√	×	×	×	×	×
8	张敬菲	√	√	√	√	√	√	×
9	平闪闪	√	√	√	√	√	√	×
10	侯艳文	√	√	×	×	×	×	×

续表

序号	教师	文字篇幅适中，有具体内容	与实际教育结合紧密	教师思路清楚有重点	有观察分析幼儿发展	关注材料支持和幼儿机会	反思教师策略支持	有理论思考与应用
11	杨晴华	√	√	×	×	×	×	×
12	杨红霞	√	√	√	×	×	×	×
13	白孟绕	√	√	√	×	×	×	×
14	徐艳丽	√	√	√	√	√	√	×
15	贾晓飞	√	√	√	√	√	√	√
16	唐珊	√	√	√	√	√	√	√
17	王亚南	√	√	×	×	×	×	×
18	张蕊	√	√	√	√	√	√	√
19	李鑫	√	√	√	×	×	×	×
20	武梦静	√	√	√	√	×	√	×
通过率		100%	100%	65%	50%	50%	60%	35%

学期末我们为教师搭建共同参与集体诊断的平台，这个过程中教师真正建立了班级计划、月计划、周计划和日计划之间的关联性，彻底改变了泛泛而谈、随意预设的现象，避免了教师"任务式计划"的误区，提高了计划服务于实践、服务于幼儿发展的功能。

（北京市海淀区世纪阳光幼儿园　郭彩云）

第三章

深入班级指导

2015年教育部印发的《幼儿园园长专业标准》提出园长五个方面的专业职责，其中领导保育教育职责中的专业能力与行为包括"建立园长深入班级指导保育教育活动制度，利用日常观察、观摩活动等方式，及时了解、评价保育教育状况并给予建设性反馈"。2016年教育部颁布修订的《幼儿园工作规程》，提到园长的主要职责有"负责按照有关规定聘任、调配教职工，指导、检查和评估教师以及其他工作人员的工作，并给予奖惩"，教师的主要职责有"定期总结评估保教工作实效，接受园长的指导和检查"。2019年《北京市幼儿园办园质量督导评估办法（试行）》要求"建立园长深入班级指导保育教育活动制度；园长深入班级，每周不少于6—8小时，保教管理者每周不少于16小时。"2022年教育部颁布《幼儿园保育教育质量评估指南》，提出评估方式要强化自我评估，聚焦班级观察，"幼儿园应建立常态化的自我评估机制，促进教职工主动参与，通过集体诊断，反思自身教育行为，提出改进措施""聚焦班级观察。通过不少于半日的连续自然观察，了解教师与幼儿互动情况，准确判断教师对促进幼儿学习与发展所做的努力与支持，全面、客观、真实地了解幼儿园保育教育过程和质量"。

综上所述，进班指导是保教管理者的一项重要工作，是幼儿园保教管理者深入班级，用专业的眼光和知识审视班级各项保育教育工作实践，不断发现问题、分析问题和解决问题，从而促进园所保教质量不断提高的过程，是幼儿园管理工作的重要组成部分。

有效的进班指导不仅能促进整个幼儿园保教工作质量的提升，而且还有助于促进教师专业成长。那如何开展有效的进班指导？应遵循哪些原则和要点？进班指导工作具体包括哪些内容？每项内容该如何去实施并进行评价？应采用哪些具体的适宜策略？本章将对以上内容进行一一详述。

一、进班指导的主要内容

进班指导作为幼儿园保教管理的一项常规工作，是幼儿园保教管理的核心内容，进班指导的质量与水平将直接影响幼儿园保教工作的质量和教师队伍的专业发展。但是在实际工作中，不少保教管理者在进班指导中有着许多困惑和问题，如：忙于事务性工作，感觉没有足够的时间深入班级；随机性的进班比较多，缺乏目的性；要察看的内容多，感觉顾此失彼。

在幼儿园工作中，保教管理者为什么要进班，进班指导到底有哪些重要价值呢？

● 有效的进班指导能够引领教师的专业成长。进班指导是基于教师实践的观察与指导，能够让教师从自身的实践中发现问题、进行反思和主动学习，并在工作中再次实践，使其专业能力不断提升。

● 进班指导对全面提高园所保教质量和水平有着重要的促进意义。进班是保教管理者最常用的、最基本的管理手段，深入班级了解情况，才能进行有针对、有实效的指导。高质量的进班指导能够提高班级工作质量，促进园所整体保教质量的提升。

● 进班指导是保教管理者自我成长、提高管理能力的重要途径。保教管理者的主要作用是理论与实践相互转换的中介、桥梁，在幼儿园中他们是专业引领者，进班工作中需要他们的高水平指导，从而促进教师不断学习成长，提高专业水平；进班指导工作能让他们的专业能力得到锻炼，积累优秀的管理经验，提高专业指导能力和日常管理能力，达到提升工作水平、提高管理实效的目的。

既然进班指导工作有着极其重要的作用，那保教管理者进班指导的具体工作应该包括哪些内容？根据《纲要》和《评估指南》中的规定与要求，我们明确了进班观察和指导的主要内容，主要有以下八个方面：

（1）班级环境

班级环境包括精神环境和物质环境两方面。精神环境，即幼儿生活的心理氛围；物质环境，即幼儿园内影响幼儿身心发展的物化的教育条件。《纲要》中规定空间、设施、活动材料和常规要求应有利于引发、支持幼儿的游戏和各种探究活动，有利于引发、支持幼儿与周围环境之间积极的互动。比如班级墙面环境体现本班近期教育目标、教育内容与要求，能对幼儿的活动起到支持作用。

（2）生活活动

《纲要》要求教师应科学、合理地安排和组织幼儿的一日生活，建立良好的常规，避免不必要的管理行为，逐步引导幼儿学习自我管理。《评估指南》提出，"幼儿园一日活动安排相对稳定合理，并能根据幼儿的年龄特点、个体差异和活动需要做出灵活调整，避免活动安排频繁转换、幼儿消极等待"。进班指导的关注点主要包括教师对幼儿生活活动的指导和幼儿一日生活常规的制定与执行情况。

（3）自主游戏

《评估指南》提出，"以游戏为基本活动，确保幼儿每天有充分的自主游戏时间，因地制宜为幼儿创设游戏环境，提供丰富适宜的游戏材料，支持幼儿探究、试错、重复等行为，与幼儿一起分享游戏经验"。进班指导的关注点包括教师是否能尊重幼儿的想法和意愿，教师的观察与分析是否能支持幼儿自主游戏，游戏分享与交流是否对幼儿有发展价值等。

（4）教育活动

《纲要》指出，"幼儿园的教育活动，是教师以多种形式有目的、有计划地引导幼儿生动、活泼、主动活动的教育过程"。进班指导的关注点包括教育计划的撰写、教育目标的制定、教育内容的选择、目标的达成情况、幼儿的表现等。特别需要关注教学内容和组织方式是否符合本班幼儿的年龄特点和实际情况，教师的教学行为是否具有启发性并能引导幼儿有意义的学习，幼儿是否在学习过程中积极、主动、思维活跃、有进步、获得新经验等。

（5）户外活动

《评估指南》提出，"幼儿园要制定并实施与幼儿身体发展相适应的体格锻炼计划，保证每天户外活动时间不少于2小时，体育活动时间不少于1小时。"户外活动包括自主游戏和户外体育活动。进班指导的关注点包括户外活动时间是否充足、户外活动的器械和材料是否符合幼儿的年龄特点，是否丰富多元，能够满足幼儿游戏的需要等，操节的编排是否科学、适宜，是否符合幼儿的生理特点，运动的速度、强度、频次等是否合理，体现年龄特点，遵循科学规律。

(6) 师幼互动

师幼互动是体现班级教育过程性质量的一个重要内容。《评估指南》指出，"教师要善于发现各种偶发的教育契机，抓住活动中幼儿感兴趣或有意义的问题，识别幼儿以新的方式主动学习，及时给予有效支持"。进班指导应当关注教师是否能够发现和尊重幼儿的兴趣和需要，倾听幼儿的想法，是否能够回应幼儿的想法和问题，并且通过多种互动方式，支持和拓展幼儿的学习和体验。

(7) 家园共育

《纲要》指出"家庭是幼儿园重要的合作伙伴。应本着尊重、平等、合作的原则，争取家长的理解、支持和主动参与，并积极支持、帮助家长提高教育能力"。家园共育工作也是幼儿教师非常重要的一项工作内容，进班指导需要关注教师与家长的日常沟通、家访工作、家长会或家长开放日活动、家园联系册的填写、家园宣传栏的创设等，指导教师与家长建立平等互信的关系，认真倾听家长对班级工作的建议，共同助力幼儿的健康成长。

(8) 教师的其他工作

进班指导的其他工作还包括教师的安全教育、保教结合、随机教育、心理健康教育等情况。

幼儿园教育与中小学教育最大的差异在于，幼儿园的一日生活皆教育，教师需要掌握环境教育、生活教育、自主游戏、集体活动、户外活动、师幼互动、家园协同等多方面的教育能力，而这些方面有相通之处，也有很多不同要素。这就要求保教管理者能在进班过程中，发现教师教育教学的闪光点和存在的问题，并有效地开展相应的指导，促进教师的专业发展和提升园所保教工作的质量。

二、进班指导的基本原则与标准

进班指导是最日常的教学管理，怎样通过进班指导有效提高教师的教育水平，是每位保教管理者要修炼的基本功，也是保教管理者了解班级保教工作情况、发现问题和解决问题的重要途径。在开展进班指导工作时，保教管理者首先必须明确进班指导更多的是观察了解，而不是检查。保教管理者在进班指导中一定要清楚自己的目的是什么，指导的基本原则是什么，标准定位是什么？保教管理者走进班级，不是进班"查"，而是进班"察"，要心中装着目标，眼中关注现象，敏锐地发现问题，及时帮助解决，指导策略见成效，这样才能成为教师们真正的引导者、合作者、支持者。

1. 进班指导的要点

● 心正——体现观念的转变。要以平和的心态观察老师，发现问题、亮点；以平等的身份帮助老师，与教师一起研究、探讨，解决问题，观察老师的同时也反观自己。

● 眼亮——体现指导的方式。要带着目标看问题，即心中要装着幼儿园发展的目标，以幼儿发展为基础，有目的、有计划地进班。可以采取分层引领的方式，注重对不同层次教师的指导。要做到发现亮点，以点带面，及时发现和肯定教师工作中的闪光点，充分调动教师工作的主动性和积极性。

● 腿勤——体现工作态度。保教管理者要坚持勤进班，保证进班时间，发现问题及时沟通与指导。

● 嘴软——体现指导策略。要以适宜的方式激发教师自己发现问题，自主反思教育行为，自觉调整教育策略；与教师沟通交流时要把握语言的分寸，要关注教师的不同个性，"因师施导"；要关注教师不同的特长、能力，扬长避短，为教师成长搭建平台。

2. 进班指导的原则

（1）计划性与随机性相结合

计划性是指保教管理者在进班前要确定察看目的，做到要有计划地进班巡视指导教师工作。同时，虽然保教管理者进班应有计划，有目的，有重点，但更应眼观六路，耳听八方，全面观察，随时发现问题及时解决，只有这样，才能及时把握全园保教工作情况。因此，管理者在深入班级指导时要做到将计划性与随机性二者结合，才能比较全面地完成深入班级指导工作。

（2）重点和常规相结合

保教管理者进班指导前要确定指导重点，一般情况下是根据园里近期的工作重点确定的，比如开学初，为了培养幼儿良好的常规习惯，进班时就可以围绕教师对幼儿常规培养方面进行观察、指导；还可以根据上一周期进班指导出现的突出情况来确定重点，如上次进班指导发现教师在组织户外体育游戏时存在问题，在指导后教师进行调整，那么本次指导就可以各班户外体育游戏组织为重点。与此同时，对常规工作的察看与指导也应常抓不懈，如师德、一日保教常规、园所规章制度的执行等。重点与常规这两种方式相结合，方能提高进班指导工作的实效。

（3）多样化原则

一是指进班指导形式多样。当我们来到班上巡视观察，发现问题时，采取的相应对策是不同的。有时需要马上提出，当时解决。如发现幼儿安全隐患时，一定要马上指出，切忌拖拉，贻误最佳解决时机。有时需要静心观察，不要贸然地横加干涉。如观察教师组织集体教学活动，对教师的做法产生怀疑时，可在活动后和老师交流、探讨最佳教育方法。有时需要点到即止，抛砖引玉。如观察教师在活动区的指导，发现问题时可适当提示。

二是指解决方法多样。对于进班指导工作中发现的问题，既可以一对一个别指导、解决，也可以针对一个人或一个问题进行小组、同年龄班组甚至全园的讨论，其目的是提高教师的教育能力，促进全园保教工作水平的提升。

（4）发展性原则

保教管理者必须明确入班指导更多的是观察和了解，而不是检查，进班指导的目的是促发展，所以一定要着眼于教师的发展而不是问题的惩处，要着眼于幼儿发展，只有这样的理念才能让教师愿意接受指导，才能使管理者和老师在互动中共同成长。

总之，保教管理者在进班时，要把握以上工作原则，要注意方式、方法，选择有效的策略，保护教师的自尊心，维护教师的自信心，在鼓励、引导、平等交流中，促进教师的成长，从而促进园所保教工作质量的提升。

3. 进班指导的基本标准

保教管理者在实施指导的过程中应该基于哪些标准？依据标准进班指导过程中应注意哪些问题？下面我们将对以上问题进行探讨。

（1）"标准"的内涵

"标准"一词在《辞海》中解释为：①衡量事物的准则；②引申为榜样、规范。从对"标准"概念的界定我们可以看出，标准具有以下特征：权威性、整体性、动态性、文化性。

- 权威性：标准内容应该具有权威性，其形成过程是全园上下凝聚共识的过程。在相对固定的时期内，标准应该成为保教管理者实施指导工作、教师实施日常保教工作所遵循的准绳。

- 整体性：标准涵盖保教工作的各方面，旨在促进保教工作整体发展。

- 动态性：标准具有时代特征，并随着时代的变化而不断调整。保教管理者在进班指导时参考的标准会因时、因地、因内容、因接受指导对象不同而有所调整。

- 文化性：在不同的文化背景下，标准应具有民族的文化特征。习近平总书记要求扎根中国大地办大学的重要思想同样适用于幼儿教育，学前阶段应扎根中国大地办幼儿教育。

保教管理者应基于标准开展进班指导工作，这是幼儿园管理工作迈入精细化阶段的标志，也是保教管理者从经验式、碎片化指导迈向规范化、科学化指导的体现。

（2）进班指导应坚持哪些标准

幼儿园作为实施保育教育的专业机构，应当贯彻落实国家对幼儿园提出的相关要求，因此国家层面的政策文件是最上位的标准和要求，包括《幼儿园工作规程》《纲要》《发展指南》《评估指南》《幼儿园督导评估办法》等，幼儿园保育教育工作应该都以文件的相关要求为指导纲领，将相关的标准落实在幼儿园日常的保教实践当中。

除了国家层面的文件，各省市、区域还会出台相关的一系列保教质量评价的标准，如北京市出台的《北京市幼儿园办园质量督导评估办法（试行）》；上海市出台的《上海市学前教育课程指南》《上海市幼儿园办园质量评价指南（试行稿）》；浙江省出台了《浙江省学前教育保教管理指南》《关于全面推进浙江省幼儿园课程改革的指导意见》等。区域层面的文件是对国家要求的贯彻与落实，也是所在区域的幼儿园需要进行深入学习的标准，并思考如何转化为园所的保教实践。

作为保教管理者，一方面需要引领教师学习理解国家、市（区）颁布的相关标准和要求，尤其是要帮助教师理解如何在每日的实践场景中落实标准，要通过培训、教研等多种方式带领教师开展学习、研讨、交流、反思，对照标准检视自己的保育教育行为，不断完善和改进；另一方面，也可以在国家和市（区）标准的引领下，聚焦园所保教研究的重点内容，尝试研制适合本园的专项评价标准。在标准研制的过程中，要注重引领教师对保教实践进行研究思考，使标准成为自下而上的共识性理解，而不是脱离教师实践的"外在要求"。

【探索与总结】

从基于经验的"察看"变为基于标准的科学评价

保教管理者进入班级后，需要用敏锐的双眼去观察了解班级保教活动的情况，进而做出诊断分析，并对教师提出反馈建议。通过前期的调研与访谈，我们了解到新任保教管理者们在做诊断分析时，大多从自身的经验出发，尤其是自己做教师时所形成的价值判断标准，但由于个人经验和成长经历的差异，对于同一教育现场可能会产生不同的评判结果。一些保教管理者提出这样的困惑："面对孩子同样的表现，管理者和教师看待的角度不一样，结论就不一样，处理方式也不同。遇到这种情况该怎么办呢？"

分析这个困惑背后的原因，我们会发现如果保教管理者和教师都从各自的经验出发，缺少对于评价标准的共识，那么必然造成双方自说自话，很难进行顺利的沟通和对话。进班指导工作本质而言是一项质量评价工作，既然是评价就需要有评价的标准，只有评价者和被评价者都清楚地知道评价的标准，才能够顺利推进评价，让双方有一个可以对话讨论的基础。

由此，我们引导保教管理者结合进班指导的工作重点先找到相关的评价标准，例《北京市幼儿园办园质量督导评估办法（试行）》《北京市幼儿园课程综合评价标准（试行）》《北京市托幼园所分级分类验收标准及细则》等，并与本园教师共学共研共建适合园所的评价标准。共建标准的过程就是引领教师学习、理解评价标准的过程，让教师明确价值导向和努力方向，避免各自从经验出发而产生价值判断的分歧，导致反馈指导的低效甚至无效。

（北京市海淀区教师进修学校　陈敏倩）

三、进班指导中的角色定位

角色认知是角色定位的基础，角色认知就是对工作职责有清晰的了解。很多年轻的保教管理者工作很努力也很认真，但是经验不够丰富，迫切需要不断学习工作经验和方法。但是，她们往往忙于工作，很少仔细思考自己的角色定位。在开展工作前，应该先想一想，对自己在这项工作中扮演的角色有清晰的认知和理解。

首先，保教管理者是观察者。如何让进班指导变成推进教师专业发展的助推器，使教师感受职业的快乐呢？保教管理者需要转变观念，尝试由原来的"查班"转变为"察班"，从理解教师的专业需求出发，分析教师的专业水平，指导教师的专业行为，提高教师的专业能力，让教师感受成长，感受成功，感受快乐。

作为观察者，首先要全面观察幼儿园整体情况，可以通过察访的方式进行，即通过观察和访问进行调查。幼儿园规模不同，察访的方式也会不同。对于小规模的幼儿园，保教管理者可以一竿子插到底，能直接关注到教师的工作；对于10个班级以上的中大型幼儿园就很难做到这一点，需要用到察访的策略。察访可以在较短的时间内收集较多的信息，了解幼儿和教师的整体情况。察，从字面上理解就是"仔细看"，是指保教管理者通过仔细观察教师的行为，分析教师的优势与问题，帮助教师进行教育诊断，提出调整和改进的策略。通过"察"促使教师发挥自己的独特优势，调整自己的教育行为，提升自己的教育能力，最终促进幼儿的发展。基于从"查班"到"察班"的观念转变，保教管理者的角色也发生了转变。

其次，保教管理者是引导者。《幼儿园园长专业标准》提出深入班级要

"及时了解、评价保育教育状况并给予建设性反馈",显然,给教师建设性反馈就是对教师的引领和指导。在有准备的、高质量的观察后才能给教师提出有建设性的建议。

保教管理者应具备类似医生诊病的能力,要学会分析病因,帮助教师准确诊断教育行为中的问题。面对不同的班级、不同的教师,在发现问题之后,首先要思考出现问题的原因:是教师指导的问题,还是幼儿园制度的问题?如果是教师指导的问题,就要进一步确认:是教师经验的问题,还是教师态度的问题,抑或教师能力的问题?如果是教师能力的问题,再进一步分析:哪方面的能力亟待提升?怎样提升?通过深入的问题诊断,找准教师问题的核心,及时给予反馈,从而逐步提高教师的专业能力。做好教育诊断,需要保教管理者不断提高自身的专业能力。

保教管理者要善于发现教师的创新想法,加以鼓励,引领教师将自己的教育行为与幼儿的发展对接,提升教育教学能力。年轻教师有个性、有想法、有创意,不喜欢过多约束,对自己的教学方法和教育行为总保留自己的理解,不太愿意接受他人的意见。其实这看似固执的行为背后也有值得赞扬的一面,那就是富有创新意识,这正是很多资深教师特别欠缺的。只是年轻教师因为经验不足,对自己创新行为的效果分析不足,容易站在教师自身的角度去思考和行动,忽视幼儿的发展需要和发展目标。要引导她们基于儿童发展分析创新实践的成效,这样才能保护教师的积极性和创新意识。

这里需要注意的是,当发现教师可能存在观念上的问题时,保教管理者就需要采用多种方法对教师进行引领和指导。可以加强全园培训,帮助教师从理论知识层面更新相关的概念,深入理解概念的内涵,澄清认识误区;也可以通过园本教研活动,引领教师结合实践案例进行反思,发现自身原有观念存在的问题;还可以通过组织教师之间的观摩交流活动,让教师形成学习共同体,在观摩研讨的过程中互相借鉴启发,促进观念的转变。

最后,保教管理者是评价者。《纲要》中提到"幼儿园教育工作评价实行以教师评价为主,园长以及有关管理人员、其他教师和家长参与评价的制度"。《评估指南》提出评估方式是强化自我评估,聚焦班级观察。

保教管理者深入班级,对教师的实践工作基于一定的标准开展过程性评价,一方面挖掘教师工作中的亮点,以点带面,推广有益经验,另一方面也要诊断问题，帮助教师发现不足，分析原因，改进实践。进班指导的过程就是对教师开展过程性评价的过程，是保教管理者评价和判断班级教师保教实践、与教师对话沟通、指导教师提升专业水平的过程。

保教管理者要从原来的检查者，转变为观察者、引导者和评价者。这需要管理者不断转变观念，站在幼儿园整体发展的视角把握大局，站在教师专业需要的角度理解教师工作，提高自己透过现象发现问题本质的能力，不断提高专业引领能力，才能有效促进教师专业成长，提升园所的保育教育质量。

四、进班指导的基本方法

作为幼儿园保教管理者，明确进班指导的具体内容和要点、原则后，就需要运用具体有效的进班指导方法，提高幼儿教师的专业水平和专业素养。幼儿园保教管理者的进班指导方法和策略有哪些？进班之前应该做哪些准备？进班过程中如何与指导有效结合？进班发现问题后如何解决？

1.进班前：全面分析，做好准备

首先，保教管理者在进班之前要做好计划，包括进班观察的对象、观察的重点内容、参考的评价依据、具体的时间安排等，提高进班的目的性和有效性，并在发现问题后给予针对性的指导。

再次，在进班之前保教管理者要做到对所进班级的整体情况心中有数，主要包括班级的整体情况、主班教师的资历与经验，以及班级目前正在开展的教育活动等。只有清楚这些情况，才能够更加客观地评价班级的工作。两位有经验的老教师搭班、老带新搭班，以及两位年轻的教师搭班，不同的经验决定了他们将会有不同的班级管理方式。因此，要做到因人而"察"，不同的组合、不同的对象，在做到基本规范的基础上，对他们的要求与标准应该有所不同。

最后，要抓住进班指导工作的核心与关键，结合实际情况，找准问题，罗列主次，分析原因，逐一沟通与解决。由于大多数教师在管理人员进班之后都会比较紧张，为了缓解教师的紧张情绪，管理者进班时要尽可能找一个合适的位置进行现场观察、简单记录，不在现场发表意见，以免打乱教师的节奏，影响教师的情绪。

【探索与总结】

从随机的进班指导变为有计划的进班指导

通过前期的调研问卷，我们了解到保教管理者在开展进班指导工作中，随机进班的比例达75%，即在不通知班级教师的情况下进入班级察看指导。从访谈中我们了解到保教管理者之所以采用随机进班的方式是因为这样做能够更真实地了解教师的日常带班情况，获取常态化的班级保教活动的信息，有助于发现问题和提出改进建议。但与此同时，通过收集分析保教管理者的进班指导案例，我们发现在实践中随机进班指导的效果并不理想，很多教师面对保教管理者的突然出现感到压力倍增，会出现抵触情绪，尤其是保教管理者带着《进班检查记录本》进班，教师会感觉自己的工作就是在保教管理者的"监视"之下，在师幼互动中变得紧张、焦虑、不自然，一部分教师甚至会陷入一种不知所措的状态。由此可见，随机的进班指导方式并没有实现保教管理者期望达成的初衷，反而可能造成管理者与教师之间关系紧张和不信任。

此外，调研发现，大多数的保教管理者并未制订学期进班指导工作计划，因此下班检查记录也是看到什么就记什么，比较零散和碎片化，这样势必不利于对全园保教工作的全面了解，也不利于重点工作的指导与落实。

由此，我们通过研修项目引领保教管理者增强进班指导工作的计划性和目的性，调整进班指导的方式，减少随机进班的比例。保教管理者根据保教工作计划制订进班指导工作计划，结合保教工作重点制定月、周的进班指导方案，从指导内容、指导目标、指导对象等方面形成计划表。同时，根据计划表，提前预约被指导教师，告知会在什么时间到班级中察看什么内容，让教师做到心中有数，提前准备。预约式的进班指导促进了管理者在进班指导工作中的角色转变，从原来的检查者、监督者转变为促进者和同行者，让教师有更充分的时间进行准备和思考，有助于保教管理者与教师聚焦教育活动中的问题进行更深入的对话和探讨，也有助于激发教师寻求专业发展的内驱力。

（北京市海淀区教师进修学校　陈敏倩）

2. 进班中：多种方法结合运用

在进班过程中，需要根据不同的目的、对象和时间采取不同的方法，在幼儿园常用的进班方法主要有以下几种。

（1）根据进班内容的不同，分为常规进班与专项进班

● 常规进班。这是指保教管理者每天不定时随机地观察各班的保教工作情况。坚持常规进班的目的在于督导各班保教工作常规的执行情况，发现保教工作常规中的问题，并加以解决，逐渐优化保教工作程序，提高幼儿在园一日生活的质量。针对保教工作常规的进班，包括班级月、周工作计划的制订和张贴情况、班级午睡情况、班级安全情况、教学活动抽查、班级教育环境、教师的工作状态、各环节到岗到位情况等。针对常规工作变化点的进班，包括新生入园时期新生适应情况、冬夏季作息时间更替时班级常规情况等。

● 专项进班。这是指保教管理者以提高幼儿园某个环节的质量而设计的观察指导。设计专项进班的目的在于深入班级了解每个班级、每位教师的专项保教工作情况，帮助教师分析自身和班级工作的优点与不足，探讨解决问题的方法，从而达到提高幼儿园保教工作质量的目的。专项进班的工作步骤如下。

第一步：制订专项进班计划。根据班级数量及专项检查的内容，设计以月或周为时间单位的进班计划，如户外活动的专项、游戏活动的专项、生活活动的专项等。专项进班计划的制订要尽量细致一些，目标要清楚明确，特别是要包括启动专项活动、深入班级观察指导、活动后的交流与培训等内容的时间点。这样明确时间、任务、方法的计划，才能使保教管理者心中有数，保证专项活动的顺利推进。

第二步：开展活动前的培训。培训目的在于帮助教师明确该项活动的基本要求和目的，调动教师参与专项活动的积极性。园所可利用业务培训和月工作总结等时间进行活动前培训。培训内容可以是专项活动期望教师达到的相关标准与要求，如在主题活动专项进班中，对主题活动的价值、如何开展主题活动、如何支持幼儿在主题活动中的主动学习等内容开展培训。

第三步：深入班级，了解专项活动的情况。根据制订的进班计划，与教

师预约进班时间，进班进行观察，并依据前期培训提出的相关标准和要求对教师的保教实践开展评价，挖掘优点，发现问题，及时记录。

第四步：活动后的管理与培训。专项活动中所反映出来的主要问题可作为接下来进班指导工作的重点，也可以作为教研或培训的主题。在专项进班中，会发现某个老师有好的做法和经验，可以通过管理手段将其尽快地推广，使更多班级和幼儿获益。

坚持常规进班的目的在于保证常规保教工作的落实，设计专项进班的目的在于提高各项保教工作的质量。专项进班与常规进班相结合的做法，既统筹保教工作的全面内容，又能有重点地抓保教工作的质量，使保教管理者能够在细致察看的基础上，深入分析、反思，发现制约幼儿园保教工作质量提高的主要问题，寻求解决问题的途径和方法，将服务与管理有机地结合起来，和老师们一起学习、共同进步。

（2）根据进班目的不同，分为扫描式进班、聚焦式进班、分段式进班和追踪式进班

- 扫描式进班。这是指在有限的时间内迅速查看各班工作。这种进班方法可以帮助保教管理者全面了解教师整体的工作状态和教育现状，比如可以发现幼儿园整体环境创设中存在的问题，或幼儿园户外活动中教师是否能对幼儿进行针对性的指导。
- 聚焦式进班。这是根据保教实践的某个问题，进行重点分析、诊断并解决。例如，针对新任教师的半日活动组织情况，可以跟进某一位新教师的半日活动，了解其岗位胜任能力；或者针对户外游戏，集中一个时间段重点察看全园教师在户外活动时幼儿游戏的情况。
- 分段式进班。分段式进班有两种方式，一种是针对幼儿园不同年龄班，另一种是根据工作的类别分段进班，如将工作划分为生活活动、自主游戏、教学活动、户外活动、环境创设等分别进行观察与指导。
- 追踪式进班。也称跟进式进班，指保教管理者就深入班级中所发现的某一个问题连续多日查看，逐步解决。保教管理者除了要抓住普遍问题，对教师进行整体指导，更多的时候，要针对不同问题，采用个体跟进的方式，与教师进行对话交流，这将使管理更具实效性，更有利于推进教师的专业成长。

3. 进班后：不同问题不同指导

进班后，保教管理者要根据不同问题给予不同的反馈和支持。及时反馈或延时反馈，需要根据具体情况来确定反馈的时机。

要先倾听教师的想法，不要武断地贴标签，正如评价幼儿作品时不能只看作品而要倾听幼儿的表达一样。武断地判断对错、好坏，容易造成不平等对话，也是对教师不尊重。倾听教师表达既能给教师分享交流他们的想法的机会，同时也能发掘更深层的问题。

反馈的总体原则是：共性问题，集体教研和培训支持；个性问题，个别交流和反馈指导。

（1）分析问题，适宜指导

● 不同问题，不同支持。保教管理者应针对进班过程中发现的问题进行认真分析，分析问题的本质和原因，罗列主次，抓住关键。如果是教师的共性问题，如大部分教师在区域游戏如何开展幼儿观察与指导或游戏后的分享评价方面存在困惑，这些共性问题可以通过集体教研和培训解决；如果是硬件方面的共性问题，可以通过经费支持加以解决；如果只是个别班级、个别老师的问题，可通过个别交流和沟通解决。

● 不同老师，不同对待。要有效地解决教师专业成长的困惑，必须做到"因人而异"，认真分析和充分了解每位教师的个性特点与性格特征，针对不同个性的老师采取不同的方式，对不同类型的老师给予不同对待。如有的教师属于易紧张敏感型的，对这种教师，现场观摩时尽量不做评价，事后详细沟通；有的教师心态比较开放，当管理者进班时渴望得到指导，对这类教师，保教管理者可现场沟通和指导，甚至用自身行为或语言做示范、引导；有的年轻教师经验缺乏，保教管理者可给他们提供一定的经验支持，或观摩园内优秀教师的教育教学活动，或组织外出学习、观摩；有的教师经验丰富，善于反思和研究，可针对他们开展活动时的问题事后一起讨论，抛出问题引导其进行深入反思，使教师更有动力和胜任感。与平行班的老师组成学习小组共同讨论也不失为一种同伴互助的好方法。

● 不同情况，不同反馈。进班是保教管理者用专业的知识审视教师教育教学工作的过程，所以，有时候发现的是优势和亮点，有时候是不足和问题，针对这两种情况，应采取不同的反馈方式。如果发现的是亮点和优势，保教管理者要给予肯定、表扬，可以通过全园会进行宣传，不仅使教师本人增强自信心，而且在其他教师心中也树立了一个榜样，成为他人专业发展的参照。发现亮点，给予有效的反馈这一点往往被保教管理者所忽略。

有时候保教管理者由于没有考虑到教师的真实意图，没有看到整个教育过程，往往导致看到的问题有些片面，所以当发现不足和问题时，保教管理者首先要耐心听听教师的真实想法，然后基于自己的专业知识，平等地与其交流，在口气和语气上要注意用词，如可以使用"我个人的意见是……""经验告诉我，可以……""我和你分享我的看法……""有个老师是这样做的……你也可以试试"等，这样的方式让教师感觉到保教管理者与自己是平等的交流伙伴，更容易让教师从心底里接受意见和建议。

（2）关注后续，管理支持

进班是为了发现问题与解决问题，借助问题的研究和改进促进班级各项工作更加有效地开展与实施。针对不同性质的问题要采用不同的解决策略，管理者一定要学会寻求必要的支持。

● 经验支持。通过以老带新，通过"经验分享交流会"等不同的形式，管理人员要激活资源，让年轻教师在团队中有所依，有人帮，稳中求进，不断学习、获得新经验，满足他们个人的专业发展的需要。

● 经费支持。给予一定的经费支持，给予教师一定的自主空间。如有的幼儿园给予每班教师一笔自主购书的费用，教师可以选择对自己的教育教学有帮助的书籍；或允许教师灵活使用班费用于购置班级游戏材料，以保证教师的想法与创意能物化成可操作的材料。

● 教研支持。教研可以解决教师教育教学中的普遍问题。比如：新学期可以通过常规观摩，了解各班环境创设的情况，如果发现不同班级在环境创设上有各自的特色与亮点，管理者就可以安排教师转班，相互观摩各班的环境创设并进行研讨。通过这一专项的教研活动可以促成教师之间的经验分享，使各班都能集众人之长，完善、丰富班级环境创设。再如：游戏时教师面临如何观察幼儿的活动、根据哪些因素判断幼儿是否需要帮助、教师介入时应该注意什么、如何发挥分享的价值等困惑时，保教管理者可以通过一系列专题研讨不断帮助教师解决困惑、达成共识。

【案例与分析】

海淀区富力桃园园长进班观察指导记录

观察对象	李老师	职务	班长
时间	2023年9月21日	班级	大二班
目的	了解幼小衔接活动开展情况		

内容实录	情况分析
名称：活动《我发现的变化》 一、目标： （1）知道自己升班了，体验升入大班的自豪感。 （2）能感受到身边的变化，并用自己喜欢的方式记录。 二、准备： （1）物质准备：记录变化的记录单。 （2）经验准备：简单玩过班级的玩具、有过各种记录活动。 三、过程： 1.认识自己班级的位置，感知班级环境的变化。 提问：请小朋友们仔细观察我们大班的教室，和中班的教室有什么不一样呢？ 幼儿自己完成记录单。	这是一次社会领域的集体活动。教师组织幼儿通过观察发现、对比记录、交流表达来感受身边的变化，体验到升班后的不同，助力幼儿积极适应新环境和新变化。 单一让幼儿进行教室观察似乎不能满足幼儿发现变化的情感需求，应借助家长资源、校园变化，让孩子们充分观察后再进行此次活动。如马赛克方法中的幼儿园之旅、魔毯等活动。
2.展示幼儿的记录单，鼓励幼儿大胆表达自己的想法 提问：（1）我们的教室和原来的教室一样吗？还有什么不一样？（2）玩具呢？还有什么不一样？ 3.将这些发现进行汇总并讨论，为后面的制定规则、保护环境等活动做铺垫。 提问：大家都发现我们的教室和原来不一样了，我们应该怎么做呢？ 引导幼儿说一说做了大班小朋友，该如何保护我们的教室，并制定相应的规则。 4.鼓励幼儿用绘画的方式记录发现和自己要怎样做的方式方法。 提问：我们该怎么记录下这样的方式，让更多的人知道呢？	幼儿交流的问题较单一，基本是教师预设的问题，应该从幼儿的发现与质疑中找到驱动性问题，来推动活动的深化。 提供给幼儿的操作材料也较单一，建议教师更加开放，可以投放更多的观察记录的工具，如照相机、摄像机等，同时分小组进行讨论，再集中分享，有效合理利用时间，充分发挥幼儿主观能动性。

续表

建议与措施	1. 李老师善于抓住契机，引导幼儿观察发现班级的变化并用自己喜欢的方式记录，值得大家学习。建议李老师将如何进行对比观察、如何做记录表等好方法分享给其他年轻班长。 2. 李老师在活动中虽然鼓励幼儿用多种方式进行记录，但是教师拘泥于固有的思维模式，幼儿缺乏充分的体验、讨论、对比思考，建议保教干部在创新思维或创新活动上多下点功夫，拓展老教师创新的思路。 3. 建议教师使用多种方法进一步"看见"儿童，发现儿童动机。如，投放摄像机、照相机，使用马赛克方法中的幼儿园之旅等，鼓励幼儿充分地观察、对比，用自己喜欢的方式记录。保教部也应该为老师多提供科学研讨或观摩学习的机会，把握活动中适宜的记录与分享方式。 4. 建议与区教研室联动，增加教师社会领域素养能力的专题培训。

（北京市海淀区富力桃园幼儿园　赵福葵）

从上面的记录与分析中可以看到，园长能聚焦师幼互动过程进行重点分析，进行"以小见大"的发展性思考。一方面能以发现的视角，对教师做得好的地方进行肯定并将优秀经验在其他年轻班长群体中推广；另一方面，以诊断的视角发现存在的典型问题，即教师能否从儿童视角提供活动支持，不仅从教师个人成长角度给予可操作的具体建议，并且从教师队伍长远发展的角度对保教部门提出工作建议。园长能从教师专业素养提升的发展性角度思考问题，分析教师发展的薄弱点，依靠园所自身力量不足以支持教师发展时能够及时、主动地借助外部资源来帮助教师补足短板，使教师获得可持续的发展。

五、专项进班指导的策略和实践案例

1. 专项进班指导计划的制订

前面提到了专项进班需要制订进班指导计划，明确进班观察的重点内容、指导的对象、进班的时间、进班观察评价的依据、运用哪些指导策略等。以下分享两个专项进班指导计划，一个是针对新手教师集体教学活动的专项进班指导计划，另一个是教研活动后通过专项进班了解教研的实践策略运用情况。

【案例与分析】

新手教师集体教学活动进班指导计划

一、进班指导的缘由

"教师专业发展的阶段性有不同分法,其中一种是将教师分为新手教师、有经验的教师和专家型教师,新手教师通常处于其职业生涯的1—3年。"[①] 本园的新手教师占全园教师人数的87.5%。通过批阅新手教师的日计划与观看新教师日常保教活动实施,发现他们对集体教学活动的组织能力不够,主要表现在集体教学活动设计与实施方面的短板:不能结合幼儿年龄特点制定适宜的活动目标,不能厘清活动的重点与难点,活动过程简单、仓促,对幼儿的个性化指导不够等。而集体教学活动有明确的教育目标与教学内容,计划详尽,步骤周密,是幼儿获得有益经验的有效途径。因此,提高新手教师组织集体教学活动的能力成为进班指导的重要工作之一。

二、进班指导目标

1. 指导新手教师了解班级幼儿年龄特点与发展需求,制定适宜的活动目标。

2. 帮助新手教师分析活动中的重难点,在活动中为幼儿提供有效指导。

3. 指导新手教师在活动后进行反思,发现自己在活动计划与实施过程中的优势与不足,不断积累集体教学活动组织与实施的经验。

三、进班指导对象

本次进班指导对象为6位3年以内的新手副班教师:耿雅婷、张天爱、张潇帅、郝笑寒、勾利薇、宋路瑶。

---

① 陈向明. 新手教师面临的典型困境及其可能对策 [J]. 中国教师,2023(8):24-29.

四、进班指导时间安排和重点内容（根据不同教师有所侧重）

月份	周次	被指导教师	重点指导内容
10月	第一周	耿雅婷、张天爱	集体教学活动前制订计划的指导，关注教师集体教学活动目标的选定与表述是否符合幼儿的年龄特点、兴趣、需求等。
	第二周	张潇帅、郝笑寒	
11月	第三周	勾利薇、宋路瑶	集体教学活动前制订计划的指导，关注教师是否基于幼儿的发展水平分析活动的重点和难点。
	第四周	耿雅婷、张天爱	
	第五周	张潇帅、郝笑寒	集体教学活动实施过程的指导，关注过程中教育策略是否支持教育目标的实现。
	第六周	勾利薇、宋路瑶	
12月	第七周	耿雅婷、张天爱	集体教学活动实施过程的指导，关注过程中教学重难点的支持方式是否适宜。
	第八周	张潇帅、郝笑寒	
	第九周	勾利薇、宋路瑶	集体教学活动后的反思指导，帮助教师反思教育活动过程中的优势与不足以及今后的改进方向。
	第十周	耿雅婷、张天爱	

五、集体教学活动评价依据

与新手教师围绕集体教学活动评价依据（见下表），在集体教学活动的计划、实施、反思三个环节进行深入的交流与互动，从而达成教育实践的共识。

指导范围	评价内容	评价依据
计划制订	目标确定	1. 符合年龄特点，注重幼儿兴趣、情感、能力等。 2. 目标具体，具有适宜性、可操作性。
	重难点分析	1. 重点基于幼儿经验与能力。 2. 难点具有一定的挑战性，且幼儿通过努力能够实现。
活动过程	教育策略	1. 活动内容与目标具有一致性。 2. 活动内容游戏性强，具有适度挑战性。
	重难点指导	1. 活动环节清晰，围绕目标层层递进，重点突出。 2. 重难点指导方式适宜，有助于幼儿理解与参与。
	幼儿表现	1. 幼儿在活动中情绪愉快，态度积极，参与意识强。 2. 幼儿有自主探索与体验的空间。

续表

指导范围	评价内容	评价依据
活动反思	优势	从目标确定、重难点分析、教育策略、重难点指导、目标实现等角度分析自己从设计到实施过程中的优势。
	不足	从目标的达成度、幼儿的兴趣、教育策略的适宜性等方面分析教育活动过程中的不足，并提出改进措施。

六、进班指导方式

由于集体教学活动的整个过程包含活动前的计划、活动实施过程、活动后的反思三个环节，因此，会围绕这三个环节以及根据新手教师的实际情况有重点地对其进行指导与反馈。

在指导方式上，结合新手教师的优势与具体的环节采用不同的指导方式。如：在计划制订环节，管理者与新手教师共同审阅计划文本，结合计划的要点、新教师对幼儿的观察，确定适宜的教育目标与重难点；在活动过程环节，管理者运用手机或摄像机记录教学活动过程，活动结束后与新手教师一起观看视频，分析教育策略是否合适等；在活动反思环节，采用启发式、引导式的指导方式，帮助新手教师对教育活动计划与实施的过程进行整体反思，分析自己的优势与不足、下一步的改进策略等。

以上计划内容在实施的过程中会根据新手教师的发展需求与具体情况进行动态调整，以更好地帮助与促进新手教师集体教学活动组织与实施能力的提升。

（北京市清华洁华幼儿园　李丽）

【案例与分析】

"加餐环节的自主性培养"的专项进班指导计划

一、进班指导的目标

1. 了解教师对教研成果的应用情况和实践成效。
2. 观察加餐环节中幼儿的自主性以及教师的培养策略。

二、进班指导的内容和时间

观察内容	被指导教师	所属梯队	预计检查指导日期
1.幼儿的表现是否积极、主动、有序； 2.教师是否为幼儿提供了自主的机会； 3.教师的站位和分工； 4.教师是否能够及时了解幼儿的活动情况并进行指导； 5.教师是否能够将教研中梳理研讨的具体策略进行运用	小一班赵田	成长期教师	11月4日上午
	小一班李小璐	骨干教师	
	中三班邓沙	成长期教师	11月5日上午
	中三班许静	骨干教师	
	大一班王洋	成长期教师	11月6日上午
	大一班崔蒙蒙	骨干教师	
	小二班张晓运	成长期教师	11月7日上午
	小三班胡丽娜	成长期教师	
	小四班王靖	成长期教师	
	小五班果欣玥	成长期教师	
	中一班王春波	成长期教师	11月8日上午
	中二班刘月	成长期教师	
	中四班蔡星星	成长期教师	
	中五班刘艳霞	成长期教师	
	大二班张婷婷	成长期教师	11月9日上午
	大三班王漪	成长期教师	
	大四班赵明慧	成长期教师	

三、进班后的指导与支持

1.通过访谈了解教师对实践策略（教研中梳理）的应用情况，更加全面地了解教师的想法和实践应用中的问题。

2.在进班当天的中午对班级教师进行集中反馈，先帮助教师反思策略运用的有效性，再基于各班具体情况，帮助教师找到适宜班级幼儿的更加具体的、班本化的支持策略。

3.对教师工作中的亮点进行肯定和表扬，肯定教师的专业成长和进步，让教师有成就感。

4. 基于本班当前情况，与教师共同讨论，明确下一阶段努力方向和预期效果。

（中国科学院第一幼儿园　牛文文）

2. 生活活动的观察与指导[①]

《发展指南》提出，"健康是指人在身体、心理和社会适应方面的良好状态""发育良好的身体、愉快的情绪、强健的体质、协调的动作、良好的生活习惯和基本生活能力是幼儿身心健康的重要标志，也是其他领域学习与发展的基础"。

生活活动是幼儿一日生活的重要内容，是养成幼儿良好生活与卫生习惯、培养幼儿生活自理能力的重要途径。高质量的生活活动能够帮助幼儿形成终身受益的生活能力和文明的生活方式，但在实践工作中，生活活动的内容比较琐碎，在教师的眼里就是吃喝拉撒这些事，每天都一样、千篇一律，非常乏味，容易造成教师的松懈与忽视。

作为保教管理者，我们需要在观察了解的基础上，帮助教师发现生活活动对幼儿成长的价值，引导教师从《发展指南》出发，通过日复一日的细致工作，帮助幼儿形成良好的集体生活常规，提升生活活动的质量。

首先，引领教师树立班级空间管理的意识，合理划分班级活动空间，区域安排疏密适度，保证幼儿能够通畅地流动起来。如果局部拥挤，大部分空旷，幼儿在室内穿梭、跑跳和冲撞，容易发生危险；再如，洗手池与毛巾架距离较远，地上淋水，幼儿很容易摔跤。

其次，引领教师关注保教结合。例如，班级三位教师教养目标要一致，在组织生活环节时站位合理，互通互补，避免分工不合理而忽略某些幼儿。要关注全体幼儿，随时观察了解全体幼儿身体健康状况、精神面貌及情绪变化，能及时恰当地给予关心和教育；尊重幼儿个体差异，对不同体质的幼儿能采取不同的有效护理措施；保育老师要鼓励幼儿自主服务，体验成功感，避免包办代替；班级教师还要注意日常培养的一致性和一贯性，在一日生活

---

① 本节的作者为北京航空航天大学幼儿园徐露。

中的每一个环节都要有意识地培养幼儿的自主意识与生活能力。

在进班指导时可以观察教师组织与指导生活活动时是否关注幼儿年龄特点，采取不同的针对性策略，循序渐进地开展教育。如针对小班幼儿，教师可以采用游戏化的方法，将常规培养转化为快乐的学习，创设趣味的游戏情境，"给小汽车加油""花儿宝宝来喝水"等，激发幼儿主动饮水。中班幼儿好奇好问，有了自己的主张，这就要求教师调整教育策略，不仅让幼儿知道怎么做，还要知道为什么这样做。对于大班幼儿，要给予他们充分的自我服务的机会，鼓励幼儿自我计划、自主完成生活活动。

【案例与分析】

进餐环节的观察与指导

以进餐环节为例，我们通过进班指导不断引导教师学会关注生活环节中丰富的教育内涵和价值。有关进餐环节的进班指导主要从以下几方面着手。

一、检查教师在进餐环节是否具有安全意识

（一）幼儿接触的物品是否安全

检查要点：在为幼儿盛餐前，教师是否关注了食物温度；在不同季节中，教师是否能采取有效的策略为幼儿提供适宜温度的食物。如：在气温较高的季节，粥和汤之类的食物散热慢，教师可以先盛菜，随后将少量的汤盛到已经腾空的菜盆中，让其温度尽快凉下来等。

（二）班级内物品摆放是否安全

检查要点：为幼儿盛餐结束后，餐车是否摆放在安全、不阻碍幼儿餐后活动的位置；餐具收放处的摆放位置是否便于幼儿有序地收放餐具。

（三）教师的行为是否安全

检查要点：教师在帮幼儿盛餐后递给幼儿时，是否关注到从两名幼儿中间的间隔处送进，而不要在幼儿的头顶传递餐具。

（四）教师的站位是否为幼儿的活动提供了安全保障

在进餐环节中，有的幼儿需要添餐，有的幼儿进餐结束去送餐具，还有的幼儿已经到盥洗室进行餐后盥洗活动，更有动作快的幼儿已经开始到区域中开始游戏了。所以在这个环节中我们会看到教室里到处都是幼儿的身影，这样比较分散的状态下，如果教师没有一个合理的站位，将很容易导致部分孩子脱离教师的视线，发生一些不愉快的事情，所以需观察教师是否有明确的分工与站位。检查要点：幼儿进餐时，两位教师是否站在不同的桌位，并进行巡视；当有幼儿进餐结束后，配班教师是否马上撤到能看到幼儿送餐具、盥洗的位置，主班教师是否调整位置，开始关注进餐和盥洗后进入活动区的幼儿。

二、查看进餐环节中教师的指导

（一）是否关注幼儿的进餐兴趣

在关注幼儿进餐兴趣方面，可以看看教师都做了什么。如：在进餐环节中可以选择适宜的轻音乐，并以适当的音量播放，为幼儿营造舒适、宽松的进餐氛围。幼儿进餐时，为幼儿生情并茂地报菜名（小班、中班可以由教师完成，大班可以请幼儿来做），以促进幼儿的食欲。如：今天的西红柿中有很多的维生素C，多吃可以让小朋友变健康，变漂亮。牛肉中有很多能让你变强壮的营养，多吃可以有力量，再扔沙包时，肯定能扔得比网子还要高……

（二）是否关注幼儿的进餐习惯

检查要点：在幼儿使用餐具方面，教师是否关注到餐具的适宜位置，及时帮助幼儿进行调整，以方便进餐。例如：幼儿喝汤时，把碗放在了身边，而盘子离自己较远，喝汤时很不方便，教师是否能及时发现，提示并帮助幼儿调整。教师是否关注到小班初期幼儿的用勺和中班初期幼儿尝试使用筷子的情况，是否使用了有效的策略进行指导。老师可以说："圆圆，我看看你的小手枪在哪里？"边说边吸引幼儿右手做举枪状，有趣而快捷地帮助幼儿掌握用勺的正确方法。在进餐结束后，教师能否引导幼儿有序地收放餐具。如：幼儿进餐结束后，教师是否马上指导幼儿先在桌面上将餐具整理在一起，收好小椅子后，双手端起餐具去送，并按餐桌上的图片指示依次放好盘子、碗和勺。

（三）是否能做到关注集体的同时兼顾个别

从指导语中可以分析判断出老师对本班进餐环节中的主要问题是否心中有数，是否能在适宜的时间提出要求，教师的要求对幼儿活动是否起到引领与支持的作用。如：班级幼儿在有序收餐具的环节问题较多，教师就要在幼儿即将进餐结束时提出要求，方便幼儿马上照着去做。随后教师是否观察幼儿行为情况并进行相应的补充。在关注集体提出要求的同时，教师是否关注到个别幼儿的需求。如：提出餐具收放要求后，是否关注到个别幼儿的完成情况，当幼儿出现困难时，教师是否及时采取有效的策略给予了进一步指导与帮助。

三、观察幼儿在进餐中的状况

观察幼儿的进餐情况，可以了解该班幼儿在进餐环节中的习惯养成现状，同时还可以通过观察幼儿来了解教师的集体指导重点是否适宜，便于下一步对教师进行指导与帮助。如：班级中有半数左右的孩子使用勺子的方法不正确，教师还是采用个别指导的方式，没有及时进行集体性指导，便是不适宜的。

在生活活动中，对不同年龄层次的幼儿，我们观察的重点也不一样。如：对小班幼儿，我们会侧重关注幼儿的进餐兴趣，是否愿意独立进餐，是否愿意尝试正确使用餐具，不依赖成人。对中班幼儿的观察重点则可以放在基本进餐常规的建立上，看幼儿是否愿意根据规则来参与进餐各个环节的活动内容。对大班幼儿的观察重点是能否主动遵守进餐秩序，是否已经形成比较良好的进餐习惯。

（北京市六一幼儿院　李卫芳）

【案例与分析】

把自主权真正还给孩子

我园在集团本学期开展的项目研究背景下，对一日生活环节中的过渡环节进行了深入的研究与实践。"幼儿一日生活皆教育"这句话已经植根在每一个幼教人的心中，但是其中的过渡环节往往容易被大家忽视，因为时间细碎，相对较短，但是过渡环节的教育价值是不容忽视的，它是承上启下的纽带，也是养成良好生活卫生习惯的日常，更是提高自由选择、自主管理能力的契机。因此，过渡环节是一个值得被重视并好好研究的环节。

如何发挥出过渡环节的价值呢？根据《发展指南》中的精神，我们应为幼儿提供轻松的氛围、游戏的空间。科学的过渡环节应当是自选自发的，是自由自主的，同时也是自律自然的，于是在本学期开学初一个月的时间里我园对此环节进行了研究，首先我们对过渡环节的概念进行了学习，又对它的价值进行了挖掘，之后在进班过程中有目的有重点地进行巡查，对各班的过渡环节进行重点的跟进。

一次在巡班过程中，我看到了某个中班利用午餐前的过渡环节集体在楼道内开展一个语言游戏《寄信的邮递员》，便走过去，我还什么都没有说，老师便主动说："孩子们特别喜欢这个游戏，是他们提议要玩的。"

同一个时间段，我又走进另外了一个中班，孩子们陆续盥洗之后，老师说，"孩子们，你们可以自选玩具进行自由游戏"，于是孩子们纷纷去睡眠室的开阔场地中选择手头玩具进行游戏，但是我看到多半的孩子都在玩魔尺。当问到他们喜欢玩什么的时候，他们的回答也几乎相同——"我喜欢魔尺"。

面对以上两种现象，我发现了问题的所在，但是我并没有在第一时间说对或者不对，也没有打断当时的活动，而是将这个现象记录下来，准备在业务学习的时间带领教师共同分析。

第一个场景中教师说的那一句解释，说明老师能够意识到自己的行为出现了问题，不能因为部分幼儿说想玩一个游戏就要集体组织这个游戏，那些不发声的幼儿的想法往往就被忽视了，因此这个现象反映的是教师观念的问题。

第二个场景中虽然不排除有些幼儿真的对魔尺这个玩具感兴趣，但是也能反映出幼儿没有过多的选择余地。如果选择内容足够丰富，我想一定可以听到更多不同的回答，看到更多的游戏内容。而且，两个场景中的幼儿全部集中在一个区域内，没有实现空间的自由选择。

为了让老师能够有自我反思、自我改进的能力，在当周的业务学习中，我将这两个场景用视频的形式呈现在教师们的面前，请他们说一说，场景中孩子们是在自主活动吗，为什么。老师们听到问题后多数认为不是自主活动，只有少数认为是自主活动，我请他们分别说出了理由。认为是自主活动的老师说"教师没有干预孩子的游戏，都是他们自选自发的"。认为不是自主活动的教师主要是以下观点：孩子们在进行统一的活动，这就存在了高控的现象；孩子选择的内容和空间没有放开，就不是真正的自主；这个时间段除了游戏还有很多事情可以做。听到双方的观点后我再次请他们思考自主活动时间应该是什么样的，老师说出了很多理想的画面。

经过本次讨论之后，我再次进到班级里后，发现从前的现象不见了，看到更多的是过渡环节中班级和楼道到处都有小朋友的身影，他们可以做的事情、可以选择的场地更加丰富了。有玩玩具的，有照顾动植物的，有在分享活动区游戏成果的，也有在阅读图书的，还有在一旁聊天说悄悄话的，孩子们的笑脸更多了，专注程度也更高了。

在这个案例中可以看出，教师成为了研究的主体，采取了发现问题——分析问题——解决问题的工作思路。我带领教师学习标准后共同发现问题，找到与标准之间的差距，从而抓住自身存在的问题，并在深入分析问题的基础上找到解决问题的办法。

我在进班时只要不是涉及孩子健康安全的问题，我都不急于马上指出问题，而是让教师主动思考。利用集体研讨可以很好地避免重复指出同样问题的现象，老师们能够成为学习的共同体和学习的主人，学会自我反思，自我改进。

（北京明天幼稚集团　陈思宇）

3. 幼儿游戏的观察与指导

（1）观察幼儿的游戏状态

观察幼儿是否能根据自己的兴趣和意愿选择游戏内容、材料和同伴，幼儿在游戏过程中是否情绪积极、投入专注，是否乐于对材料进行探究，能否主动发现问题和解决问题，是否具有收拾整理等良好的行为习惯，是否能与同伴友好交往，具备一定的交往能力。

（2）观察环境创设

要创设支持幼儿主动学习的环境，室内外空间布局是否合理规划，是否能根据幼儿兴趣和需要进行灵活调整，最大程度地满足幼儿游戏活动的需要。

室内活动区设置是否合适，如动静区是否分开、是否开放自由、是否便于幼儿进出等。为了便于幼儿选择自己喜欢的活动，区域内玩具柜、桌椅和材料的摆放都要具有开放性，为幼儿自由出入、自由交流和取放材料留有较大空间。

（3）观察游戏材料

游戏材料是否适宜幼儿、种类丰富、数量充足，以低结构材料为主。皮亚杰曾指出"儿童的智慧源于操作"，儿童通过操作激发起学习的主动性、积极性及创造性，并建构自己的认知体系。因此材料一定要可操作、可变化、可组合，减少成品高结构材料的投放，因为低结构材料才能引发幼儿游戏的多种可能，给予幼儿更多操作、创造、动手动脑的机会和空间。

户外游戏材料是否材质多样、可拆开移动；是否分类陈列、便于幼儿取放和收纳整理；材料使用是否能不受区域所限，是否能不受室内外限制。

室内游戏材料要具有层次性。教师在活动区域中应根据不同年龄段幼儿的身心特点，投放不同层次的活动材料。投放材料时应注意按照由浅入深、从易到难的要求，根据幼儿能力的不同提供操作难易程度不同的活动材料，以便于教师对不同能力的幼儿进行针对性的指导，促进幼儿在自身原有水平上的发展。

室内游戏材料要动态变化、定期更新，有的材料幼儿多次游戏后已经没有操作兴趣，有的材料有破损出现安全隐患，需要教师及时关注，并进行更换。

（4）观察教师在幼儿游戏过程中的行为

教师是否支持幼儿自主选择游戏材料、同伴和玩法，是否能对幼儿进行全面的观察并做必要记录，是否能对幼儿的发展情况和需要做出客观、全面的分析，不急于介入或干扰幼儿的活动。

教师是否能根据幼儿的活动情况及时给予有效支持，引发幼儿进一步的探索。教师是否尊重并回应幼儿的想法与问题，善于发现各种偶发的教育契机，是否能抓住活动中幼儿感兴趣或有意义的问题和情境，识别幼儿以新的方式主动学习，并及时给予有效支持。

（5）观察幼儿游戏后的教师行为

教师是否能一对一倾听并记录幼儿的想法和体验，是否重视幼儿通过绘画、讲述等方式对自己经历过的游戏进行表达表征；是否能组织集体的互动对话，通过开放性提问、推测、讨论等方式，推动幼儿反思游戏经验，支持和拓展每一个幼儿的学习。

【案例与分析】

区域游戏进班指导中的观察和记录

运用系统观察、客观记录的方法，能够帮助我们在进班指导时言之有物，有据可查。心理学研究表明，即使是亲眼看到、亲耳听到的东西，当要求回忆出真实情形时，也会有很多"不真实"的记忆，因为回忆具有个人倾向性，带着个人的观点和意识。所以有时老师会出现"啊，我说过这句话吗？"的意识空白状态，作为评价者，我们有时也会主观地推测老师。避免这种误差的最佳方式就是连续观察，如实记录。有以下两种方式可以选择：

一、聚焦式

把教师作为观察线索，按照时间序列进行观察。追踪教师的行动轨迹，记录教师的语言，从中发现区域活动中教师观察的敏锐度、介入适宜性和指导有效性等方面的问题。下面分享一名教师的行动轨迹，见下表。

9:15	教师进入科学区，引导两名聊天的幼儿选择"沙中寻宝"的玩具："试试怎样才能快速找出藏在沙子里的宝贝？"
9:20	教师进入图书区，示意安静，倾听孩子们讲故事。
9:26	教师进入益智区，提醒一个铺了满桌积木的孩子，收整一部分积木。
9:28	教师进入建构区。师："你们搭的是什么？"孩子："这是座新楼。"师："住在这里，到哪里买东西？"孩子："要开车去郊区买东西！"于是孩子们在"马路"的另一头开始搭建超市。
9:32	被一个孩子拉到美工区欣赏他们刚完成的沙画，教师夸作品"颜色很鲜艳，真漂亮"。

通过教师在教室中的位置变化、与幼儿的言语互动，可以看出这名教师能够关注到各区孩子的活动状况，如教师曾经光顾科学区、图书区、益智区、建构区和美工区5个区。在活动秩序方面要求较为严格，如17分钟内，老师有8分钟用于秩序维护（安静读书、收整积木）；教师习惯于"指导先于观察"，前四次的指导都是由教师发起，要么是提醒，要么是询问，没有驻足观察幼儿活动的时间；教师的指导语言有一定的启发性和鼓励性。详细分析这张时间序列表，可以引导教师思考自己的指导行为，找出优点与不足。

通常，有三种类型的区域指导方式。一种是忙碌型，基本是每个区只做1~2分钟的停留，更多的是规则性提示，没有时间观察，容易错过发现幼儿需要给予适时指导的机会。一种是卷入型，当一个孩子遇到问题时，教师便进行充分详尽的指导，直到孩子能够完全理解才放心。因此，卷入型老师会在某一区域中的指导时间过长，以至于忘记还有其他幼儿需要关注。最后一种是审时度势型，这类教师总是能从教室某一个角落及时来到孩子需要帮助的地方，指导并给孩子一定启发后离开，孩子接下来的独立操作会变得顺利很多。当孩子成功时，总能及时发现老师的目光，说明孩子的所有行为、所有孩子的行为都在老师的眼中。审时度势型教师最知道什么时候出现，什么时候悄悄离开。

二、散点式

在同一段时间，关注多个地点或人物，观察分布于各区域中幼儿的活动内容及状态。下面分享一份散点式记录，见下表。

10:00	
科学区	2人，一个选择磁力建构片，一个选择镜子迷宫。专注。
图书区	2人，各自一本绘本，两人说说笑笑。
益智区	4人，拼图、叠叠高、10的合成练习、奇偶数分类。专注。
建构区	4人，搭建高楼、马路和超市。合作好。
美工区	6人，拓印、自由绘画等，边画边自言自语。

续表

棋牌区	0人。
10:15	
科学区	1人，磁力建构片。专注。
图书区	0人。
益智区	6人，一百板、积木、奇偶数分类、磁力版、逻辑狗、分类盒。专注。
建构区	4人，搭建高楼、马路和超市。有交流，有分工。
美工区	5人，拓印、自由绘画等。同伴模仿。
棋牌区	2人，玩扑克牌。两个人很友好，商量玩"比大小"。

散点式观察，可以看出班级区域设置的合理性与吸引力，如上述记录，以15分钟为一个观察周期，两次观察点上，美工区、益智区和建构区都是人数最多的区域，说明这三个区域的活动材料深受幼儿喜爱，益智区人数递增，说明班级幼儿正处于图形认知和数概念的发展阶段。而图书区、科学区和棋牌区幼儿的流动性较大，是否与图书的丰富性、科学区材料的探究性和幼儿对规则游戏的熟悉程度有关系？散点式记录可以引导教师为改善区域创设和评价班级幼儿发展状况提供依据。

（北京师范大学实验幼儿园　李琳）

4.集体教学活动的观察与指导

集体教学活动是教师根据幼儿教育目标，有计划、有目的地选择内容，提供相应材料，面向全体幼儿开展的活动，主要包括目标的制定、内容的选择、材料准备和活动过程等。因此，保教管理者针对教师的集体教学活动开展进班指导时，应该关注以下几点：制定的教育目标是否具体、明确，操作性强，并符合幼儿的年龄特点；选择的教育活动内容是否贴近幼儿的实际生活经验；活动过程中师幼间的互动、幼儿间的互动、幼儿与材料的互动如何等。

【案例与分析】

集体教学活动的评价与诊断

作为保教管理者，指导教学活动时要多看、多听、多思。看，指的是看幼儿活动状态，幼儿主动性与主体性是否得到呈现，幼儿学习氛围如何，选材是否恰当，孩子获得了什么经验等。听，指的是听教师的指导语是否清楚、规范。思，指思考教师为什么会设计这样的活动环节，整个教学活动的亮点是什么，哪些方面还可以改进，教师的教育观念怎样等。

下表是针对"看"的具体要点。

看什么	怎么看	分析
1.看活动的必要性	目标和内容能促进并引导幼儿的发展，丰富幼儿经验；活动组织形式恰当；具有其他活动形式不可替代的独特功能。	集体活动能拓展、提升幼儿日常生活和游戏中的经验，如活动目标可在生活或游戏中达成，视为不必要的集体活动。
2.看活动目标	活动目标符合本班幼儿的年龄特点和实际发展水平，并有一定挑战性。 教育目标具体、明确，操作性强。	教育目标的制定要体现相关领域的核心价值，以《纲要》《发展指南》为依据，适合幼儿发展实际。教师需要对教育目标的制定、撰写、表述等进行科学严谨的思考，用文字的方式精准表达。
3.看活动内容选择	教育内容选择注重尊重幼儿已有经验。 活动内容能密切联系生活，符合幼儿兴趣与发展需要。	内容选择关注幼儿已有经验、幼儿兴趣与发展需要。
4.看重难点	活动中是否有重难点，教师能否捕捉到孩子没有掌握的部分。	活动重点是教育活动开展的基本内容与主要线索。 活动难点是从幼儿学习的发展出发，教师对于幼儿难以理解或领会、掌握的内容进行的预判。
5.看活动准备	投放的材料能否为目标服务，是否满足幼儿的发展需要，是否满足不同层次幼儿的发展需要。 幼儿是否具备相应的经验准备。	活动准备是为目标的实现而准备的。

续表

看什么	怎么看	分析
6.看活动过程	能根据教育目标、内容、幼儿发展水平等，灵活选择和运用集体、小组、个别等多种形式开展活动。重视幼儿学习过程，尊重幼儿学习方式和特点，注重鼓励支持幼儿通过直接感知、实际操作和亲身体验进行学习探索。教育活动中幼儿与教师、同伴及材料之间等方面互动情况。在幼儿学习活动的过程中能尊重、接纳幼儿个体差异，注重兼顾不同发展水平的幼儿。	精心设计与采用不同组织形式，隐形辅助教学策略的实施，发挥了集体学习、小组学习、个别学习三种组织形式的学习效果。根据幼儿年龄特点、学习方式，最大限度支持和满足幼儿通过直接感知、实际操作和亲身体验获取经验的需要。在教育教学过程中，需要教师依据现场中每个幼儿的不同表现与经验能力，主动进行预先设计或现场及时调整方法，从而尽可能促进每一个幼儿都能获得发展。

（北京航空航天大学幼儿园　徐露）

【案例与分析】

音乐集体教学的分析与指导

一、音乐集体教育实践中的镜头回放与解析

镜头1：

在一次音乐观摩活动上，孩子们跟着教师一起玩游戏，他们一会儿玩游戏，一会儿又用纱巾舞来舞去，看上去孩子们玩得很快乐，但是似乎这些内容对他们没有什么挑战，孩子缺乏那种发自内心的胜任感与愉悦感。

解析：教师开始重视对幼儿音乐兴趣的培养，注重从情感态度出发开展活动，活动形式也日益丰富。但随之而来的问题是，活动只停留在了形式上，对音乐本身的核心目标考虑不够，重快乐而忽略了发展，重情感而荒废了认知，没能很好地融会贯通。

镜头2：

在开展音乐活动"小树叶"时，教师引导孩子们说树叶像什么、树叶的美丽颜色，表现树叶翩翩起舞的样子……这些生活经验会给孩子的感受与表

现提供基础，但经验也只是经验而已，音乐活动目标——"感受三拍子的节拍特点"——并没有利用这些经验得到很好的落实。

解析：教师已经开始重视幼儿经验的感知，通过多种渠道丰富幼儿的审美经验，但经验感知的目的是什么？绝对不是从经验中来到经验中去。教师对哪些是有效经验，哪些经验能够促进幼儿的创造与表现缺乏思考。

镜头3：

老师开始《萤火虫之舞》的欣赏活动，在让幼儿分辨每一个乐句有几拍的时候，她采取让幼儿模仿萤火虫走路回家的形式，要求在第8拍时蹲一下，表示找到了家。孩子们非常感兴趣，但是有些孩子沉浸在游戏情节中，只注意在第8拍时蹲下去，走步的过程却很不合拍，而老师却说："你们太棒了！都找到了自己的家！"

解析：在活动过程中，教师已经注意到利用游戏的形式来落实音乐教学的重点目标，但音乐本身的美感却被忽略了。音乐中稳定的拍感是整个学前期活动的基础，老师还不能站在音乐的角度给幼儿提出支持性、发展性的评价，忽略了音乐能力的发展。"蹲下去"达到了游戏的目的，而不是音乐目标的实现。

镜头4：

老师带领孩子玩"节奏火车"的游戏。老师不断变换节奏，从十六分音符再到切分音、附点、休止，节奏难度不断提高，孩子开始兴奋、紧张，转而出现了畏难情绪……

解析：教师开始注意给予幼儿自由表达的空间，但随之而来的问题是：要么，任何环节都要表达，随意表达，表达成什么样子都可以；要么，盲目提高难度，认为只有达到某种标准，才看到了孩子的发展，才发展了音乐能力。教师对表达空间的适宜程度没有很好地进行思考，对表达的分寸、表达能力的递进与引导同样缺乏思考。

二、分析现象背后的根本原因

以上是从现实的教育过程中截取的片段，通过看教学活动的过程，教师在音乐教育过程中还存在着诸多问题，集中体现在以下几个方面。

第一，教师自身音乐素养欠缺。幼儿园教师的素质和专业化问题，是开展幼儿音乐教育特别要关注的问题。教师自身在音乐素养方面的不足和局限带来的是他们在音乐审美能力、审美情趣、审美境界等方面的欠缺。这些直接造成教师在音乐教育过程中的一些无法弥补的缺憾。

第二，从兴趣到兴趣。兴趣是活动的基点。任何活动如果不是从兴趣出发，都难以获得理想的效果。而有的教师由于自身专业素养的不足，只能把注意力放在兴趣的培养上，不能给予幼儿专业的、适当的支持。如教师说"请小朋友一边走一边敲手里的乐器"，而不能提出更恰当的要求——"请大家按着节拍踏步，小乐器敲出音乐的节奏。"

第三，能力建构体系不清。一些老师对音乐的基本要素：节奏，节拍、节奏型、音区、音域、音色，音乐的速度、力度，音乐的情绪风格以及乐句乐段的重复变化等，缺乏明确的认识，对各要素的实质内涵以及每个要素的难易层次没有清晰的认识，结合音乐作品的分析能力也亟待提高，这些都会限制幼儿音乐能力的发展，无法带孩子真正体验音乐之美。

第四，盲目照搬，不究其详。受到自身音乐素养的影响，教师对当代先进的音乐教育思想与方法不够敏感，对其本质和精髓缺乏深刻的理解与领会，所以，在吸收和学习这些好的思想与方法时，只能在形式上盲目照搬，不能真正将其落实到孩子身上。

第五，教师的实际操作能力不足。音乐教育是音乐艺术和教育艺术的结合。在幼儿音乐教育过程中，教师的教育实践能力直接影响到幼儿在活动中主体性的发挥。同样的活动，由不同教育观念、不同实际操作能力的老师来组织，教育效果会有极大的不同。很多教师在教育实践中不会营造宽松的艺术活动心理氛围，对教育结果采用"成形""漂亮"等评价标准，还不能坦诚地接纳幼儿不同的感受与表达方式，不能给幼儿最简单、最能获得成功的机会。因此，幼儿在活动中难以感受到放松和开放，幼儿主动性的发挥受到制约。教师对音乐教育活动的大目标不够清晰，因此，无法选择有效的策略与目标很好地对应，如：在创设适宜的音乐环境帮助幼儿理解作品上还有待提高，围绕音乐主题的提问还不够精确，过程中指向音乐目标的策略还比较欠缺。在与幼儿互动的过程中，有的教师捕捉不到幼儿有价值的信息，有的则接不住幼儿抛过来的"球"，对幼儿的评价大多停留在好与不好上，缺乏发展性指导。

第六，教师的角色定位不准。《纲要》指出：教师要成为幼儿学习的支持者、合作者、引导者。但在实践工作中，教师对这些角色身份的理解还不到位，往往把它们割裂开来，认为扮演好其中一种角色就可以了。其实，教师的角色身份会随着活动的开展不断调整和转换。什么时候要支持？怎样支持？什么时候合作？以什么身份合作？什么时候引导？以什么为基点来引导？教师角色定位不准，会使活动错失教育的良机，无法形成师生互动式的探索，难以共同建构教育过程。

造成以上问题的关键原因在于仅仅把音乐当作一门学科对待，而没有更深层次地思考和定位音乐教育对幼儿发展的价值。幼儿园的音乐教育首先是培养人的教育，培养幼儿的情感、态度要高于音乐技能的获得。音乐教育的目的也不是培养音乐家，而是要培养能够欣赏音乐的人，使幼儿拥有用音乐这一特殊语言与人沟通交流的能力和习惯。音乐教育是一种审美教育，音乐教学应该是师生共同体验、发现、创造、表现和享受音乐美的过程。

所以，我们应该对音乐之于人的发展价值进行更深入的思考。

（一）站在培养全人的高度看音乐教育

音乐教育不只是音乐范畴之内的事情，通过音乐的熏陶和学习，我们不仅要拓宽音乐视野，增强感受力，获得音乐知识与技能，重要的是体会到音乐对人的生活态度的影响。培养一种乐观的生活态度，养成与周围人合作、协调的习惯等，音乐教育的终极目标是培养人。那么，我们在音乐活动的过程中，是否注意了为幼儿提供合作、交流、分享的机会，是否让幼儿感受到一种积极的人生和生活态度，显得尤为关键。如：学习《毛毛虫变蝴蝶》，不仅要让幼儿了解、体验悲伤和快乐的情绪，还要让幼儿理解"人人都需要关爱""每个人小的时候可能都是毛毛虫，但是我们长大就会变成美丽的蝴蝶"之类的人生启示。

（二）幼儿音乐教育中技能要不要教，怎么教

之所以出现"从快乐到快乐"的情况，在很大程度上是老师不知道，在注重情感与态度的今天，技能还要不要教，怎么教。答案是肯定的。知识与

技能还要教，但关键是如何教，要看学习的过程是幼儿主动获取的过程，还是被动接受的过程。

从音乐的特质看，作为一门听觉艺术，聆听、体验与探索是感知的第一步，要让幼儿有足够的机会去听，去体验、感受、分辨音乐的美之所在。不管是情绪风格，还是乐句乐段，抑或是节奏节拍，都要有丰富的体验感知的过程，才能够引导幼儿自然地表达与表现，最终梳理、提升为相关的知识技能。音乐教育的实践证明：学习音乐要遵循"感知—探索—创造"的规律，而技能的获得又能够使幼儿获得自信、成功，促进其情感与态度的发展。技能和情感是一个相辅相成的联合体，任何偏废一方的做法都是不科学的。好的活动应该是从情感出发，最终又回归情感的过程。

（三）创造的基点是什么，目的是什么

艺术教育的核心能力是创造能力。很长一段时间以来，我们都在做发展幼儿创造力的探讨，大多数人认为，创造就是变化各种方式，比如不断地追问孩子"还可以怎么做"，以致学习的热点都集中在幼儿想出了多少种方法上。其实这些还远远不够！创造的基点是经验和体验，学习音乐的过程就是经验不断重组的过程，教师要调动幼儿的原有经验，体验音乐、理解音乐；同时借助于他们的经验，提升其表现音乐的能力，丰富表现音乐的方式。远离了经验的创造是没有生命力的。如：《送礼给外婆》的音乐教学，通过选礼物、包礼物、送礼物的经验的铺垫，使幼儿从中体验为外婆送礼物的喜悦心情，同时，借用这些经验感知音乐中快板和慢板所传递出的不同情绪，最终幼儿会获得对亲人表达自己情感的一种态度。

活动最终的目的是要回归生活，我们要用所获得的重组后的经验去重新审视生活、享受生活、表达生活。音乐的创造最终也要回归生活，所以，创造的目的要指向生活。

（四）老师何时进，何时退

在实践过程中，老师还会有这样的困惑：给孩子怎样的空间才是最适宜的？介入过多，会被理解为"高控制"；不介入，又会被认为发现不了问题，接不住孩子的"球"。那么，教师应该何时进、何时退呢？

首先，我们应该坚信每位幼儿天生就是艺术家，教师要从活动的主宰地位上退下来，把舞台交给孩子，鼓励孩子用自己的方式表现音乐。

其次，教师的角色身份要随着活动不断地进行调整和转换。如：活动初期，教师的身份就是一个引领者，通过简洁的问题引领幼儿倾听音乐，进入游戏情境。教师提问的准确程度和是否恰当运用各种提示性手势，关系到幼儿能否准确地把握音乐中的重点元素。活动进行中，教师不能仅仅停留在与幼儿同乐的水平上，要及时退出，观察幼儿的表现。因此，教师的角色要从引领者转移到观察者的身份上来。最后，教师又会以一个引导者的身份，和幼儿一起总结、提升。

进与退是辩证的统一，关键要明确进的动机是什么，退为进奠定了怎样的基础，这需要教师在实践中不断地体味、推敲。

三、在幼儿音乐课程中应注意的问题

（一）提高教师专业素养——优化课程实施的基础环境

一个好的音乐老师，其自身必须具备三方面的音乐素养：其一，必须掌握足够的音乐知识和准确的音乐概念，并能够深入浅出地将概念转化为幼儿能够理解和接受的、生动有趣的、形象化的东西。其二，必须具备演唱、演奏、舞蹈、指挥、配器等音乐实践活动的能力，能够准确、生动、富有艺术感染力地再现和创造音乐作品的艺术魅力。其三，具有良好的音乐感觉。

优化教育环境的举措之一就是要提高教师的专业素养，这是一个长期的工程，需要教师自身的学习与幼儿园有针对性的培训相结合，有计划、有层次地逐步提高。可考虑借助专业教师的力量，通过解读名曲名句，直接获得相关经验；也可通过教师群体内部的互为师生的课堂模拟，让教师分别站在教师和幼儿的角度体会学习上的困难，并加以解读与探索。总之，提高教师的专业修养是提高音乐课程实施有效性的首要任务。

（二）形式上的综合不等于综合音乐活动

通常，我们所看到的音乐综合活动是与音乐内容相关的各领域内容的大拼盘，看似热闹，其实各自之间没有多大的联系，且往往忽略了音乐的关键目标。现在，我们所说的综合音乐活动，是围绕音乐作品本身或音乐能力主线，调动幼儿的多种感官，综合运用多种形式来感受、理解和表现音乐，幼

儿获得经验的途径是多元的，教师支持幼儿获得关键经验的手段和策略也是多元的，绝不是内容的随意拼凑。

综合活动一定要注意以下几点：

● 要突出学科本身的特点。目标的制定与实施要遵循学科的特点，有较清晰的层次的递进，让幼儿在每个层次上获得有效的发展。

● 要明确活动的能力主线。在活动的设计与实施的过程中，要明确活动主要发展幼儿的什么能力，围绕能力主线开展活动。

● 要明确形式和目标之间的关系。再新颖的形式也不能离开对目标的服务与支持。

除了音乐课外，音乐环境的营造、表演区角、戏剧游戏等，都可以纳入音乐活动的范畴，使音乐遍布幼儿的生活。

（三）师生共同建构课程

● 搜集与分享——让音乐学习增加厚度。要让学习音乐变成幼儿自我的一种需求，教师要设法把"教"的策略转变为幼儿"学"的策略。在这个环节中，教师首先要做的是让幼儿感觉所学的东西和自己有密切的联系。因此，要调动一切积极的因素，让幼儿参与其中，如建构学习的场景、主动地收集相关资料、与大家一起分享自己的经验等，帮助幼儿理解学习音乐不是仅限于作品的音乐部分，学习音乐的形式也绝非只是上音乐课。对中大班的幼儿来讲，幼儿的资料搜集与经验分享尤为重要。

● 引导幼儿间的相互学习——悦纳自己，欣赏他人。每位幼儿天生就是艺术家，他们的想象力和创造力远远高于成人。幼儿之间的相互影响和学习，其效果是仅向老师学习无法比拟的。因此，在活动实施过程中，我们要尽可能地提供每个幼儿自由展示的机会，给予每个幼儿受表扬的机会，并引导幼儿进行自我激励。教师要引导幼儿之间相互学习与评价，使幼儿从内心感觉自己很棒，自己有着和别人不同的优点，身边的每一个同伴也都有特别的地方，形成悦纳自己、欣赏他人的态度和习惯。

● 良好的师幼关系既是基础又是终点。良好的师幼关系是活动的基础。活动过程中自然流露出的老师和幼儿的交往状态，可以清晰地反映出教师与幼儿地位是否平等，教师是否真正地尊重幼儿。良好的师幼关系胜过我们所能传授给幼儿的诸多的经验和知识。真正好的活动，教师和幼儿的情感影响是相互的。孩子因为喜欢老师的活动，不断带给老师感动，老师也会不断试探幼儿是否还有更强的表现能力；幼儿感慨于活动中自己获得的巨大成功，更乐于展现自己的才华，也促使老师不断地去设计更高层次的活动以满足他们的需求。因此，教育的最佳境界是双向的，教师和幼儿共同获得进步与成长。良好的师幼关系既是基础，又是我们所追求的教育的终点。

（空军直属机关蓝天幼儿园　尹金娥　朱燕红）

5. 户外活动的观察与指导

《幼儿园工作规程》明确指出"保育和教育的主要目标之一是促进幼儿身体正常发育和机能的协调发展"；《纲要》中明确指出，"开展丰富多彩的户外游戏和体育活动，培养幼儿参加体育活动的兴趣和习惯，增强体质，提高对环境的适应能力""保证幼儿每天有适当的自主选择和自由活动时间"。《评估指南》提出"制定并实施与幼儿身体发展相适应的体格锻炼计划，保证每天户外活动时间不少于2小时，体育活动时间不少于1小时"。积极开展科学合理的户外活动，培养幼儿参加户外活动的兴趣，是增强幼儿体质、提高幼儿健康水平的重要手段之一。

在户外活动中，儿童可以享有足够的活动时间、空间和更多的自由，选择自己感兴趣的活动。北京师范大学刘焱教授认为，户外游戏活动往往仅仅被人们看作是"运动"，事实上，户外游戏活动包含着两种不可分割的、相互关联的学习过程，即"学习运动"和"通过运动学习"。其中"学习运动"是指幼儿在户外活动中促进其生长发育，提高身体素质，学会运动的基本技能，发展运动能力，集中指向健康领域。而"通过运动学习"则强调的是通过户外游戏活动发展幼儿其他方面的能力，培养良好的心理品质，强调除了身体健康方面的发展之外其他能力的发展，体现了儿童发展的整体性[①]。可见，户外游戏经验是童年最重要的生活经验之一，户外游戏对幼儿的发展起着重要的促进作用。户外游戏的功能也是多方面的，迄今为止，户外游戏的内容已经远远超出了"运动"的范畴，而是包含了多种形式的内容。

---

① 刘焱. 儿童游戏通论[M]. 北京：北京师范大学出版社，2004：192–201.

根据园所实践，户外活动指导要关注场地规划、游戏空间设计、集体操节与体育活动指导、游戏观察等内容。

（1）规划户外场地

幼儿园要有目的、有计划地划分和规划户外场地，为幼儿提供丰富多样的游戏材料，提供让幼儿自由自主进行活动的区域，其目的是既促进幼儿动作的发展，又满足幼儿多方面游戏兴趣和需要，实现幼儿全面发展。

● 保持户外空间的自然生态。要合理利用原始地形，提供幼儿可以接触到的自然环境。自然生态的教育环境能让幼儿充分体验并探索大自然。幼儿园地势若有变化，那么幼儿园就自然带有活泼的色彩。孩子们喜欢享受攀爬、下坡、滚动，变化的地形可以提供给幼儿更多活动的机会，他们从中体验的快感远远高于滑梯。

● 合理利用和拓展户外空间。在日常的活动中，要创造适宜尺度的空间，让每一处环境都有用。用心琢磨和尝试，想办法让户外环境空间由小变大，如可根据季节的转换和活动时间的差异合理安排，实现各班幼儿交替使用活动场所，使户外活动的人数与场地面积相匹配。冬天，小班的户外活动上午时间可以安排得晚一点，并在阳光照射充足又相对暖和的地方；夏天，小班的户外活动时间可以安排得早一些，并在相对阴凉的地方。

● 关注户外空间的整体性，开放每一处空间。进行户外空间创设时，首先要通过整体性布局统筹每一个空间板块，从而发挥每个空间板块的重要功能，同时注重动静结合、封闭与开放的结合，以及独立与组合的结合。场地空间不足的园所，保教管理者要带领教师共同研究如何开发闲置的或边角的环境为幼儿的户外活动提供更多有效的空间。例如：某所幼儿园户外活动场地有限，但通过研究老师们巧用现有条件为幼儿提供了丰富多样的运动环境。她们利用教室前廊为幼儿创设了坐位体前屈区域，利用半地下室的屋顶为幼儿创设了由较高处往下跳的区域，利用楼体与围墙之间的通道创设了纵跳触物区……教师用自己的智慧为幼儿拓展了户外活动的立体空间，为幼儿的体能发展提供了可能。

● 避免用固定的空间布局束缚幼儿。在设计空间时，一定要考虑不同年龄幼儿的差异化需求，使每一个空间都有变化的可能。同时，也不应该用固定空间布局束缚幼儿的活动。不要给幼儿这样的暗示：哪个区域必须做什么，哪个区域不能做什么。要鼓励幼儿自主选择、大胆创造。

（2）户外游戏空间设计与材料投放的原则

户外和室内的游戏环境同属于一个整体的教育环境，都要适应儿童的发展。教师和管理者须以同等的态度看待室内和户外游戏环境。户外综合游戏区一般包括户外角色游戏区、户外表演游戏区、户外美工区和涂鸦区、沙水区、户外自然角、户外建构区、自由嬉戏区等。这些区域的场地设置、材料与内容选择等既是室内游戏的延展，也是提升和创新。

户外游戏空间设计的原则：

● 户外综合游戏区不是室内游戏简单的照搬迁移，要充分发挥户外场地的特点。与室内相比，户外综合游戏区很多区域的空间设计少了很多家具的配置，边界并非那么清晰，很多时候要根据幼儿游戏的兴趣和需要发生变化，重新调整位置和布局。

● 赋予儿童自主的权利。游戏初期可以有一定程度的预设，当幼儿熟悉场地的特点，可以赋予幼儿充分的自由去规划和设计游戏场地，教师不再具体规划或圈定各个游戏区的空间位置。正是由于户外环境的开放性、特殊性，使得户外综合游戏更多地体现了儿童立场，赋予儿童更多自由自主的权利，游戏的发展也具有更多的不确定性，带来更多的现象和创意。

● 户外综合游戏区的材料投放也需要与户外的环境特点结合起来，材料应该能够充分满足幼儿在户外开展相关游戏的兴趣和需要，材料的体积、数量、种类等可以有更多的变化，能够支持幼儿用多种方式加以变更和创造性使用。如：户外积木游戏区就可以提供大型的空心积木，满足幼儿搭建大型建筑物的需要；户外角色游戏和表演游戏区可以依托于山坡或山洞等特殊的环境，营造出更加有趣的游戏氛围。这都是室内环境很难满足的。

户外游戏区材料选择与投放的关键原则：

● 投放安全的材料，确保运动的安全。安全是选择户外游戏材料的关键因素。投放的材料要根据不同年龄阶段幼儿的发展需要来进行选择，不同儿童所适应的材料尺寸不同。使用废旧材料要安全、无毒，对幼儿没有危害。例如，选择木质材料，表面要光滑，避免粗糙造成刺伤和擦伤。再如大肌肉活动的场地中，攀爬器械下面有足够的软垫，场地有栅栏围住，防跌区铺设软垫地面时要考虑坠下时的高度和速度等。

- 注重儿童取向。在游戏中，儿童的选择为评价材料的游戏价值提供了最有意义的依据。指导教师要转变角色，从环境的主导者转变为幼儿探索的支持者。在户外，材料如何摆放和整理，场地该如何布局等问题都可以成为幼儿探索和学习的环节。

- 充分利用自然材料，尽可能使用本地资源。比如：沙、石、竹、木、泥、水、稻草等常见材料，货箱、木板、木块等，家庭中的锅碗瓢盆、凳、梯子等生活用品，都可以作为游戏材料。

- 根据发展目标投放材料，材料呈现多元化。在户外游戏区，通常既有低结构材料也有高结构材料，既有固定器材也有可移动材料。高结构材料是我们日常经常见到的，例如大型滑梯、钻爬玩具、平衡木等。低结构材料包括随手拈来的叶片、树枝、木块、瓶子、盒子、小棍等，这些都可以为幼儿的游戏提供良好的支持。

（3）户外操节活动的观察和指导

幼儿园户外集体操节是幼儿园户外活动内容之一。针对这一环节，保教管理者开展观察指导的要点包括：集体操节（集体舞）的编排是否符合季节及幼儿的年龄特点，是否达到操节锻炼的目的，集体舞与轻器械操的运动量是否适宜等。

要重点关注操节编排情况，包括音乐选择、动作编排的难易程度是否符合幼儿的发展水平。首先，音乐要选择幼儿喜欢的，太过舒缓，不适于孩子的天性，全是动感的，又过于躁动，因此在创编动作时要动静交替，符合幼儿的运动规律。其次，动作编排要有年龄特点，太容易，幼儿没兴趣；太难，孩子很难完成，也会失去兴趣。另外，要关注编排是否有童趣，与音乐结合是否巧妙等。

当幼儿熟悉操节后，指导重点就要放在教师的动作示范与精神面貌、幼儿的参与程度与投入状态等方面。日常指导，一是看带操老师的感染力。老师的状态会直接影响幼儿，尤其是小班的幼儿，这一点毋庸置疑。老师要尽可能与幼儿有眼神交流，注重与幼儿的互动。老师动作要标准，精神状态要饱满。二是看幼儿是否完全掌握操节、集体舞，动作标准程度如何，投入状态怎样。同时，需要关注不同季节操节的调整和安排。例如天气过热或过冷的时候要调整幼儿的运动量，特别冷的时候活动前的热身很重要，天气热的时候就不需要太剧烈的热身。当然也要关注幼儿穿的服装是否便于运动，提醒教师要做好家园沟通，指导家长为幼儿准备舒适的服装。

【案例与分析】

小班操节活动指导策略

小班幼儿特别喜欢游戏，好模仿，律动操、游戏操、模仿操非常适合小班幼儿。因此，可引导老师们紧紧抓住小班幼儿的年龄特点，结合幼儿的生活经验和兴趣点，创编孩子们喜闻乐见的操节，让幼儿从小喜欢学操、乐意做操，并通过适时的引导，最大限度地优化做操环节，促进孩子们快乐发展。

一、创编幼儿喜欢的操节，激发学习兴趣

（一）从音乐入手，选择内容

音乐能使人身心愉悦，带来美的享受，在操节上起到灵魂和支柱的作用。小班幼儿受情绪影响大，爱模仿，有明显的拟人化心理倾向，常把假想当成真实，常把动物当成人。他们喜欢在有情境、有儿歌的音乐环境中快乐地嬉戏。小班初期，我们选用了律动音乐《快乐的动物园》，让幼儿在三段不同性质的音乐中，跟随老师模仿小兔、大象、小鸟等动物。随着幼儿动作的熟悉程度不断增强，适当增加游戏情境，丰富游戏内容，激发幼儿的想象力，发展其动作的协调性、控制力和节奏感。在学习大象走的时候，每到一个乐句的句尾，就通过语言启发幼儿做一个不同的动作造型，如喝水、吃香蕉、洗澡、两人勾勾鼻子等。在学习小鸟飞的过程中，启发幼儿在音乐休止处，做小鸟吃食、打招呼的动作。这样做既符合音乐性质，又在游戏情境中发展了基本动作，还为幼儿提供了同伴友好交流的机会。小班幼儿非常喜爱欢快活泼、节奏鲜明、富有感染力的音乐，如《牛奶歌》《兔子舞》等。对耳熟能详的动画片音乐、插曲更是钟爱有加，如《蓝精灵》《虎虎生威》等，我们用这些音乐编成动作简单、形象生动、优美新颖、方便易记的操节动作，让幼儿在愉悦的情绪中快乐地学习做操。

（二）从目标入手，选择内容

小班既是幼儿动作发展迅速的时期，又是培养独立生活能力、提高生活自理能力的关键期。如何能让二者有机结合，促进双方面都发展呢？我们贴近孩子的生活经验，从每天都经历的生活环节入手，以幼儿"高高兴兴来幼儿园"作为切入点，把孩子从穿衣服、穿袜子、穿裤子、穿鞋子、刷牙、洗脸到上幼儿园这一系列活动，编成了琅琅上口的小儿歌，再谱上曲，配上动作，创编了小班幼儿生活模仿操。在音乐录制时，我们尽量让音乐设计充满情趣、音色悦耳、节奏适中。如在"穿裤子"这一节的音乐中，我们在句尾配上装饰音，增添了俏皮、有趣的效果。在录制儿歌时，我们选用老师说的"天亮了，小朋友起床啦"，再由大班的小姐姐以天真稚嫩的童声朗诵整首儿歌。正是有了符合小班年龄特点的音乐衬托，孩子们在做操时，很容易将歌词和动作融为一体，边唱儿歌边做动作，既发展了动作的协调性，同时也内化了起床系列活动的顺序和要领，激发了他们自己的事情自己做的意愿。

（三）从动作入手，选择内容

小班幼儿在动作的力度、速度、协调性等方面较差。在编排操节动作时，我们遵循动作转化不频繁、动作形象有趣、难度适宜、多重复、易于模仿的原则，注意把上下肢动作设计得富有童趣。如将扩胸运动编成小猫喵喵叫的动作，将跳跃运动编成小青蛙跳跳跳的动作，将俯背运动编成大象甩鼻子的动作等，以符合幼儿生活经验，便于理解和模仿。我们还让幼儿参与编操的过程，挖掘幼儿最本真、最自然的动作，适当给予加工和提升，增加艺术性和审美效果。如，在小班生活模仿操第一节中，我们开始设计的动作是孩子们蹲着做睡觉的姿势，但是"天亮了，小朋友起床啦"的歌词一出现，有些孩子就高兴地喊起来："起床啦，起床啦！"同时还站了起来，高兴地跳着。因此，根据孩子们的需要，我们及时调整了动作。

二、发挥教师的引领作用，优化做操过程

在指导做操的过程中，我们努力为幼儿创设游戏情境，把做操变成好

玩的游戏。在发展幼儿基本动作的同时，充分利用各种契机，促进幼儿全面发展。

（一）发挥语言提示的作用，引导幼儿动作到位

为了帮助幼儿理解动作要领，感知动作标准，我常常根据小班幼儿喜欢游戏，喜欢小动物的特点，用形象化的语言进行提醒，以便幼儿接受和理解。如把跳跃、伸手的动作比喻成小青蛙欢呼，有节奏地提示孩子："跳跳跳跳，嘿！嘿！"把绕小臂下蹲的动作比喻成小辘轳，有强弱规律地说："辘轳辘轳，辘轳辘轳，歇一下。"小班初期，幼儿不会一个跟着一个走，动作也没有节奏感。当听到《小松鼠进行曲》时，我会随着音乐的节拍，边示范踏步动作边用儿歌提示幼儿："走走走，跟着——老师——走，走走走，跟着——朋友——走；走走走，小腿——抬起——来，走走走，大步——往前——走。"引导幼儿集中注意力，迈开步伐，保持队形，并建立动作与音乐合拍的意识。

（二）发挥积极鼓励的作用，保持幼儿的做操热情

小班幼儿集中注意力的时间不长，肌肉力量和耐力较差，容易疲劳。因此，不易让他们长时间练习。在学新操时，我注意时间的把握，既要达到活动量和练习的目的，又要保证幼儿在活动中情绪饱满。根据学操的具体内容，注意循序渐进，每天有重点地学习一两节，逐步累加。首先，正确评价每天做操的情况，发现每一点进步及时鼓励，并提出希望。如："今天你们的动作很有劲儿，快给自己鼓鼓掌，如果在'嘿嘿'的时候声音再响亮些，小胳膊再伸直点儿就更好了。"其次，利用中大班幼儿资源，树立榜样。如："刚才哥哥姐姐做得多整齐，我们也来做做看。"再者，抓住客人来参观的机会，培养幼儿的礼貌习惯和大胆表现的意识。如："今天，我们幼儿园来了许多客人老师，我们应该说什么呀？（客人老师好！）真有礼貌！客人老师听说小朋友们学了新操，都想来看看，我们给他们表演一下吧！"当幼儿做完操后及时肯定："你们今天真有进步，一个跟着一个谁都没掉队，客人老师快给我们小朋友加加油吧！"偶尔外出学习或开会，回来后我便会故作惊讶状："听说这两天你们又学了新动作，有了新本领，快做给我瞧瞧。"不断地鼓励，激发幼儿做操的愿望。

（三）创设探索、想象空间，师生互动，大胆创造

做操时，由于班级多，各班陆续下楼。有的班级出来得早，有的出来得晚，如何让孩子们减少等待，体验集体游戏的乐趣并能促进他们各方面的发展呢？我会经常利用这些间隙，生成一些游戏活动。如：带孩子们玩"萝卜蹲"的游戏，可以把全体分成男孩子、女孩子和老师，轮流蹲；也可以打乱次序按班级名称来蹲，速度可以先慢后快，主要是练习幼儿听指令快速反应的能力。还可以玩"长高了、变矮了"的游戏，发展倾听能力、思维能力和反应能力。通过"请你像我这样做"的游戏，让幼儿即兴创编动作，大家共同学习。小班下学期，孩子们要从站成圆圈逐步学习站在圆点上，面向前做操。于是，我利用场地上的大圆圈和中间的白点鼓励大家创编游戏，如"快速找点"游戏，可以变成"数数找点点""说儿歌找点点"和"小动物找家"等游戏。在有些操节的结尾处，我还专门设计了"照相"环节，鼓励幼儿在音乐终止处，做出个性化的创意造型，培养他们的想象力、创造力。

（四）引导幼儿关注周围环境，体验自然与自己的关系

在不同的季节，我都会引导孩子们观察天气的变化，提出一些问题，让幼儿观察和思考。如：看看今天太阳出来了没有，是阴天还是晴天，并问他们是从哪儿看出来的，进而引导幼儿讨论该穿什么衣服，检查一下小肚皮是不是藏好了。夏天，孩子们会找有树荫的地方做操，以免阳光暴晒；冬天孩子们会找有阳光的地方，让自己暖和起来，我还会引导孩子们讨论怎么能让自己不冷，从而学会保护自己、照顾自己。开学初，个别幼儿还没有爱护环境的意识，家长接送时，有的在草地上踩来踩去，有的玩完轮胎、小车不送回"家"，没有"归位"意识。针对孩子们生活中出现的问题，我时常用游戏化的口吻，在做操环节进行集体教育，将做操活动当成集体教育的"大课堂"，并以此提醒教师通过班级活动、家园配合共同培养幼儿的好习惯。

特级教师沈心燕曾经说过："每一天的生活是孩子必须经历的。如果我们把教育融入到他必须经历的生活当中，就能扩展教育的空间，让孩子获得更多的学习机会，同时也提高了他们的生活质量。"

由于心里装着孩子的发展，看似每天一样的做操活动，就会常做常新。我努力做到"心中有目标，眼中有孩子，处处有教育"，从孩子们的情感需

要出发,将做操活动做深、做实、做透,最大限度地挖掘其中的教育价值,并以此为契机与其他领域相互渗透、有机结合,发挥教育的整体功能,谋求最佳的教育效果,促进小班幼儿快乐发展。

(空军直属机关蓝天幼儿园　谷越)

(4) 户外体育活动的指导

- 器械材料要充足且多样。户外大型玩具是幼儿园的必备设施。园所应根据自身空间条件创设功能多样、可玩好玩的大型器械,这些玩具不仅能够增强幼儿身体各部分的肌肉力量,而且能够发展幼儿对身体的控制能力、平衡能力,提高动作的协调性、灵活性和稳定性,更有效地促进幼儿身体与运动机能的发展。除大型器械外,幼儿园还可利用边角环境创设一些小型玩具器材,如:小木马、跷跷板、转椅、蹦床等。这些颠簸类、旋转类、弹跳类的体育器械活动,有助于发展幼儿的身体动态平衡能力,并且能够在实践中丰富幼儿的感知经验,体验该类运动所带来的肌肉紧张与放松的感觉,增强前庭器官的机能。保教管理者日常指导教师发现并拓展这些户外器材的功能和价值,真正发挥它们的作用,促进幼儿身体素质及运动能力的提高。保教管理者要关注户外材料是否种类多样——以满足幼儿多方面运动能力发展的需要;是否数量充足——以满足幼儿多频次运动体验的需要;是否难度适宜——以满足不同发展水平幼儿运动的需要。

- 活动空间安排要科学。要关注场地的合理规划与利用是否能满足幼儿运动的需要。如:奔跑区应选择地面平坦且宽阔的区域,跳跃区则对地面的软硬度有较高要求以保护幼儿运动时不会受伤,投掷区则设立在狭长且两边有围挡的区域比较适宜。教师在选择活动场地时一方面要考虑园所现有条件,更重要的是要考虑幼儿身心发展特点、运动发展规律以及各类活动自身的特点等,以保证活动空间安排的科学性。

- 教师指导要科学且有效。

首先,教师应当帮助幼儿建立良好的活动常规。良好的常规不仅有利于保障活动的顺利开展,也可以使教师有足够的时间对幼儿的活动给予观察和指导,确保活动持续、有效地进行。

其次,保证活动中适宜的运动量。教师应依据人体生理机能活动变化的规律设计户外活动的内容及形式，活动量安排的总趋势经历由小到较大，然后再由较大到小的过程，除此之外还应注意在活动中急与缓、动与静的交替，使运动具有一定的节奏性。同时教师应根据不同季节特点科学合理地安排户外活动的运动量，既起到锻炼的作用又不损坏幼儿的身体健康。

再次，给予个性化的指导和帮助。在户外活动中教师既要兼顾全体又要对幼儿的个体差异做到心中有数，对不同发展水平、不同性格特征的幼儿给予不同的指导。对那些动作发展较好的幼儿要适当提高难度，让他们"玩得有劲儿"；对那些动作发展较缓的幼儿则降低动作要求，让他们也体验"成功的快乐"。例如跳跨栏活动中，教师应提供几种不同高度的跨栏，让幼儿有自由选择的机会。孩子们根据自己的能力和水平选择适合自己的高度进行活动，然后再根据自己的实际情况选择是否增加高度。同时教师还要关注特殊幼儿的需要给予个性化的指导和帮助。

最后，学会观察，放手让幼儿探索体验。在户外活动中幼儿同样需要尝试、探索，在体验中丰富运动经验、获得发展。因此教师应给予幼儿探索的空间，在过程中学习观察幼儿，分析幼儿动作、体能发展的特点及规律。

总之，幼儿户外体育活动对幼儿的生长发育和身心健康有着不可替代的作用，保教管理者只有引导教师真正优化户外体育活动形式，不断丰富户外体育活动环境，及时加强户外活动指导，才能有效保证户外体育活动效果，让幼儿拥有强健的体质、协调的动作、发育良好的身体以及积极乐观的心态。

六、对教师反馈指导的策略和实践案例

1. 提升沟通反馈的有效性

作为幼儿园的保教管理者，面向教师的沟通反馈是深入班级指导工作中非常重要的一个环节。管理者需要了解教师的想法，与教师进行对话分析，及时肯定教师的进步，引导教师发现自身的优势与不足。保教管理者可以从观念和能力两方面提升沟通反馈的有效性。

首先，保教管理者应当转变管理观念，明确"沟通是需要学习的"的认

识，管理者应成为沟通的学习者、实践者、反思者和研究者，在实践中不断反思自己的管理沟通方法，建立一套适合园所、教师和自己的管理沟通体系。另外管理者要和教师建立平等沟通的关系，转变自己领导或权威的角色定位，虽然职位是教师的上级，但决不能有"高高在上"的感觉，应该放下架子，更多的以服务者、支持者、合作者的角色帮助教师解决问题，增强教师参与沟通的主动性，共同商讨问题，达成双向互动。

其次，保教管理者还应当提升沟通技巧：

- 明确沟通目标：确立明确的沟通目标，思考准备通过这次沟通达到什么样的效果，实现什么样的目的，这是沟通的出发点。

- 分析教师特点：保教管理者需要通过对教师已有的了解，认真分析教师的具体情况，要考虑教师的年龄、个性、工作经验、优势和劣势等，只有了解教师的特点，才能选择教师容易接受的沟通方法，从而达到比较好的效果。

- 保护教师的积极情绪：面对教师出现的非原则性问题，特别是发现教师的工作细节、教育教学方法等非主观刻意为之的问题时，一定要注意与教师沟通的方式和方法，保护教师的积极情绪。苏联教育家加里宁说过，"教师每天都仿佛蹲在一面镜子里，外面有几十双精致的富于敏感的，且善于窥视出老师情绪的孩子的眼睛在不断地盯着他，从而不断感染着自己"。教师的情绪无时无刻不在影响着幼儿的情绪。简单说就是教师愉快的情绪是会传递的，教师愉快，孩子也会愉快。保教管理工作者发现问题时，首先要控制好自己的情绪，根据具体情况选择合适的时机、场合与教师沟通。

- 营造良好的沟通氛围：园长有引领教师成长的职责，《幼儿园园长专业标准》强调，要尊重信任，团结和赏识每一位保教人员，促进保教人员的团结合作。尊重、信任、团结、赏识体现在管理者和教师的沟通的点点滴滴之中。良好的沟通氛围是保教管理者实现有效沟通的重要保证，它影响着沟通双方的心理感受。保教管理者可以采用幽默、闲谈、积极赞美以及寻找契合点等方法营造沟通氛围。

- 为理解而积极倾听：沟通是双向互动的一个过程，保教管理者应该培养积极倾听的习惯。只有抱着理解教师的心态去倾听，才会发现教师更多的"闪光点"，获得更多有用的信息，激发教师更加愿意和自己沟通，从而提升沟通的有效性。保教管理者可以采取这样的一些表述方式提出建议,"我个人的意见是……""经验告诉我,可以……""我和你分享我的看法……""有个老师是这样做的……你也可以试试",等等。

【案例与分析】

如何针对不同性格的教师给予建设性反馈

要有效地解决教师专业成长中的困惑,必须做到"因人而异",要尊重和了解教师的经验水平、性格特点与优势,真诚对待每一位教师,采用建设性反馈,以商讨交流的方式给予教师专业性的支持与指导。以下通过两个具体的案例了解保教管理者面对不同性格特点的教师如何采用不同的方式进行反馈指导。

我们园有两位年轻教师。朱老师活泼开朗总是叽叽喳喳地说笑不停,像一只快乐的小鸟;张老师稳重内向,喜欢读书学习,从不张扬嬉闹,腼腆的笑容是她内心喜悦的表达。对待工作她们都很认真负责,但是遇到困难时有着不同的表现。朱老师会积极回应,想办法或寻求同伴的帮助;张老师会比较紧张,不能马上回应,她需要通过学习或查找资料后再寻求解决的方法。

一、科学区的游戏冲突

在区域活动时间,科学区的孩子们在尝试滚动游戏,需要摆放的轨道和材料盒占满了整个桌子,小球却不停地掉落下来,孩子们开始有些急躁并和同在一桌玩电子积木的小朋友发生了争执。

朱老师走过来问:"睿睿,乐乐,你们怎么了?"睿睿说:"乐乐他们的积木太大了,我们都没有地方了。"乐乐:"可是我们也已经没有地方了。"听了孩子们的话,朱老师说:"睿睿你小心一点慢慢摆,不要着急,如果桌子上地方太小,就把材料盒放在地上吧。"又对玩电子积木的小朋友说:"乐乐,你往右边一点,睿睿他们需要的地方比较大,你要小心一点,好吗?"

暂时平息的冲突不一会儿又上演了。朱老师发现了,又和颜悦色地劝说了一番,而孩子们依旧不愉快,嘟着小嘴摆弄着手里的玩具。

此时管理者走了过去，询问朱老师："孩子们怎么了？"朱老师为难地说："桌子太小了，把材料盒放在地上还是玩不开。"管理者追问："如果你调整一下游戏场地，孩子们的活动状况会有变化吗？"朱老师看了看周围，没有找到合适的办法。管理者接着说："如果没有桌子能不能用其他的方法解决呢？在地面上可以吗？"朱老师的脸上立刻浮现出欢快的笑容。"用地垫吧。"说着就找来了一块大地垫，请乐乐搬到地垫上玩了。管理者继续追问："你想想还用什么办法扩展游戏空间，为幼儿取放活动材料提供方便呢？"朱老师想了想，用目光在班里扫了一圈，说："要不我再给他们增加一个放材料的架子吧，这样就把桌子的地方腾出来了。"

管理者说："那我再给你留两个任务。"朱老师说："行！"管理者说："这一次孩子们是用地垫，是你给他们准备好的。你能不能把使用场地的主动权交给孩子们，让孩子们学会解决问题？另外，你增加的固定玩具架是不是方便孩子们使用，还有没有更好的方式？相信你一定能够想出好办法。"朱老师愉快地回答："没问题。"

面对像朱老师一样性格比较外向的教师，管理者在反馈指导的过程中通过直接提示、鼓励表扬、问题启发等方式与教师进行沟通，让教师自主发现问题，提出调整方案，并尝试解决。

二、无序的音乐活动

在"大肚子蝈蝈最爱来比赛"的音乐活动中，年轻的张教师坐在钢琴前，孩子们坐在椅子上跟老师学习唱歌，教师时不时地回过头，歌声洪亮，充满热情。可是学唱的歌声却越来越弱，取而代之的是孩子们叽叽喳喳的说话声。张老师一次次离开钢琴走到孩子面前组织纪律，累得筋疲力尽，孩子们也没有体会到音乐活动的乐趣。活动结束后，张老师很沮丧。

教学活动后，管理者找到张老师，和她进行一对一的交流。

管理者："今天的活动你有什么感受？"

张老师："我觉得效果不好，孩子们都不和我配合。"

管理者："你很认真，可是孩子们为什么会是这样的表现呢？"

张老师："园长，可能是我背对着他们弹琴，他们看不到我吧。"

管理者："你觉得，如果面向小朋友弹琴，他们的参与性会提高吗？"

张老师面露难色，有些犹豫不决。

管理者："你先不要急，我推荐给你一本书，你可以先了解一下小班幼儿的年龄特点，相信你会有新的发现。"

两天后，张老师拿着书来到园长办公室。管理者微笑地看着张老师说："书看完了，有什么想法？"

张老师："看了您推荐给我的书，我发现幼儿的参与度不高是因为我的活动形式枯燥，缺少游戏性。"管理者微笑点头，等待着她继续发表自己的看法。

张老师："小班小朋友爱模仿，可我一直坐着教唱，孩子们一定不喜欢。"

管理者："你觉得歌曲教学中对歌词的理解用哪种方式更适合小班幼儿？"

张老师："是不是可以用动作来代替？一边做一边唱。"

管理者："嗯！你想得很好，要突出小班活动的游戏性、情境性，我建议你可以试试用故事导入，创设蝈蝈比赛的情景，让孩子们运用肢体活动来理解歌词。在小朋友了解歌词后，增加与幼儿互动的环节。"

张老师："那我请配班老师和我一起表演比赛的情景，再让小朋友表演，行吗？"

管理者："你试一试，我期待你的下一次活动，相信一定会很精彩。"

张老师腼腆地笑了笑，高兴地说："好，我试试。"

面对性格相对内向的张老师，管理者并没有急于提出自己的意见，而是给张老师推荐了一本专业书籍，引导教师先通过专业知识的学习分析思考幼儿行为表现的原因，进而再与教师共同讨论，建议教师调整活动的组织形式。管理者在反馈指导的过程中注重教师的情绪感受，并对教师的大胆表达给予及时的肯定和表扬。

作为管理者，指导过程中应当因人而异，因势利导，通过建设性的意见反馈帮助不同性格的教师扬长避短，最大限度地发挥自身优势，促进教师的专业成长。

（北京理工大学幼儿园 董惠）

【案例与分析】

共情沟通陪伴教师成长

春季开学,中班插入了一个新生名叫小宇。这天午餐时我巡班,看到周老师正蹲在小宇的跟前,手把手地教他用筷子夹菜往嘴里喂。看我走进来了,周老师鼓励小宇自己吃饭,可孩子却坐着一动不动,时不时看一眼餐盘,又看一眼周老师,就是不吃饭,只呆呆地坐着,不说话也不哭闹。

我把周老师拉到一边轻问:"小宇怎么不会自己吃饭呢?"

周老师向我介绍说:"我向家长了解过孩子的情况,家长说在家吃饭也是喂,也许是刚转园过来,小宇在幼儿园也不爱说话,生活自理能力与同龄孩子相比有较大差距。"

听了周老师对孩子基本情况的描述,我很想了解班级老师针对这种情况采取了哪些措施:"班里老师每天都会喂小宇吃吗?有没有一些有效的方法,引导孩子自主进餐?"

我这么一问,周老师突然情绪有点激动:"这段时间,我们三位老师不停地鼓励、引导小宇自己的事情自己做,还动员班级其他幼儿用'榜样'力量激励他……用了好多办法,可他就是不肯自己吃饭,也不爱说话,一顿饭下来,老师哄着、表扬着、说教着,恨不得十八般武艺都用上,饭菜一会儿就凉了,只有辅助喂他吃了。我既心疼孩子又好自责,感觉自己很无能……"

在周老师的倾诉中,我看到了教师的责任感,对孩子的关爱和接纳,同时感受到老师工作的不易。我赶紧拉着周老师的手安慰道:"我每次来到你们班,都能感受到老师们对小宇特别关注,也经常看到你在游戏的时候会陪着他一起玩。你很爱孩子也很负责任,孩子遇见你这样的老师,是一份幸运和幸福!"

周老师的情绪逐渐平静下来,我继续对她说:"我很理解你迫切的心理,作为一名有经验的老师想帮助孩子尽快适应新环境,引导孩子自己的事情自己做,并且运用了很多教育策略,这正是我们教师专业素养的体现。"

听了我对老师工作的肯定，周老师脸上闪过一丝欣慰。我趁热打铁试着和周老师一起分析原因："小宇在家吃饭都是家长喂，就缺少使用勺子或筷子吃饭的练习机会，小宇大概率是不会使用餐具而造成的就餐困难。针对这种情况，咱们可以试试不同的策略，比如小宇短时间没法学会用筷子吃饭，咱们可以先给他提供勺子；可以在游戏时间让小宇练习用筷子夹东西喂小动物，在游戏中学习使用筷子的技能；同时特别重要的是要和家长进行沟通，鼓励孩子在家自主吃饭，共同配合培养幼儿独立进餐的习惯。"

周老师恍然大悟地说："是啊，我光想着怎么让他自己吃，而没有分析孩子不愿自己吃饭的原因。您这么一说，我明白了，我得先分析原因，才能找到对策。"

我拍拍周老师的肩膀："对待幼儿的进餐，要因人而异、循序渐进，要让幼儿有一个适应过程，慢慢地幼儿就会喜欢自主进餐了。"

周老师兴奋地点点头："我现在迫不及待地想用上您给支的招儿啦，过几天一定跟您反馈小宇的变化。今天离园我再和小宇的家长聊一聊，更加全面准确地了解一下孩子的情况，做好家园同步培养小宇自主进餐。"

我握着周老师的手说："期待你和小宇的好消息哦！"

保教管理者不仅要用专业知识为教师赋能，更要有同理心与教师共情，陪伴教师的专业成长。当教师在工作中产生焦虑情绪时，作为管理者应适时地给予精神安慰。站在教师的角度体谅其工作的不易，肯定其辛苦付出，帮助其分析问题、解决问题、释放精神压力。管理者与教师共情，让教师感受到尊重与关爱，营造了和谐的育人文化，实现了尊重、信任、团结和赏识的科学管理与民主管理，达到双向共赢的效果。

（北京市海淀区龙岗路幼儿园　费鑫淼）

【案例与分析】

告别"唠叨"，告别闹哄哄

开学后，几次去小丽老师的班级，教室里总是闹哄哄的情境：集体活动时，小丽老师在上面讲，孩子们在下面不是自由说话，就是随心所欲地在班级里溜达，要不就是自己玩自己的。生活过渡环节，班级也是乱糟糟的，在教室里看不到孩子们的自主有序。小丽老师工作已有 4 年多的时间，是我园的骨干老师，平时工作积极、热情、认真，可是班级的秩序为什么是这样呢？带着疑问，我进行了跟班观察记录。

观察——闹哄哄的早餐时光，喋喋不休的老师

在幼儿进餐的时间里，小丽老师在门口接待，其他老师有的负责开饭，有的负责照看孩子们洗手，老师间的配合、站位都很自然，孩子们陆续开始进餐。这时班级门口传来小丽老师的声音："老师们，今天大宝和二宝的嗓子不舒服，让他们多吃点稀的啊。"我坐在教室最后的角落里依然听得很清楚，有几个孩子停下吃饭的动作，看着小丽老师，然后开始聊天。

"安静吃饭，请不要说话。"听到孩子们一边进餐一边聊天，一位老师发出了提示，但孩子们似乎并没有想要安静下来的意思，继续边吃边聊。"吃饭的时候，请大家不要聊天，要安静吃饭啊。"老师们依旧温柔地提醒孩子们要安静地进餐。

因为这天早饭的主食是粽子，小丽老师对几位老师发出了提问，"你们知道粽子到底有几个角吗？"几位老师随后用全班都能听到的声音开始了讨论。这时，一个小朋友不会剥粽子，另一个孩子要帮他剥粽子，当看到这一幕时，其中一位老师对全班孩子大声说："有的时候不能帮别人做，应该先教他方法。"

孩子们面面相觑，又对这件事展开了讨论。在孩子们进餐的同时，老师们还讨论了"天气好热""周末去公园玩"等事情，这让在记录的我感受到"燥"和"闹"的情绪。

分析——老师的"唠叨"及其影响

通过对教师言语的记录不难发现以下问题：

第一，教师言语频率高，无意中营造了嘈杂的氛围。教师在 30 分钟的进餐时间里，共有 26 次"发声"，假设教师平均每次发声时间为 8 秒，那就是在不到一分钟的时间里教师就会发出一次提醒或交谈，先不说孩子有没有安静地进餐，只听教师的声音，整个进餐环境就足够嘈杂了。

第二，教师的言语内容多为督促、要求、提醒，这无形地增加了孩子进餐的心理负担。通过对教师语言进行归类、统计，发现教师的26次发声中有8次是催促幼儿快吃，或保持安静，7次是提醒幼儿餐后要擦嘴漱口、擦桌子、保持桌面干净，试想在半个小时的进餐中被提醒督促了15次，是一种怎样的体验？尤其对那些吃饭较慢、食欲不是很好的孩子来说是一种怎样的心理压力？

第三，教师言语方式多为面向全体，易造成幼儿注意力分散。尽管老师很多时候只是看到某个孩子进餐时不专心，但教师大多数的言语却是针对全体幼儿。当不同的声音、不同的内容不断在孩子的耳边萦绕时，孩子的进餐就已经被打扰了，孩子的注意力也就分散了，吃饭时会不时地关注教师的言行，或者就着教师的话题展开交谈。

交流——老师，你知道你的语言"唠叨"吗？

观察结束后，我和老师们进行了交流和反馈，先请老师对上午的活动进行了自我反思。老师们觉得班级秩序乱的原因，与老师间的站位、配合度、细节的关注度及活动前规则的提醒有关。

从老师们的反思中可以看出，她们并没有意识到自己言语的问题，接下来我把所记录的她们在就餐时间里的常用语言重复了一遍，老师们或是不好意思，或是不可思议地张开了嘴巴，露出惊讶的表情，或是难以置信地问"我真的说这个了吗？"在与老师的交流中发现，老师对自己的言语"唠叨"毫无察觉，也从来没有意识到自己的"唠叨"对孩子造成了干扰和压力。

这不是教育理念不同或缺乏对幼儿的尊重导致的，在我看来这是日常教育行为习惯造成的结果，我相信老师是有能力的学习者、教育者、反思者，所以我以问题的形式请老师们自己思考"你觉得在就餐环节怎样的语言引导是必要、有效且适宜的？"以及如何改进。

五天后，当我再次走进小丽老师的班级时，就被眼前孩子们自然有序且安静的就餐氛围所震惊。没有了老师"快吃，别说话"的催促声音，孩子们都在安静、认真地进餐。老师们也不再对着全体幼儿提要求或发出指令，而是偶尔蹲下来和个别孩子轻轻地说着什么。一个晚到的孩子想要和小丽老师说话，为了不打扰其他小朋友吃早饭，小丽老师先把孩子带到睡眠室说完后,再带孩子洗手准备吃饭,最先吃完早饭的孩子也安静地去选择区域活动了,孩子的早餐时光变得有序、自主。

反思——告别无意义的"唠叨"

活动结束后,我和老师们又进行了交流与反馈,老师们对今天的就餐情况感到很满意,小丽老师说:"孩子们终于能很有序、认真、安静、愉快地就餐了。"另一位老师也说:"感觉到孩子们的变化很明显。"那么老师们是怎么做到的呢?

第一,意识的转变是关键。从观察的整个过程中可以看到,老师在意识到自己"唠叨"后,发生了非常明显的变化。老师们说:"以前班里的秩序有些涣散,自己也没有意识到语言精确的重要性,太随意了,想说什么就说什么。""没有意识到自己说的话对孩子有什么影响。""现在懂得了,作为老师,我说的每一句话都体现了一定的教育价值,所以说话要有目标。"

第二,适宜的教育行为替代喋喋不休。当教师蹲下来和孩子进行交流时,当教师有目的地和需要帮助的孩子进行个别交流时,当教师不再讨论与孩子就餐无关的话题时,教师的心里就真正有了孩子,就会在观察中,根据幼儿的行为表现考虑要和谁说什么、怎么说,从而告别了无意义的唠叨。

教师的语言是一门艺术,而"唠叨"常常是许多幼儿教师不能察觉的问题,这样自认为的"好心",甚至会影响到幼儿的心理健康,教师需要从意识上觉醒,从行为上改变、调整,"教师是有能力的学习者、教育者、反思者",教师要在反思中告别"唠叨",充分思考教师语言的目的性、价值性和有效性。

(北京大学医学部幼儿园　宾晓亮)

2. 运用焦点讨论开展反馈指导

反馈指导是保教管理者通过与教师的对话,引发教师思考,共同讨论形成教育决策的重要环节。传统的反馈指导通常是保教管理者引导教师做优缺点分析,并反思哪些地方做得好继续保持,哪些地方有问题及时改进,这种指导方法容易让反馈指导流于表面,不太能够深入分析教师行为背后的理念和认识,导致反馈指导的低效。

为了让反馈指导更有效，借助引导工具焦点讨论法，通过设计启发式的问题促进教师自主反思，自我修正。焦点讨论法是一种推动深入思考、增进有意义学习及增强对话沟通的讨论方法，主要是通过科学有序的问题设计，引导参与者感知体验、聚焦讨论、反思评价并协同决策。

焦点讨论（ORID）包含四个层次的问题设计：

O（Objective）- 客观性问题——关于事实、外部现实或印象的问题，如"你看到了什么？你注意到哪些词句？发生了什么？"

R（Reflective）- 反应性问题——唤起个人对信息反应的问题，如"这让你想起什么？哪一部分让你感到惊讶？什么让你感到矛盾和纠结？"

I（Interpretive）- 诠释性问题——挖掘意义、价值、重要性、含义的问题，如"这件事为什么会发生？这究竟是怎么回事？如何看待这件事？"

D（Decisional）- 决定性问题——引发解决方案、结束讨论、促使个人或团体就未来做出某一决定的问题。如"你会如何应用？需要做出什么决定？你下面的步骤是什么？"

借助焦点讨论法，一方面可以支持保教管理者做深度的反馈指导，重在启发引导而非直接告知；另一方面，也为教师提供了一套反思的逻辑框架，指导教师如何做教育反思。

反馈指导启发式问题示例：

	指向教师	指向幼儿
客观性问题	活动的目标是什么？ 你在活动中说了什么？做了什么？ 你问了什么样的问题？ 你是怎么指导幼儿活动的？ 你如何回应幼儿的问题？ ……	你看到了幼儿在活动中什么样的表现？ 幼儿说了什么？做了什么？ 幼儿的表情是什么样的？ ……
反应性问题	你对自己今天的表现感觉如何？ 你什么时候感到紧张、有压力？ 你什么时候感到放松、很舒服？ 你什么时候感到兴奋、很欣喜？ 什么时候对幼儿的互动指导让你有成功感？ ……	看到幼儿这样的表现，你的感受如何？ 幼儿什么样的表现让你感到兴奋、激动？ 幼儿什么样的表现让你感到挫败、沮丧？ ……

续表

	指向教师	指向幼儿
诠释性问题	对于今天的活动你有哪些思考和设想？ 活动中令你最满意的环节是什么，亮点在哪里？ 活动中你有哪些遗憾？这个遗憾在下次活动中可以如何避免或解决？ 活动中你有什么困惑吗？我们一起分析一下困惑的原因。 想一想有哪些可能的办法可以解决这个困惑？ ……	幼儿出现这种表现的原因是什么？ 你认为活动中幼儿的兴趣和需要是什么？ 这一活动中幼儿收获了什么？发展了什么能力？ 幼儿需要什么样的支持或指导？ ……
决定性问题	如果你再组织一次这个活动，你会做哪些调整？ 今后你会尝试运用什么样的教学策略？ 今后你会重点使用什么样的指导策略？ ……	接下来，你会为幼儿提供什么具体的支持？ 你计划用什么样的方法更有效地支持幼儿的发展？ 为了更好地满足幼儿的发展需要，你准备做些什么？ ……

【案例与分析】

运用 ORID 开展"察班"后的反馈指导

保教管理者日常进班指导的作用在于促进教师专业成长、提升园所保教工作质量。但管理者的进班往往会给教师带来一定的心理压力，教师会担心自己的教育教学行为出现纰漏被管理者贴上负面标签，因而变得被动、小心翼翼，眼里、心里观察的对象从幼儿变成管理者，这样的状态不利于促进教师的专业思考。作为保教管理者我不断思考如何变"查班"为"察班"，转变自己观念的同时使教师乐于接受指导，更加愿意主动思考、积极实践，从而获得专业成长。

思考——反馈还是讨论

站在教师的角度分析，让大家倍感压力的是管理者的身份，这个身份很大程度上体现在察班后的反馈。我之前的一贯做法是模式化的"短平快",先请老师反思,我再提出优点与问题,看到老师迷茫的神情,我直接告知其解决问题的方法。这种反馈的好处是能迅速解决当天的问题,但是以管理者为主导,自上而下的告知会导致教师缺乏自主思考,教师的反思多流于表面,只等接受管理者的批评指正,无法激发教师专业成长的主动性。

因此,我进班指导中进行了新的尝试:转变角色——变"管理者"为"协助观察员",转变交流方式——变"反馈"为"讨论"。我会提前了解教师近期的困惑,以"协助观察员"的角色进入班级,根据教师困惑帮助其观察幼儿活动情况及师幼互动情况,再与教师共同讨论,引导教师深度思考,发现解决问题的办法,增强教师的自信。

实践——ORID 的运用

慧慧老师是一名工作刚满三年的年轻教师,在与她的交流中了解到其对小班区域活动的指导有很多困惑,我提前和她预约了进班看区域游戏的时间,并在现场观摩后运用焦点讨论法与教师进行沟通对话。

开场白:我们共同反思、梳理一下今天区域活动中幼儿游戏及师幼互动情况,从中找到一些有效策略。

O- 客观性问题

管理者:在刚才的区域活动中有什么让你记忆深刻的事情?

教师:建筑区的小朋友没有给梅花鹿、小白兔搭成房子。

管理者:你当时是怎么做的呢?

教师:我问孩子,"怎样搭才能让长颈鹿和小白兔都住进一栋房子里呢?"孩子一直尝试把它们俩放在一起搭一个高高的房间,但房子总是倒。在分享时,我请其他幼儿帮忙给建筑区的小朋友出主意,当时有三个幼儿回答,一个说建高一点,一个说建大一点,然后还有一个回答是再盖一层。

【客观性问题让管理者和教师共同回归区域活动场景,在事实的基础上谈问题、分析原因,这样才会使反馈指导更加聚焦客观的教育现场。】

R- 反应性问题

管理者:在这个地方的介入你感觉怎么样呢?

教师：还是挺疑惑的，自己的现场介入没有对幼儿的搭建起到支持作用，心里有些急。

管理者：除此以外，哪项介入指导让你有成功感？

教师：豆豆用纸砖很快就建好了小青蛙的家，我问他，"想一想你家的周围还有什么呢？"结果孩子建了天台、楼梯，又搭建了栏杆，说是防止摔下去、防止坏人进来，把生活经验运用到了建筑区，还搭了摇摇椅，从孩子的操作呈现上看还是不错的，我认为自己的指导是有效果的。

管理者：嗯，我也觉得这个结合幼儿生活经验的引导很赞，开阔了幼儿的搭建思路。

【很多老师尤其是年轻教师习惯性地找问题、找不足，主要是源于面对管理者的心理压力，但是直接找问题容易造成教师的不自信。因此，管理者通过提问让教师发现自己的优点，可以鼓励教师，增强其自信心。】

I- 诠释性问题

管理者：我们共同来思考一下你困惑的地方，幼儿没有搭建出长颈鹿和小白兔的家，你觉得有可能是什么原因造成的呢？

教师：幼儿都是各自搭建的；材料提供比较单一且数量不够，孩子没有充足的材料去搭建自己想要的房子，材料应该需要再调整；他们生活经验较少，比如给长颈鹿和小白兔搭两层楼的房子也能解决房子倒的问题，但孩子没想到这个方法。

管理者：这个阶段幼儿多为平行游戏，缺乏合作经验，所以出现各自搭建的现场也是很正常的。你对于材料的思考很重要，两名幼儿在搭建过程中大多用的是纸砖，你刚才已经发现纸砖数量不够导致孩子们没法把房子搭得更大。另一方面，建构区还要考虑游戏材料的多样性，不同形状的积木可以帮助幼儿加强对空间、形体的感知，如果只用纸砖的话，幼儿的几何空间认知发展会受到一定程度的限制，可以考虑增加不同形状的单元积木支持幼儿的建构游戏。

【结合游戏现场的幼儿表现，我用诠释性问题引导教师思考分析，从幼儿年龄特点、游戏表现挖掘行为背后的原因，并给予相应的指导，这是管理者引领教师专业成长的重要环节。】

D- 决定性问题

管理者：接下来你准备做什么样的实践尝试呢？

教师：我觉得从材料上可以增加一些纸砖的数量，还可以增加不同形状的积木；另外还可以利用墙饰提供一些积木搭高的照片，供幼儿搭建时参考模仿。

管理者：嗯，很好！你已经针对原因想到对应的解决策略了。但同时，我们也不用太着急要求孩子搭出二层楼的建筑，需要允许孩子们有反复尝试、探究、试错的机会，也许哪一天孩子们就成功了。其实，结果并不重要，重要的是孩子在搭建过程中的学习和思考。

【通过决定性问题引导教师明确下一步实践改进的方向，支持教师在实践中尝试运用教育策略，同时引导教师把握游戏指导的基本要点。】

运用焦点讨论法的反馈指导通过四个层次的问题引导教师回顾事实现象、关联内心感受、分析现象产生的原因、找到教育支持策略。这样的反馈方式营造了良好的沟通氛围，尊重了教师的主体性，使保教管理者和教师之间保持着平等、信任的关系，激发了教师学习与思考的主动性。启发式的引导目标清晰，结合教师自身思考，使双方在讨论的过程中抽丝剥茧、对接理论，逐层深入地进行探究，帮助教师解决困惑和问题，有助于教师有意识地进行归因分析，形成科学的思维模式。

（北京市海淀区唐家岭新城幼儿园　姚艳）

第四章

幼儿园教师的评价与指导

评价能力是保教管理者专业能力的核心能力之一。评价既包括教育评价，也包括教师评价。本章主要阐述保教管理者的教师评价能力。

《纲要》要求幼儿园教育工作评价实行以教师自评为主，园长以及有关管理人员、其他教师和家长等参与评价的制度。《幼儿园工作规程》提出，幼儿园园长负责幼儿园的全面工作，主要职责包括"负责按照有关规定聘任、调配教职工，指导、检查和评估教师以及其他工作人员的工作，并给予奖惩"。2021年，教育部《关于开展中小学幼儿园校（园）长任期结束综合督导评估工作的意见》中提出，教师工作主要包括师德师风建设、教师持证上岗、教师配置、教师专业发展、教师职称评聘、教师考核评价、教师培训、班主任工作、少先队辅导员工作、教师身心健康、师生关系等。可见"教师考核评价"是评价园所育人质量和园长办学水平的重要指标。教师评价适当与否，不但影响教师参与教育教学的热情，而且与教师工作成效和专业发展密切相关。

关于教师评价的研究倡导用动态的、发展的眼光进行综合评价；倡导以评价对象为主体的发展性评价；倡导评价实现改进、激励的功能。对保教管理者而言，教师评价工作到底如何开展，评价中应注意哪些问题，从何入手，甚至如何沟通，都是在现实工作中必须关注的问题。因此，我们在借鉴相关理论的基础上，组织保教管理者共同学习相关理论，在教师评价工作中，发现实践中的困惑和问题，帮助保教管理者理清评价的关键要素。

一、幼儿园教师评价的内容

1. 什么是幼儿园教师评价

教师评价是评价者依据一定的评价标准和程序，采用多种方法搜集整理评价资料，对教师个人的资格、能力及表现进行价值判断的过程。教师评价是建立教师管理制度的重要方面和环节，也是提高教师质量的一项重要策略。

幼儿园教师评价是幼儿园教育评价的重要组成部分，是指根据幼儿教育方针、政策、法规和幼儿园培养目标、要求，运用教育评价的理论、方法和技术，对教师在教育保育中的行为表现与绩效进行全面、客观、公正的价值判断，从而促进幼儿园教师专业发展的活动。它包含三个方面。

（1）是对幼儿园教师的素质和在教育保育工作中的行为表现的评价

教师的素质包括教师的专业知识、专业技能、专业情意、自我反思与改进。专业知识包括幼儿教育管理知识、教学方法知识、课程知识、儿童的知识、教师个人的实践性知识。专业技能包括观察力、沟通能力、组织教育活动的能力。专业情意包括热爱并安心于幼儿园教师工作、有责任心、工作主动积极、喜欢儿童、对儿童亲切耐心、热情、活泼开朗、为人师表。自我反思与改进指关注自身的实践、设计与解决问题、寻求自我改进之道。教师教育保育工作围绕幼儿的各种活动展开，幼儿的各项活动主要包括四部分内容：教学活动、区域活动、生活活动和户外活动。

（2）是一种建立在事实判断基础上的价值判断

教师评价作为一种价值判断，是由教育活动满足主体不同需要及其程度来决定的，不同的主体由于需要不同，可能对教育活动产生不同的判断。如果把教师的需要、发展放在中心，则在教师评价中更倾向于为教师发展服务；如果把满足社会需要放在首位，则在教师评价中更关注为社会发展服务的问题。这就是以教师发展为主要价值取向的评价和以社会需要为主要价值取向的评价。虽然这两种价值取向并不是完全对立的，但如何辩证地处理这两者的关系却是幼儿园教师评价中的难点和热点问题。

（3）是以促进教师不断发展为主旨的评价

描述和证明是教师评价必不可少的活动，但并不是教师评价的全部活动，也不是最重要的活动。通过评价使保教工作得到更好的改进、取得更好的成效才是评价最重要的目的。

2.如何进行幼儿园教师评价

任何一项评价工作，都需要以一定的评价目的为出发点。所以，在开展评价工作之前，我们必须明确评价目的，并以此制定评价方案。

为什么评？即评价的直接目的是什么，这是任何一次教师评价工作在开展之前必须明确的问题。一次特定的教师评价，其主要目的是对教师的工作现状做出诊断，找出教师工作中的主要问题，及时改进教师工作，调整发展计划，或是对教师工作的条件、过程和结果进行评价，为幼儿园发展服务。

由谁来评？即确定评价者。对教师来说，知道谁将担任自己的评价者是非常重要的。评价者必须是可以信赖的，公正坦率且始终如一的，并掌握娴熟的评价技能。根据《纲要》所提出的，幼儿园教育工作评价实行以教师自评为主，园长以及有关管理人员、其他教师和家长等参与评价的制度。本章主要分析保教管理者如何进行教师评价。作为评价者，保教管理者必须谨慎行事，以教师可以接受为准则，给予适当的评价。

评什么？无论是对教师的全面的评价，还是对其某一个侧面的评价，是评这些因素，还是评那些因素，都要把握核心要素。在影响幼儿园教育质量的诸多因素中，有些因素是至关重要的，不对这些因素作出评价，评价就失去了意义。有些因素是次要的，忽略了它们，对评价结果影响不大。因此，教师评价应该抓住哪些因素，是评价者必须重视的核心问题。

怎么评？即评价的方式方法，主要包括搜集和处理信息的方法、评价结果的反馈方法、评价活动的组织方法、选择评价时机的方法等。

3.幼儿园教师评价包括哪些方面

根据《纲要》以及其他政策法规和有关幼儿园教师的研究成果，我国幼儿园教师在专业性层次上的评价内容可以概括为幼儿发展的观察与研究、教育活动的设计与实施、幼儿游戏的观察与支持、教育环境的规划与创设、家园联系的建立与开展等五个方面。

（1）幼儿发展的观察与研究

解读幼儿在活动中的行为与表现，运用合适的教学方法和策略，开展教学及评估工作（如幼儿行为的观察记录、与幼儿谈话等）；在活动中随机捕捉幼儿通过动作、表情或语言等传达的信息，并对其做出判断与反应；有计划地观察幼儿，了解幼儿个体发展的状况以及个体差异，了解幼儿个体发展的独特性；注重及时应答幼儿的需要；根据观察结果对教育活动设计与实施及时做相应的调整。

（2）教育活动的设计与实施

了解教与学以及幼儿发展的知识；掌握适宜幼儿发展的、与主题相关的课程内容以及某一具体课程内容领域的专业标准；制定建立在本班幼儿实际基础上的教育计划和教育活动目标；活动设计与活动过程中关注幼儿的生活经验；按幼儿一日生活作息时间组织各类活动；为幼儿提供多种学习材料，引导幼儿与学习材料产生积极的互动，为幼儿提供充分运用感官进行实践活动的机会；注重激发幼儿参与活动的兴趣以及主动参与活动的热情等。

（3）幼儿游戏的观察与支持

确保幼儿每天有充分的自主游戏时间，因地制宜为幼儿创设游戏环境，提供丰富适宜的游戏材料，支持幼儿探究、试错、重复等行为，与幼儿一起分享游戏经验。观察幼儿在各类活动中的行为表现并做必要记录，根据一段时间的持续观察，对幼儿的发展情况和需要做出客观全面的分析，提供有针对性的支持。尊重并回应幼儿的想法与问题，不急于介入或干扰幼儿的活动。能一对一倾听并真实记录幼儿的想法和体验。

（4）教育环境的规划与创设

创设安全的、富有儿童情趣的教育环境；合理规划并灵活调整室内外空间布局，最大限度地满足幼儿游戏活动的需要。各类设施设备安全、环保，符合幼儿的年龄特点，方便幼儿使用和取放，满足幼儿逐步增长的独立活动需要。引导幼儿参与环境创设，利用自然、社会及幼儿园环境对幼儿进行教育。玩具材料种类丰富，数量充足，以低结构材料为主。

（5）家园联系的建立与开展

重视家长在教育中的作用，了解与家长配合的方法；与家长分享幼儿的成长和进步，了解幼儿在家庭中的表现，认真倾听家长的意见和建议；定期家访、召开家长会和开放半日活动。与家庭、社区密切合作，积极构建协同育人机制，充分利用自然、社会和文化资源，共同创设良好的育人环境。

教师评价不仅仅是评价教师的工作内容，更重要的是通过评价引导教师在专业知识、专业技能和专业情感等方面不断完善。同时，我们还需要依据教师专业发展的基本思想，对教师的发展规划、学习反思、交流合作三个方面进行相应的评价。

- 发展规划：主要包括教师是否具有自主发展意识，是否了解自身发展的长处与问题，是否对自身专业发展有设想并有相应的手段或措施等。

- 学习反思：这是教师专业发展的核心。这方面的评价内容包括教师是否关心幼儿教育的专业信息，是否有专业学习的习惯，是否具有发现问题、分析问题、解决问题的意识与能力，是否能根据"设计—实施—评价—修改设计—再次实施—重新评价"的顺序开展教育教学活动，是否了解教育实践研究的一般方法，是否经历了制订计划、开展活动、完成报告、分享结果的过程等。

- 交流合作：主要包括教师是否积极参加各类教育研究活动，是否具有交流分享的意识，是否愿意在集体中分享自己的教育观点，是否开放地接受同事的合理化建议等。[①]

【案例与分析】

个人专业发展规划（2023—2026）

今年的我工作已满十六年，回顾点滴过往，有着满满的幸福和收获。为了不断提升自己的专业能力，更好地支持幼儿发展，现在制定未来三年发展规划，激励自己向着目标砥砺前行。

---

① 胡惠闵.指向教师专业发展的幼儿园教师评价内容［J］.幼儿教育（教育科学版），2010（6）.

基本信息	参加工作时间	工作年限	职称
	2006年7月	16	一级教师

发展基础分析	机遇与挑战（环境）	机遇： 1. 国家及市区重视学前教育的发展 国家对学前教育的大力宣传、法律的完善及教师全员培训等举措，北京市及海淀区开展学前教育提升行动计划，多途径支持、鼓励幼儿园不断提升教育质量，这样的大环境为我们的成长提供了有利条件。 2. 园所重视教师发展，给予教师多角度的成长支持 园内环境宽松，园领导经常下班指导工作，帮助我们找准发展方向；幼儿园教师发展有梯队，园领导、同事都能在工作过程中互帮互助与支持，并搭建各种展示平台；幼儿园专业书籍丰富，可支持教师自我学习与成长。 挑战： 1. 青年教师不断崛起，他们的理论知识水平、学习的积极性、精力都远超于中年的我，增加了危机感。 2. 作为骨干班长不仅要自己不断提升，还需要带动班组团队发展。 3. 更好地平衡家庭与工作之间的关系，既能将工作做好，又能照顾好自己的家庭。
	优势与不足（个人）	优势： 1. 政治意识强，积极向党组织靠拢，在教育工作中时刻谨记"做人民满意的教师"。 2. 理论基础扎实，工作经验比较丰富，善于学习和运用。 4. 精力旺盛，在工作中不惜力，肯付出。 不足： 1. 在工作中不太注重工作细节，导致我的整体形象容易受影响，且影响了对幼儿的细致照料与幼儿习惯养成。 2. 工作中与家长沟通语言比较直白，容易让家长产生不理解、不配合的心理。 3. 手工制作方面及信息技术的学习与掌握还有较大提升空间。

发展总体目标与具体目标	总体目标： 通过三年的努力，争取在三年内评上高级教师职称；继续起到示范带头作用，争当区骨干教师；提高思想觉悟，积极向党组织靠拢，早日加入党组织。 具体目标： 1. 加强自身师德师风建设，向"四有"教师的目标不断努力，积极向党组织靠拢。 2. 在工作中加强对细节的把控，做到理论联系实践，不断提高教育教学水平，进一步提升工作质量。 3. 学习更多与人沟通的技巧，提升家园工作水平。 4. 突破自身短板，主动学习更多的信息技术知识，丰富教学手段与教学方法，学习手工制作和提升艺术创作的能力。

续表

年度目标分解（或任务要点）与具体措施制定		
年度	任务	措施
年度一	1. 提升政治思想觉悟，成为一名入党积极分子。 2. 学习多种与家长沟通的技巧。 3. 提高自身信息技术水平。 4 在环境创设方面进一步学习、总结经验。 5. 提高自己的业务水平，提出晋级需求。	1. 向身边的党员学习，每月向党组织汇报自己的思想。 2. 每年看沟通方面的书籍1~2本。 3. 认真学习信息技术2.0培训内容。 4. 通过各种渠道学习环境创设的方法、手段，拓展自己的经验并积极运用。 5. 学习《发展指南》《纲要》以及各年龄段幼儿年龄特点，对标幼儿表现并及时对幼儿进行教育，提升随机教育意识。 6 报名参加幼儿园的展示活动，在活动中提高自己的教学水平。 7. 积极参加幼儿园高级职称晋级评选，在活动中历练自己。
年度二	1. 严格要求自己，加强政治思想学习，争取成为一名预备党员。 2. 学习与家长沟通的方式，并进行总结。 3. 将信息技术教学手段运用到日常工作中。 4. 注意对班级环境的维护，并带领班级教师共同维护班级环境。 5. 在幼儿园起到一定示范带头作用。	1. 学习党章、党史，提交入党申请书，定期向党组织进行思想汇报。 2. 将所学的与家长沟通的方法运用到家长工作当中。 3. 结合教育需要制作1~2个多媒体课件。 4. 指导保育员的工作，带领保育老师争取卫生流动红旗；在班级环境创设方面，除了献计献策，更要"献做"，提升材料的利用率。 5. 积极承担幼儿园观摩展示任务，在活动中提升自己的业务水平。同时将内容梳理归纳成论文或者案例1~3篇。
年度三	1. 以实际行动向党组织靠拢，争取成为一名共产党员。 2. 在家长工作方面形成自己的风格与方法。 3. 积极总结梳理信息技术课件并进行投稿。 4. 在班级环境创设方面做出自己的风格。 5. 继续提升自己理论与实践相结合的能力。	1. 在工作中严于律己、勇于担当，以党员的标准要求自己。 2. 梳理与总结家长工作经验，形成相关论文，并尝试发表。 3. 和班级教师共同维护班级环境，研究材料促进幼儿学习与发展的实践策略，总结优秀经验，带动班组教师学习与成长。 4. 在工作中继续承担各项活动，同时将自己的经验进行梳理和总结，形成案例或论文1~3篇。 5. 阅读3~5本专业书籍，提高自身素养。

案例分析：教师是一个不断成长的个体，个体的发展影响着园所的整体发展。指导教师制定合理的个人专业发展规划，对教师自身专业成长及园所质量发展都具有重要价值。要指导教师综合分析自身优势与不足，帮助教师思考和找准未来三年的专业发展方向。要了解教师的需求，为教师专业发展提供支持条件，鼓励教师积极面对挑战与把握机遇，真正助力教师专业成长。

（北京市海淀区美和园幼儿园智学苑分园　熊秋爽）

二、教师评价的原则

教师评价是为了促进教师的专业发展，但是，我们常常发现，有时保教管理者一番"良苦用心"，结果却事与愿违。在评价工作中，忽视教师的情感，不能从整体发展的角度观察教师，不善于借助评价与教师沟通，主观臆断，这些都极大地影响了评价的效果。我们借鉴新课改倡导的发展性教师评价的方法，根据最新的教育观念和评价发展趋势，总结了几条实践原则，帮助保教管理者在评价中坚持以人为本、以发展为本、以实践改进为本，灵活掌握各种评价标准，使评价真正成为教师成长的支点。

1. 尊重与发展的原则

评价是为了促进教师发展，因此我们要在评价的方式和内容上都给予教师相应的尊重。尊重是发展的前提，只有关注教师情感的评价才能真正激发教师成长的主动性，实现评价的意义和功能。

尊重是指保教管理者在评价中要充分体现对被评价者的尊重，坚持客观、公正的态度，以激励与正面肯定为主，七分肯定三分建议，使教师发扬长处，弥补不足。

在情感上，要本着民主、平等、坦诚、开放的态度与教师对话，使教师感受到管理者对他的信任、鼓励与帮助；在方式上，要结合教师个人的性格特征、参加工作年限与实际能力水平以及当时所处的环境条件等客观因素，采取适宜的方式；在内容上，要更多地关注教师教育教学活动的专业生长点，明确哪些是需要给予支持和充分肯定并予以固化的，哪些是需要引导和

"支一招"的，哪些是需要帮助共同面对和解决的，等等。

评价是为了激发教师不断改进自己的行为。因此，我们要善于发现、充分肯定教师在教育教学活动中的成功和创新之处，让被评价教师一起参与评价，激发教师的自我反思，加强对教育教学活动的调整和再研究。

【探索与总结】

在教师队伍中，教师的个性品质和知识能力结构存在着差异，这就要求我们保教管理者在指导教师的过程中，认真分析把握教师的发展现状，给予适宜的指导。如在活动后的评价环节，首先要有对教师的鼓励和减压，体现对教师的尊重，从情感和心理上搭建一个与教师平等对话的平台。如我园一名骨干教师，自身专业素质非常全面，但她心理承受能力比较弱，总是不断给自己压力。针对她的心理特点，每次看她的活动后，我都会先用肯定的语言评价活动中的闪光点，让她紧张的情绪舒缓下来，再让她先进行自我反思、梳理，然后聚焦活动中的某个问题与她进行平等对话。这种在肯定教师的基础上进行的管理者与教师的共同分析评价，更像是一种平等的沟通交流。平等互通的对话评价，也是管理者与教师在专业研究与发展中双赢的过程。

（北京市海淀区恩济里幼儿园　陈玉英）

2. 全面与细节的原则

全面包括三层含义：一是关注幼儿，通过全面分析幼儿的发展来分析教师的教学行为，不是单单对教师的行为进行分析，应分析幼儿的多方面发展水平，不仅仅是认知能力，还应包括学习兴趣、态度、情感、交往、学习习惯、自理能力、遵守规则等多方面的评价。二是全程评价，是指用动态的、发展的眼光，对教师工作的各个环节进行系统的、长期的、反复的评价。幼儿园的教育活动不是割裂的，我们也需要关注各环节的关联，给予全面的评价。三是全方位的评价，在全面掌握信息的基础上对教师的专业理念与师德、专业知识与专业能力、职责和绩效进行全方位的评价。每位教师都有自己专业发展的长板与短板。有的教师在语言运用上规范简明，有的教师在与幼儿互动时有亲和力，还有的教师专业技能精湛，这就要求我们在评价教师的活动时，要用发展的眼光、"淘金"的方法，全方位地分析每一位教师。

全面原则体现了保教管理者对教师未来发展和全面发展的关注，但是，只关注全面、忽视细节的评价有时是缺乏影响力的。细节性原则要求我们从细节入手观察教师的每一个教育教学行为。基于细节的深入剖析，往往对教师的触动是最大的。从细节入手让问题聚焦在某一小点上（可能是一次互动、习惯性的一句话、一个动作、一个眼神等），使教师不会有压力。聚焦细节的评价极具针对性，评价后教师知道调整的时候从哪点入手，如何进行调整，评价指导效果也会比较明显。不论教师是怎样的性格、年龄和发展水平，对某一环节的细致评价都能较好地保护教师的自尊心。

全面与细节结合的评价，帮助教师既看到全局，又关注到局部。这就需要保教管理者在分析教师教育行为时，站得高、看得细，有一双善于发现的眼光，发现每个闪光点。例如在进行半日活动评价时，不仅要关注整个半日活动的各个环节，更要关注各个环节中的细节闪光点。

【案例与分析】

一位年轻教师在指导幼儿游戏或生活活动、学习活动中经常会说："来，我教你怎么做。"看似一句简单的指导语，但其中的"教"字却真实地反映出了教师的教育观和儿童观。教师把自己放在了主导的位置，这本身没有问题，但她忽视了幼儿的主体性，较为明显地将自己的意志和行为强加在幼儿的活动中。我们针对这个现象，有意识地将教师的半日工作进行录像并剪辑，把教师说的这句话和她随后的教育行为呈现给教师。教师看到了自己的教育行为，意识到了问题所在，从而理解到自己的言语其实是潜意识存在的，受观念影响而呈现出来的，并非一句简单的口头禅而已。随后教师便从改变指导语开始，自觉地调整自己的观念与行为。

（北京市海淀区立新幼儿园　李晨）

【案例与分析】

通常我们在看完教师的活动后,都会给予相应的评价和建议。但是,这些评价往往是整体印象较多,原则性的说辞较多,结果年轻教师在实际调整的过程中往往抓不住核心问题,形式变了但关键问题得不到解决。因此,我在指导教师的活动中,比较重视对教学难点的分析,让教师关注幼儿学习中的难点问题,丰富解决问题的策略。

一次,中二班的小朋友在老师的带领下集体学习孔雀舞。很明显,女孩子很认真,而男孩有些无精打采。由于孩子不太理解动作,只能机械地模仿,因而了无兴趣。像这样的舞蹈和律动教学,老师通常会一个动作一个动作地教,很卖力,但孩子却不买账,老师苦于没有解决的方法,只能一遍一遍地练……我意识到在解决这种普遍问题时,保教管理者的引导一定要抓住关键,让老师把枯燥的、无来由的动作用形象的有关动物的常识加以解读,帮助孩子理解动作的含义,这样幼儿才有兴趣参与,身体的动作感觉才会获得发展,最终有效提升活动品质。

于是,利用中间休息的时候,我表扬一个男孩子的手臂伸得很直,很到位,然后和大家聊起来:"你们知道男孔雀和女孔雀谁长得漂亮?"

孩子们异口同声地说:"当然是女孔雀!"

师:"不对,男孔雀要比女孔雀漂亮。"

幼:"为什么?"

师:"因为男孔雀想和女孔雀谈恋爱、做朋友,所以要用美丽的羽毛来吸引她,还会把自己美丽的羽毛张开——开屏,让女孔雀看到自己的美丽。"

幼:"噢——"

师:"我们一起来学一学孔雀开屏(双手平举,手指向前),左边一下,右边一下,晃动屁股,孔雀开屏会更大。男孩子要好好跳哦,老师来拍手,请孔雀开屏吧!"

就这样,我把几个有难度的动作用孩子们能够理解的方式解读,孩子们被吸引了,纷纷跟着模仿,男孩子做得尤其认真。

作为教学管理者,我们习惯于用整体的视角去看待教师的活动是否适合，方法是否恰当，孩子的兴趣和发展如何，往往忽略了对关键问题的引导。我们要让教师清晰地看到教学方法和观念转变后孩子的变化，帮助教师从解决难点入手，使活动获得实质性的进步。

（空军直属机关蓝天幼儿园　尹金娥）

3. 沟通与引领的原则

沟通是指在评价中保教管理者要给予教师充分的表达空间，尊重教师的原有经验，在相互交流中帮助教师重新思考自己的教育行为。在评价中，教师自我评价往往体现了教师对问题的理解和认识，保教管理者要通过深入沟通、适时追问以及讨论，帮助教师深入反思，实现共同建构。评价的过程绝不是"你说我听"的沟通模式，而是保教管理者和教师的一次深入讨论、思想碰撞的过程。

指导是帮助教师把评价结果上升到一定的理论高度来加以认识，要注意从不同教师的实际出发，指导他们正确认识成绩，积极总结经验，认真找出差距，分析成败的原因，明确前进的方向，从而把教育教学提高到一个新的水平。保教管理者要善于透过教师的教育教学行为发现背后的支撑理念。

有时候一些保教管理者在与教师沟通和评价时，事无巨细、娓娓道来，就像一本流水账，没有重点，教师似懂非懂、一头雾水，无法从中得到有效的、可梳理的经验，因而很快就抛之脑后。在进行评价时，一定要把教师行为背后最核心的观念提炼出来并加以分析和说明。教师的观念支撑会在其组织的各个环节及活动甚至语言、行为等细节中有所体现。教师往往没有在意这些细节或环节，他们认为这是习以为常的事情，并没有意识到是观念问题。所以，我们要做的就是把这种观念提出来"晒一晒"，帮助教师提升认识与学会自我剖析。

【案例与分析】

我们给予教师评价时，不是告诉他这样做、那样做适宜不适宜，或是告诉他适宜的方法，而是引导他思考为什么要这样改变，思考每一种行为背后的教育理念。交流的过程中要真正了解老师是怎么想的，引导他们如何更为深入地思考，或者换一种方式思考。这种思考给予老师的能量是巨大的，当老师拥有这种思考力的时候，他们就能够触类旁通地想明白很多问题。特级教师沈心燕老师与教师的一段对话，让我记忆犹新。

有一天，在幼儿喝水的过渡环节，老师安排一部分孩子在教室外的走廊中游戏，一部分孩子先喝水，以便喝水时不拥挤。可以看出，教师在组织生活环节中明显存在问题。

在活动后的评价环节，沈老师不是直接给老师答案，而是不断地追问，帮助老师理清自己的思路。

沈老师问："为什么让孩子局限在走廊里玩？"

老师答："这样自己能关注每天孩子都在玩什么，避免有些孩子总是玩某种玩具。"

沈老师又问："你认为过渡环节要培养孩子什么？"

老师说："应该不是游戏水平。"

沈老师接着问："那过渡环节到底需要培养孩子怎样的品质呢？"

老师有些迷茫。而后，沈老师引导老师思考，过渡环节是孩子们自由放松的环节。

沈老师继续深入，推进问题："那么，你为什么要这样安排呢？"

老师说："希望能关注每个孩子的发展——玩什么，玩得怎么样。"

其实，老师的初衷是好的，也确实指向孩子的发展。但是，我们需要启发教师思考的是：此时此刻，孩子们最重要的发展点是什么。

沈老师说："在过渡环节，给孩子自主的空间比怎么玩更为重要。孩子们能根据特定的时间、空间自主地选择适宜的玩具，这种能力对他们未来的发展是非常重要的。"

最后沈老师又反问："我们是否需要把孩子局限在走廊中呢？"

老师由衷地说："我明白了。"

我相信，老师此时真正地有所领悟了。这段对话中，沈老师并没有直接告诉老师该这样做还是那样做，而是让老师思考教育策略之后的培养目标，以及培养目标的选择与思考，使老师领悟是否需要改变自己当前的教育行为。这样的交流，提升了教师思考的深度和广度，使教师学会反思自己行为背后的教育观念,是非常有价值的启发式的交流,能促进教师思维水平的提高,促进教师学会自主发展。

(北京市海淀区教师进修学校　李峰)

【案例与分析】

一名年轻教师在组织小班半日活动中有这样几个情景:

● 早餐结束后,幼儿围坐成半圆,教师开始对接下来要开展的活动提出要求。提过要求后让幼儿说一说自己想进哪个活动区游戏,以及如果没有自己的位置了应该怎样做。

● 区域活动结束后,幼儿听着音乐围坐成半圆,教师开始组织区域评价。

● 区域评价过后,幼儿根据教师的指令分组回到座位,等待教师请他们盥洗、喝水。

● 教育活动中,教师没有将原本准备好的丰富的材料呈现给幼儿,只是选择了其中的2~3种。在一一讲解材料的使用说明后才允许幼儿动手操作。

在进行半日活动评价时,既要全面地对教师的工作进行评价,又要有重点,因此我们可以先将这几个环节摆出来与教师进行讨论,然后帮助教师梳理其行为背后的观念问题,帮助教师理清思路。这名教师的核心问题是"开放性"不够。"开放性"不够体现的就是教师的高控制和对幼儿能力的不信任。教育家张雪门先生说,"凡是幼儿能做的事就放手让他去做",《纲要》中也指出,要避免消极等待,要给予幼儿自主、自由的空间等。引导教师了解这一点,教师就能比较清晰地找到问题所在,就能在头脑中形成"放开手脚,相信幼儿"的观念,并以此观念指导自身的日常工作。

(北京市海淀区立新幼儿园　李晨)

4. 灵活与标准的原则

灵活是指教师的工作能力和业务水平不同,保教管理者在评价教师半日活动时，要根据教师不同的工作年限以及在教师队伍中所起的作用进行灵活评价，以满足不同教师群体的成长需求。

标准是指任何评价都不是凭空而来的，而是要依据一定的标准或政策文件对教师的行为进行分析，这样的评价才有理有据，有说服力。例如教育部颁布的《纲要》《发展指南》都可以作为评价的依据。各省、市、区，甚至各幼儿园都有相应的评价标准。这些标准往往指向不同的评价对象和评价内容，年轻教师和骨干教师的标准不同，集体活动和环境创设的标准不同，这些都为教师评价提供了有力的支持。

【探索与总结】

众所周知，组织半日活动最能考察一名幼儿教师的专业素质与能力。我们在观察、评价半日活动时，常常会觉得教师这也不是，那也不够理想，殊不知，任何一名教师的活动都会有或多或少的亮点，特别是在当前落实《纲要》缺乏有力抓手的形势下，及时发现教师在活动中呈现的优点，并进一步加以提升，使之变成教师的实践策略，显得尤为必要。

为此，我们经常会用放大镜看教师的优点，对其整体教学风格予以肯定。在指导区级骨干的半日活动时，教师反映出不同的特质，有的细腻，有的开放，有的严谨……我们对此给予了充分肯定并予以强化；同时，对在活动中表现出来的不同年龄班教师的语言风格也予以固化，如小班教师语速比较慢，语言生动有趣，极富亲和力，比较偏感性，而大班教师做事干练，注重语言的逻辑性、条理性，比较偏理性，等等，我们认为这些都是值得固化和肯定的教师教学风格与特质。

（空军直属机关蓝天幼儿园 吴华英）

【探索与总结】

对待骨干教师，保教管理者在评价过程中要充分肯定其专业能力及其在教师队伍中起的作用，肯定其工作的钻研精神与创新意识，同时也指出其需要改进的地方。保教管理者对骨干教师半日工作的充分肯定会增强其自信心，使其获得成就感，愿意投入更多的精力钻研业务，带领其他教师共同成长。这种评价方式对骨干教师起到了激励作用。

对待年轻教师，保教管理者在评价过程中要注意从工作态度、师幼关系及班级教育环境创设等方面进行评价，多肯定其在教育技能上的进步。由于年轻，他们带班时有些地方不敢放手，同时在如何结合幼儿年龄特点开展教育活动方面把握不好，因此，保教管理者要更多地给予有针对性的指导。年轻教师能够得到园领导的充分肯定会非常高兴，同时知道了自己今后工作中要注意的问题，产生积极尝试和改进的愿望。这种评价方式给了年轻教师更多的工作动力。

有经验的、工作年限比较长的老教师，对幼儿的组织管理能力比较强，保教管理者要充分肯定其带班能力和水平，幼儿学习习惯和生活习惯养成的效果，及宽松和谐的班级氛围的营造，但要鼓励其在教育方法上大胆创新，不断取得新成绩。

（北京市海淀区人民政府机关幼儿园　原伟）

三、评价者的角色定位

随着教育评价理论的不断发展，人们也不断思考评价的内涵与意义。教师评价的目的主要是为了绩效管理，还是促进教师的专业发展？教师评价的功能主要是甄别、选拔，还是促进共同进步？教师评价的内容应该注重结果，还是注重过程？随着人们对这些问题认识的不断深入，教师评价开始进入转型时期。我们也需要从一个更新的视角理解教师评价。

随着评价功能和视角的改变，从尊重教师主体性和促进教师专业发展出发，我们的教师评价也逐渐向促进改进与发展、实现与教师的共同建构等转变。

1. 从裁判型评价到发展型评价

过去的奖惩性评价，是一种自上而下的评价方式，保教管理者像裁判一样根据既定的评价标准，对教师的表现进行评判，并依据评判结果，对教师做出相应的加薪减薪、晋级降级及续聘解聘等决定。例如等级评定，它指根据不同的等级标准,通过评价将教师分为不同的等级。还有一种评价方式是系统观察评价,它是指根据事先设计的观察方案及其指标,对教师的课堂教学进行观察,对照观察指标进行等级评定。[①]奖惩性评价是对教师进行评判、分级的一种评价方式,评价中缺少教师现状分析与发展指向,仅仅指向于将教师分出等级。

然而评价的目的不是为了给老师下结论、贴标签,而是要促进教师发展,通过评价的过程,力求达到相互间的沟通和理解,从而帮助教师转变教育观念,并指导其进一步改进教学工作。

发展性教师评价开始于20世纪80年代的英国,它是指通过制定明确合理的评价内容和评价标准,对教师的现状与发展做出判断或诊断,从而有效促进教师发展的活动过程,这一过程强调教师在评价中的主体地位,体现教师发展的个体差异。[②]从评价内容上来看,发展性教师评价更加关注教师的专业素质及其体现;从评价程序上来看,发展性教师评价特别强调评价者与被评价者之间的沟通与交流;从评价角色来看,在发展性教师评价过程中,评价者更多的是担任诊断者、教练员,而非鉴定者、裁判员。

因为每位教师的优势不同,教育水平、家庭背景和脾气性格也不同,所以选择他们能够接受的评价方式比仅仅给出一份判定他们工作好坏的报告要重要得多。发展性评价促进保教管理者和教师一起讨论与思考,让他们逐步学会自我反思、自我调整,教师由被动接受变为主动学习,从而达到评价促进发展的效果。

【案例与分析】

每次在筹备幼儿园观摩活动的过程中,我发现老师哪怕是遇到很细小的问题,都第一时间都来找我,问我怎么办。在指导的过程中,老师习惯性地拿出笔和纸,我说什么老师就记什么,我说怎么改老师就怎么改。

[①] 胡惠闵.指向教师专业发展的幼儿园教师评价内容[J].幼儿教育(教育科学版),2010(6).
[②] 同上。

在不断学习与反思中，我渐渐地意识到，我的评价出问题了。老师不去积极主动地思考问题，不是老师"懒"，而是我没有给老师机会，在评价指导的过程中，我没有给被评者话语权，没有抛问题给老师，而是迫不及待地告知，还生怕老师不懂，说得很细，把解决问题的方法也一并说了。这样久而久之，老师就懒得思考了，而没有思考就没有进步，我好心办了坏事，生生剥夺了老师发展的权利。

意识到这些以后，我及时改变方法，例如评价时，我都先让老师自己说说，哪些地方好，为什么，哪些地方有困惑，想过什么解决的办法。

老师在提到自己的优点时，我及时肯定，老师显得很有信心。老师表达困惑的时候，我也不急于告知，鼓励老师自己想办法。多数情况下，老师是有办法自己解决的。

对经验相对丰富的老师，我还要求他大胆尝试不同的方法；对实在想不出办法的老师，我则启发他借助同伴的力量或者给他一些适当的启发而不是答案。

渐渐地我发现，评价中我的话越来越少，老师的话越来越多，老师越说越有自信，越说越有思路。有时，老师为了把自己的想法说准、说透，还主动去翻阅《纲要》和《发展指南》。

话语权的转变带来的是老师的主动和发展，促进的是保教质量的提升。

（北京市海淀区颐慧佳园幼儿园　刘颖）

2. 从督导到建构

过去的教师评价主要由保教管理者实施，由于保教管理者自身有扎实的专业功底、较强的指导力，故难免使评价更多地体现为对教师的督促与指导。

20世纪80年代后，古巴（Egong Guba）和林肯（Y. S. Lincoln）在反思和批判传统评价理论的基础上提出了新的评价理论，其基本思想是"共同建构"。他们提出评价是一个相互学习、彼此为师的过程，是一个连续的、反复的过程。因此，提倡"全面参与"，主张让所有利益相关者都参与到评价过程中，都有机会表达自己，要求充分尊重每个人的尊严、价值和隐私。实际上，这种新的评价理论提倡的是一种民主合作的评价，它将评价视为评价者和评价利益相关者通过协商进行心理建构的过程，提倡在评价中充分听取不同方面的意见。这种评价通过不同利益相关者的对话和协商，共同确定某些对策，并积极付诸实施。它的实质是把评价视为一个由评价参与者（利益相关者和评价者）不断协调各种价值标准间分歧、缩短不同意见间的距离、最后达成共识的过程。

【探索与总结】

评价中，我们更多地倾向于教师在实践活动中是否达到相应的要求，从而及时寻找教学中存在的问题和缺陷，进行一定的修正和调整，促进教学水平的提高。我们的口头评价、体态评价和评语评价，对教师具有重要的导向作用。在评价过程中，要注意管理者与教师之间是平等的合作关系，而非监督与被监督的关系。评价的过程是一种民主参与、协商和交往、共同建构的过程。这样的评价角色使管理者更好地成为教师专业成长的积极支持者、合作者、引导者。例如，我园的园长、保教管理者作为幼儿园不同的专业管理层，发挥着民主与集中、引领与发展的作用。每学年初，园长、保教管理者要引领教师共同学习《发展指南》《幼儿园教师专业标准》等与评价标准相关的纲领性文件，逐条细化成规范的、可操作的评价标准。

（北京大学附属幼儿园　张玉萍）

3. 从单枪匹马到多元主体参与

《纲要》中提到"评价过程是各方共同参与、相互支持与合作的过程"，即重视评价过程中评价主体之间相互协商、沟通、理解和让步，多元评价主体通过"协商"而形成"心理建构"，这样评价就成为教师、管理者、儿童、家长共同积极参与的交互活动。多元评价主体的交互活动，可将评价的结果以科学、恰当、具有建设性的方式反馈给被评价者，从而使其对自身有更为客观、全面的认识，促进其进一步发展。此外，评价者之间以及评价者与被评价者之间，在相互平等、尊重的基础上，通过协商、讨论、辩论等不同的沟通方式，自主地调控评价活动本身，也使评价过程成为彼此交流学习的机会，有助于个体开阔眼界与提高自身的素质。

【探索与总结】

  一般来说，评价主要以保教管理者和执教教师之间的双向交流居多。在我园，除了保教管理者，我们还邀请保健医、后勤主任、各班班长或班员参与活动后的评价和研讨，其目的在于集聚集体的智慧与力量来提高班级的管理与半日工作质量。保健主管或保健医主要针对班级的卫生保健工作以及保育员的职责履行情况、工作流程、方法以及工作实效性等进行评价，而参与观摩的平行班的班长或班员既会对半日活动组织与实施各环节中的问题进行研讨与交流，也会结合年龄段的重点工作进行研讨。比如，小班年级组在半日活动观摩后围绕"如何创设小班幼儿生活化的环境与一日常规"重点进行研讨和交流，大班围绕"如何在半日活动中渗透幼小衔接工作"重点进行研讨和交流，大家出谋划策，在保教管理者的引领下充分交流，以达到明晰问题、经验共享、解决问题的交流目的。

（北京师范大学实验幼儿园　邱守）

【探索与总结】

  对教师而言，无论是作为评价者还是被评价者，在小组团体评价和同事互评过程中，他们之间单纯的竞争关系将会弱化，逐渐形成相互交流、相互合作、相互促进的关系，这有利于教师群体形成和谐的工作氛围，也促进了所有教师的共同发展和进步。同样，当家长参与教师的评价时，家长不仅仅评价教师的工作，而且还从家长的视角提供了帮助教师改进教学实践的反馈。

  多元化评价主体的广泛参与、交互影响，实质上是在尊重每一个个体的主体性的前提下寻求达成共识，是一种以人为本的思想的反映，富有时代精神。真正有效的教育评价，既重视评价主体的多元构建，又重视各评价主体的积极参与、互动，以及自我评价的地位和作用。

（北京大学幼教中心　张玉萍）

4. 从指向个体到指向群体

目前，在一些幼儿园的教师评价中，评价对象不再指向个体，而是指向团体，并通过对教师团体的评价来促进教师之间的协作。为了鼓励教师之间的合作，一些幼儿园尝试建立园本化的教师评价支持系统。即由同一年龄班组或者同一领域学科组的若干名教师组成一个团队，教师团队通过协作去发现本年龄段或者个别儿童的学习需求，共同备课，设计出具有针对性的教学实施方案；然后每个教师团队定期上公开课，由其他团队的成员负责观察并记录；观摩课结束后，举行评课会议，集中对教师在教学实践中的优点与不足进行讨论，明确被评价教师真正需要提高的地方。一个学年结束后，评价者（年级组长和教研组长）需要递交对教师团队每个成员的评价分数和意见。不仅要对教师个体进行评价，还要对教师团队做出评价，以激励团队的合作和团队间的良性竞争。

【探索与总结】

在幼儿园教师评价中，评价对象不能只是指向某一个人，要从联系的角度看问题，看教师所处的团队。我认为主要应该评价两个方面的内容：一是教师团队，二是主班教师。

半日活动由生活活动、教育活动、区域活动和户外活动四个方面组成，还包括室内外的教育环境。它能全面反映班级教师团队、班级氛围、班级环境、师生关系，反映幼儿园的教育理念、课程观、教师教育观、儿童观，班级整体工作与管理，以及幼儿常规、习惯养成、整体发展优势、个体差异等各方面的发展状况。任何一位教师都不可能仅凭个人能力胜任，它是教师团队智慧的结晶，是团队作战的结果。因此，从教师角度进行评价，首先要评价的应该是教师团队。

评价教师团队主要看以下几点：是否营造了整洁、温馨、民主、和谐、尊重的集体氛围；创设的环境是否因地制宜、安全、合理；各岗教师是否较好地履行了各自的职责，教师之间是否做到了分工明确、配合默契、相互补台；各岗教师与幼儿的关系是否融洽、和谐，与幼儿互动的行为是否适宜；

等等。这几点都需要班级各岗教师通力协作、默契配合才能做好。

半日活动虽说是教师团队协同作战的结果，但这需要核心人物。各班学期计划、月工作目标都需要通过一个又一个半日活动具体细化并加以落实，而促成这些目标落实的关键人物是主班教师，主班教师是半日活动组织与实施的核心人物。因此，半日活动的评价从教师角度看有很大一部分会指向主班教师。

（北京师范大学实验幼儿园　邱守）

四、教师评价策略与案例

作为服务于一定教师评价目的的行为方式——教师评价方法，在教师评价实践中是一个复数，常会因为评价目的、具体的评价情景和评价对象的不同而异。[①] 因此教师评价的方法各种各样且作用各异。我们在实践工作中总结了一些值得借鉴、有价值的评价策略。

1. 基于幼儿发展的教师评价

教师评价绝不是离开幼儿发展的评价。首先需要强调教师评价的最终落脚点在于是否最大限度地促进每一个儿童的发展，是否选择一切可能的教育方式激发儿童可持续的学习愿望和兴趣，形成适合每个儿童个性化发展的教育，从而为自身改进教学或儿童后续学习提供全面而具体的依据，使自我评价真正为改进教学过程、提高教师教育质量和促进每个儿童的个性发展服务。

幼儿作为教育场景中一个个活生生的、带有自主意识和愿望的个体，是最需要被关注的。幼儿在园一日生活的最终的目的是促进幼儿的发展与进步，只有将促进幼儿的发展与进步落到实处，"教育要促进幼儿健康、全面、和谐的发展"才不是一句空话。任何没有和幼儿快乐发展相联系的活动都是值得反思与推敲的。因此，"从幼儿年龄特点出发""以幼儿为中心""以幼儿发展为本"应该成为教师设计、实施、评价半日活动的关键。

---

① 王斌琳. 教师评价方法及其适用主体分析［J］. 教师教育研究，2005（1）.

【案例与分析】

在组织不同年龄班半日活动观摩时，我们会借助评价、研讨引导教师全面感知对同一个问题，基于幼儿的不同年龄特点而采取的不同的教师指导策略。例如，同样是养成教育，小班侧重看"过程"，教师指导和提示相对较多，而中大班则更多的是看幼儿已经养成的习惯的"结果"。在同一年龄段的不同时段，教师采用的启发方式也不尽相同：对于刚入园的小班孩子，如果培养其正确洗手的方法，教师会利用环节过渡时间借助可爱的卡通玩具或趣味情景进行拟人化教育，以顺应小班幼儿认知靠行动及"泛灵论"的年龄特点，但随着孩子对幼儿园生活的适应，教师可以逐渐用儿歌、理性的语言要求等方法来进行教育。再如在自理能力培养上，小班借助温馨柔软的互动材料为幼儿操作提供支持，突出自己的事情自己做；中班借助有趣且可操作性强的材料、步骤图例给幼儿以支持，鼓励孩子自己的事情自己做，别人的事情帮着做；大班更多是借助值日生、小组长等形式，集体合作管理好班级，突出自主自理。

（空军直属机关蓝天幼儿园　吴华英）

【探索与总结】

结合北京市半日活动评优标准，我们可以了解到从幼儿角度评价的重点是：幼儿情绪是否愉快；活动是否自主、有序；是否具备良好的生活卫生习惯和自理能力；是否拥有充分自主的游戏时间和空间；活动状态是否积极、专注、主动、思维活跃；是否能遵守必要的活动和游戏常规；在学习过程中有无进步；动作发展是否符合本年龄班应有的水平。

从标准中，保教管理者以及评价者应该获得的启示是：评价半日活动中的幼儿，首要关注与评价的是幼儿的情绪情感，其次才是知识技能的掌握和各方面能力的发展水平；评价半日活动中的幼儿要做到全程关注、全程评价、全面关注、全面评价，也就是说不能因为某一幼儿自我服务能力一般就评价他（她）是个能力一般的孩子，也不能因为某一幼儿在区域活动中表现专注、投入就评价他（她）是能力很强的孩子，而要以半日活动为单位，借助加德纳的多元智能理论，客观、科学地评价幼儿，将每个幼儿看作独立、有发展优势的个体进行评价。

作为保教管理者，更要明确评价幼儿的目的在于帮助教师更科学、全面地了解每个幼儿，从而丰富、完善、改进教学，通过更有效的个体互动、家园配合等途径促进班级幼儿整体与个体的全面发展。

（北京师范大学实验幼儿园　邱守）

2. 基于教师发展的分层指导

幼儿园教师的队伍通常呈梯队状态，有资深教师、骨干教师等成熟型或处于示范引领期的教师，也有工作中有了一定积累，寻求更大进步与发展空间的求新提升期教师，还有新入职或工作时间较短，还处于适应和巩固期的教师。对于这些不同发展阶段的教师，由于他们的专业起点不同、发展现状不同、发展需求不同、对半日活动的理解认识以及执行能力不同，半日活动之后，对他们的评价与指导也应该有意识地采取不同的策略。对不同发展阶段的教师，因人而异地进行分层的指导和反馈评价，能够满足不同发展阶段教师的需求。

全面、具体的示范性评价适用于新教师。他们在半日活动中的言行，需要保教管理者根据活动进程适时给予引领、帮带和示范，可以采取现场手把手的示范评价等具体指导。比如：就一个提问设计列出几个层次，和新教师反复推敲，比较哪一个更适宜。

针对关键问题的建议式评价适用于发展期教师。可以在活动后先听教师自我分析和反思，保教管理者再做全面评析，肯定优点、给予鼓励，然后提炼出整个过程中凸显的问题，和老师一起分析原因。先由教师自己思考改进策略，然后管理者提出有效建议，并要求教师将建议记录下来，以便经常翻看改进。

提问点拨式评价适用于成熟期教师。进班看成熟期教师活动时，可以多采取静观记录的方式，观察他们驾驭课堂和随机教育的能力，并将要探讨的问题记录下来，课后提炼出核心问题引发教师深入反思，进行交流评价，这样不仅能了解教师的活动设计出发点与目的，还能促进教师对整个教育过程的把握，不断提升他们的研究力。

【探索与总结】

新教师的发展特点与评价策略

新教师处于入职适应期（0~1年），他们刚刚走上工作岗位，个个踌躇满志、激情四射，充满对新生活的憧憬和向往，很想在工作上干出一番成绩，希望能被幼儿、家长、同事、领导接纳，但面对日常保教工作的琐碎繁杂，面对一群性格各异的孩子，因为缺乏经验又常常感到手足无措，应接不暇，如果再遇到不善交流的同事和不配合工作的家长，那就更加恐慌和焦虑，甚至失去信心，怀疑自己是否有能力做好这份工作。

对这一阶段的教师来说，最重要的应该是让他们体验到被认可、被接纳，从而帮助他们建立自信，保持对职业的热爱、对工作的激情与斗志。对他们不能要求过高，让他们了解、适应幼儿园一日工作的流程与幼儿园教育教学的各项工作要求，初步掌握幼儿的年龄特点和日常教学活动组织的基本技巧，使之能够独立顺畅地带好半日活动，有一定的反思意识即可。

对于这一阶段的教师，我们的评价指导策略可以是：

一、支持鼓励，帮助建立自信

对这个阶段的教师来说，精神上的鼓励和支持是十分重要的。保教管理者在半日活动之后，不管活动组织得如何，首要的是发现教师在活动组织中的优点和进步，要从班级与个人的亮点、优势入手，给予及时肯定，对问题、不足不要责备，帮助他们分析原因，建立自信。

二、从大处着手，树立正确的观念

一定要从大处着手，从原则性问题入手，也就是在半日活动之后要结合《纲要》中的幼儿年龄特点，结合教育观、儿童观、课程观进行重点评价，帮助他们树立正确的观念。帮助新教师树立正确的观念是非常重要的，这样日后的工作就不会有太大的偏差，也不会出现原则性的问题。

三、把握突出问题，提升必要能力

在半日活动之后，针对这一阶段的教师，保教管理者可以重点结合每个环节的突出问题进行细致深入的评价与指导，评价时一定说清楚为什么不适宜，原因是什么，需要思考的是什么，调整与改变的理由与策略是什么，让他们知其然也知其所以然，这样才能够真正让教师的观念与行为建立必要的联系，这样的深入指导才能帮助他们建立经验，提升必要的能力。切忌一下子提出所有问题，那样会让年轻老师有挫败感，打击他们的热情。通常，可以以生活常规为重点，特别是以幼儿园的一日生活环节（来园准备、生活、运动、游戏、学习、离园）为重点评价内容，目的是使新教师明确幼儿园工作的基本职责范围和工作流程，尽快适应幼儿园工作，并通过切实的指引使其获得一定的成就感。

四、搭班结对，加强日常实践指导

这种方式最符合刚入职教师的需求，因为他们需要的就是直接经验，对他们来说最重要的就是有榜样可模仿、可学习，有直接经验、具体做法可效仿。因此，作为保教管理者要尽量挑选有经验的教师与新教师搭班，建立师徒制，借助言传身教的方式将有经验的教师多年积累的在组织幼儿、实施教学、生活管理、家长工作等方面许多实用的方法策略传递给新教师。

五、专题培训，有效提升经验

对于入职求生期的教师，在半日活动之后，保教管理者要着眼于他们的实际发展水平和需要，开展新教师专题培训，教给他们一些实用技巧，如过渡环节中常用的手指游戏、小律动、给幼儿提要求的技巧、与家长进行沟通的技巧等，减少新教师日常工作中的困惑和焦虑，帮助他们迅速进入角色。需要注意的是：园所不同，新教师专题培训的内容会有所不同，最重要的是培训的内容一定是他们最需要的、直接的、具体的，而不要过多地停留在理论层面。

未满三年教师的发展特点与评价策略

未满三年（1~3年）的教师，是处于"巩固强化期"的教师。这个时期的教师克服了新入职时的惶恐心理和无助感，对幼儿的年龄特点和行为特征有了初步的了解，能够比较顺利地组织幼儿一日活动，完成幼儿园日常常规性工作。工作时仍然有热情，求知欲强，希望在专业上有所发展，愿意参加各种交流和培训活动，易于接受新观念，但教学经验还是比较缺乏，不能把教育理论应用于教育实践。

对他们来说，更重要的是在实践中引导他们比较深入地去了解幼儿发展规律和保教工作特点，尝试实施环节之间有联系、有渗透的半日活动，学习总结经验教训，努力改进教学方法。这一阶段的教师还对自己的个人发展有了一定的规划，逐渐开始思考自己的教育教学风格，能掌握比较全面的教育教学基本功，开始胜任一个班级全面的教育教学工作。

对于这一阶段的教师，我们的评价指导策略可以是：

一、强化理念，巩固正确言行

对这一阶段的教师来说，仍然需要强化与巩固正确的理念，可以在半日活动之后结合《纲要》、北京市幼儿园快乐与发展课程及幼儿园理念，帮助他们巩固正确的儿童观、教育观、发展观、课程观。除此之外，更重要的是对他们在半日活动中表现出的正确言行给予积极的肯定与评价，使理论能和实践相联系，并加以强化与巩固，逐渐帮助教师更加符合专业教师的标准。

二、分析规律，提高综合素质

这一阶段的教师已经不单纯地停留在模仿上，他们对教育已经有了自己的理解与思考。为了提高他们的综合素质，半日活动之后应该和他们一起分析、探讨规律性的内容，比如：区域学习与集体教学活动的核心和关键有什么不同，在区域活动中幼儿有怎样的学习方式与学习特点，各年龄段幼儿的卫生保健的重点是什么，如何创设符合幼儿年龄特点的生活保育环境等，从而提高教师观察幼儿、自我反思、环境创设等综合素质与能力，帮助他们更好地胜任班级全面的教育教学工作。

三、制度跟进，保障成长

在半日活动之后，可以建立相关制度，认真检查教师的教学计划的拟定与实施效果，并给予及时的反馈。幼儿园可以安排同班级的老教师与年轻教师结成备课联盟，或者保教管理者在批阅教学计划时多花心思，因为这一时期是年轻教师专业成长最有需求也是成长最快的阶段。保教管理者可以帮助年轻教师认真备课，及时批阅教学计划，并提出修改建议与意见，优化教学方案；也可以围绕共同课程，以年级组为单位，通过集体备课，帮助年轻教师分析教材，把握目标，设计提问，明确重点、难点；还可以建立教学观摩约课制度，保教管理者可以跟年轻教师约课，通过约课、看课、课后反馈评价来促进教师的业务成长。除鼓励年轻教师多向本班老教师学习外，还可以给这一阶段的教师提供多种机会参与各种教研活动、观摩活动或外出学习，以满足他们的发展需求，促进他们的专业成长。

四、发挥骨干作用，帮扶教师成长

保教管理者要善于发挥骨干教师的作用来帮扶这一阶段的教师成长。如可以组织年轻教师观摩骨干教师的半日活动组织，从中感悟儿童观、教育观在实践中的落实；也可以通过让骨干教师、保教主任等来观摩他们半日活动的方式，帮他们把脉，了解他们组织实施半日活动的优势与不足，以提高其反思与实践能力；还可以通过结对子、师带徒的方式，让骨干教师参与对他们的专业引领与专业培训，从具体问题入手，开展教学研究，学习运用理论来解决实践问题，给予年轻教师观念与行为上的引领，从而帮助这一时期的教师掌握教育教学技巧，逐步胜任教育教学工作。

"求新提升期"教师的发展特点与评价策略

"求新提升期"（3~5年）教师已经认同并在工作中不断实践园所的基本价值观、教育理念、课程模式，逐渐被幼儿、同事、家长、领导接纳，能较好地胜任幼儿园的教育教学工作与各项常规性的工作，积累了较多的教育教学经验，对自己的优势与不足也有比较深入与明确的认识，并寻求自身有更大的突破与更大的发展空间。他们有了一定的综合组织教育活动的能力，班级管理日渐顺畅，能比较自觉地运用幼儿教育学、幼儿心理学的理论观察和分析幼儿，愿意尝试新的教学方法，开始有能力承担对外观摩任务，参与教科研工作，渴望参加多种培训，不断吸收新知识，充实自己。对于这一阶段的教师，保教管理者要在《纲要》精神的指导下，帮助他们创造性地开展教育教学工作，帮助他们在吸收他人经验的基础上，初步形成自己的教育教学风格。

对于这一阶段的教师，我们的评价指导策略可以是：

一、整体和重点评价相结合

在评价半日活动时，可以结合《纲要》精神、幼儿园理念、幼儿园课程观，对班级的整体工作、半日活动的组织先进行评价，然后通过幼儿的表现与言行，让教师联系自身的设计与实践对各环节逐一进行评价和反思，从中梳理出教师认为最薄弱、最困惑的方面，也就是需要后续努力的方向，再由此入手进行有针对性的指导与观摩学习，帮助教师扬长避短。

二、压担子、给任务，全面跟进指导

应该给这一阶段的教师压担子、给任务，通过让教师承担半日观摩任务、组织交流活动等，使其有机会多实践、多展示，这样一方面锻炼与提高他们的综合能力，同时也有助于增强他们的自信，有助于他们形成自己的教学风格，从而稳定教师的队伍。

三、深入实践，深入教研

对这一阶段的教师，还要多调动和发挥他们的积极主动性，让他们深入实践、深入教研，多通过和保教管理者及骨干教师沟通、交流、研讨的方式，让他们敢想、敢说、敢质疑、敢辩论，这样既能充分保护他们勇于尝试和创新的精神，又能逐步让他们发现问题，认清实质，解决问题和形成策略。

四、整合资源，全面开花

保教管理者在半日活动之后，要有意识地整合多方资源，加强对他们的全方位培训。因为这一阶段的教师在很多园所属于人数最多的中坚力量，这一阶段的教师的培训其实效将对稳定幼儿园的发展起到重要作用。"全面开花"就是指要想方设法借助各种资源与途径，实施有效的培养措施，促使这一阶段的教师各方面的能力都得到长足发展。因此，对于这一阶段的教师的指导不能只局限于一个内容、一个范畴。

"走向成熟期"和"示范引领期"教师的发展特点和评价策略

"走向成熟期"（5年以上）的教师对职业的认同与接纳已非常稳定，了解自己的能力，教育的自信心和自我效能感不断增强，对教育的见解日益深刻，能够探索较深层次的问题，能运用自己的经验，保证工作的稳定、有序，也能自觉地运用专业知识去审视、反思自己的教育实践，发现、分析工作与研究中出现的问题，熟知幼儿的年龄特点，对教育教学具有比较成熟、灵活的驾驭能力，开展家长工作也得心应手，逐渐显示出比较扎实的功底与专业性。

"示范引领期"（含资深教师和骨干教师）的教师，在园内人际关系非常稳定，比较自信，具有全面、扎实的专业素养与教育功底，能得心应手地驾驭班级管理及全面保教工作，是幼儿园管理人员非常值得信赖的一个群体。他们在幼儿园中承担"老带新"、"师带徒"活动，是年轻教师乐于学习的榜样。他们在幼儿园的大型活动以及一些教研活动中表现比较突出，能胜任幼儿园的各项任务与对外教育教学观摩活动。

这两个阶段的教师共同的特点是稳定性好，责任感、归属感都很强，都是园级以上的骨干力量，多数教师承担班长的职务，工作经验丰富，教育风格稳定，能较出色地完成班级全面管理与教育教学工作，积极参与教科研活动，较自觉主动地向年轻教师传递幼儿园的教育理念以及有效的教育教学经验，成为值得年轻教师学习与管理人员信赖的中坚力量。

对这一阶段的教师，我们的评价指导策略可以是：

一、突出个人亮点和风格

半日活动之后,应该从班级全面管理与整体工作谈起,同时将教师在半日执教过程中最突出的亮点、个人风格、最值得他人学习与借鉴的优势进行评价与分享,最后围绕可以做得更好和有待改进的方面谈谈具体策略。

二、显性为辅,隐性为主

要给这两个阶段的教师创造更多的自主空间,要敢于放手,让教师有机会实施自己的教育理想。保教管理者在半日活动之后,可以适当减少显性指导,增加隐性指导。也就是说,让他们自己发现问题,提出问题,解决问题,并帮助他们梳理规律,形成经验。如大班半日活动之后,我们请骨干教师围绕幼小衔接在半日中的体现、渗透以及有待提高的方面进行自评和反思。还可以在半日活动之后组织专题研讨,让他们更多地参与研讨,在分析判断中学会思考,不断提升,既能为实践行为找到相应的理论依据,又能将理论转化为具体的实践行为,获得不断超越自我、可持续发展的动力。

三、架梯搭台,脱颖而出

创造机会与平台,让这两个阶段的教师轮流走出去,接受新信息、好做法;创造条件支持他们参加高学历进修和各种学术交流活动。选派优秀教师参加市、区半日活动展评,教育活动评优、技能展示等活动;鼓励他们积极撰写活动案例与反思、撰写论文与总结,并推荐给有关报刊;还可以推荐其论文参加正式评选活动,展示他们的教学成果与理论素养。

四、学习为本,活水之源

教育是一项创造性工作,要鼓励这两个阶段的教师不要满足于自己的成长,勤于学习、善于学习、不断更新,给自己的职业注入持久的新鲜血液与动力,养成终身学习的习惯,为个人和幼儿园的发展奠定更加稳固的基础,发挥更大的作用。可以组织他们参加教研、外出学习、研读经典教育书籍等,促进他们的主动学习与成长。

总之，每一位教师都犹如一块未经雕琢的美玉，只有在有眼光、有见地、有经验的工匠手中，才能体现最大的价值。因此，保教管理者要以一种欣赏的眼光，仔细地观察、了解每位教师的性格特征、文化基础、教学能力等现状，借助半日活动的组织和实施，找准他们的"最近发展区"，为这些不同能力、不同层次、不同特点的教师量身定制有利于发挥他们优势的发展计划，帮助他们不断树立自信，促使他们健康成长，让幼儿园在每位教师富有个性的发展中持续发展。

（北京师范大学实验幼儿园　邱守）
（中国人民解放军总后勤部五一幼儿园　郭新）

3. 从教师的职业状态切入的评价

在进行教师评价的过程中，我们要全面关注教师的言行举止，从中发现教师的专业态度、专业知识和教育智慧。学前教育专业是一个需要高度爱心和责任感的专业。幼儿园教师作为被观察对象，作为一名展示者，首先要展示的就是自己的专业态度和师德。例如：教师的神态往往会给人留下深刻印象，因为它影响着教师行为的效果和幼儿的情感体验。所以，在半日活动中首先要看教师的整体风貌以及教师言行举止和表情之间所流露出的内在态度和师德修养。一个人的精神风貌不是一朝一夕就能形成的，需要通过长期的积累和不断的修炼。一位教师有没有责任感和爱心，完全可以从他的表情、动作，从他跟孩子的互动中看出来。

教师的教育行为体现着专业知识与理解。半日活动展现的是整个环境与教育，是教师专业功底的全面展示和具体体现。如果教师的专业功底、专业知识相对较弱，可能会出很多问题。因为孩子是不断发展变化的，面对幼儿的情绪改变、智慧的迸发以及不断提出的新问题等，如何灵活地应对和给予适宜的支持与引导，是对教师专业知识与教育智慧的全面考验。这就需要教师努力学习专业知识，提高自身素养。

在师幼互动中，教师通过眼神、表情、话语动作等方式传递教育信息，同时，幼儿的表现也映射出教师当下和平时教育的结果，由此可以看出教师的教育过程和教育策略是否适宜。

【探索与总结】

如何评价一位老师是否优秀？我们可以这样评价：

一是，我们的教师是乐，还是不乐。

也就是说，老师是在工作，还是在享受。有的教师似乎总端着教师的架子，感觉说话不真实，看孩子不真实，动作也显得那么不真实。这些老师挺认真的，显得很职业，只是他们往往表情不丰富，尤其不会笑，整个半日活动期间看上去挺严肃的。说实话，看着这样的老师，我会觉得他们特别辛苦。其实，哪份工作不累呢？问题是，你是否"累并享受着"？如果不幸福，便不会笑，更看不见那种从心而生的笑。相比之下，有的老师不是那么像教师，她像个姐姐、妈妈，像孩子的亲人或朋友，她全身心地投入，和孩子一起生活，她眼中只有孩子，只有每一个孩子的发展，因而她的眼光中闪烁着发现的光芒，看得出她是真的在享受教育的幸福。所以说，教师之间的差异，体现在工作状态中投射出的幸福感上：看孩子的眼神，抱起孩子玩耍时的状态，默默地看着孩子时脸上的微笑，拥抱每一个孩子……

二是，我们的教师是思，还是不思。

也就是说，教师是观察多，还是教授多。直观的表现是，教授多的老师，言语特别多，总是不停地说话；观察多的老师，话不会太多，但每句话都非常有力量。话过多，也就是说信息过多，孩子们也不会筛选信息，习惯性地听着，思考也不会太活跃，教育的效果可想而知。因此，倒不如话不多，但能让孩子思考。

其实，话少比话多，难很多，难在思考，难在说每一句话前都需要教师先对孩子进行观察，想想自己该什么时候说、说什么、为什么要说，怎样才能使自己的言语不断精练。比如，在活动区指导时，老师会经常性地到各区巡走，有时会问问：怎么啦？你发现什么啦？你有什么问题吗？……其实，我倒觉得这些话都大可不必说。老师在打扰孩子的同时，有时会错过观察的最佳时机。老师可以多一些和孩子的眼神交流，多一些静静的关注，当孩子需要帮助的时候，他们自然会通过各种途径表达。

再者，教师说的内容也不能脱口而出，是需要研究的。我非常欣赏一位大班老师在讲评环节问孩子们的一个问题："你们今天遇到并解决了什么问题？"虽然只是简单地把两个问题合并了，但对孩子的思维水平和表达能力却是一个新的挑战。孩子们一个问题一个问题地回答，需要及时反馈和流畅的表达能力；而孩子一口气回答两个问题，则需要记住两个问题，并进行梳理整合后才能清晰地表述出来。后者，对孩子的思维水平和表达能力要求更高。教师说之前，要想一想为什么要说。

有个原则是可以不说的尽量不说。老师们总觉得说出来了，教育就完成了，因为我教给你啦。其实，教育绝非你说我听这么简单，需要一次次的重复和体验，需要心与心的沟通。比较起来，语言是多么的单薄而无力，而我们却喜欢放大语言的力量，缩小教师自身的观察、思考，缩小自身言行举止对孩子的天然影响力。

三是，我们的教师美还是不美。

一名优秀的女教师一定是美的，她外表端庄，打扮得体，她的举手投足，让人看着都是美的。当然男老师，也有他独特的举止干练之美、语言简洁之美，等等。我在幼儿园工作的几年，发现孩子们对美有天生的感受力，例如喜欢美女老师，喜欢甜美的声音，喜欢穿亮丽色彩衣服的老师。所以，你会发现，一些幼儿园的美女老师也是优秀教师。我认识一位老师，其实，在我看来她不算非常努力，可是她长得非常甜美，声音也甜美，每次看她的教学展示活动，让人感觉非常唯美。这就是她的天赋，可以说她自己就是一个教育资源。当然，世间哪来那么多美女，应该还是平常人多，但是，平常人也可以美啊。举手投足美，说话用词美，形体姿态美……或者再说得更具体、更细节一些，就是老师的坐姿、站姿、走姿、蹲姿等，都可以让人感觉到美。我见过一个老师，她走路的姿势显得很懒散，站着也是懒洋洋的，这样的老师，怎么能让人感受到她的激情？她传递给孩子的又是什么呢？

教师，是乐还是不乐？是思还是不思？是美还是不美？听起来很简单，但是这恰恰表现了教师的职业态度、职业习惯和职业素养，优秀教师并不是做了多么轰轰烈烈的研究，不是教育活动多么丰富多彩，也不是半日活动多么与众不同，而是在于教师自身的职业状态，或者说是专业化水平。你喜欢这个行业，便在举手投足中投射一种爱；你喜欢这个行业，拥有良好的职业习惯，便会有更多的创新与思考；你喜爱并研究着这个行业，便会产生一种美，一种平常状态下，无比投入的美。

（北京市海淀区教师进修学校　李峰）

4.自我评价与直接评价相结合的方式

《评估指南》强化自我评估。幼儿园应建立常态化的自我评估机制，促进教职工主动参与，通过集体诊断，反思自身教育行为，提出改进措施。这种评价方式是调动教师主动反思，建构管理者和教师之间互通有无的沟通平台。评价中要充分调动教师的自我评价，通过直接与间接评价相结合的方式，引发教师深度思考。

自我评价，即以教师的自我反思为前提进行的评价。教师作为实践活动的积极参与者，评价聚焦于自己的实践过程，才能真正有利于自身的发展。因此，教师在自我评价中，通常会把自己在半日活动中的表现当作一个整体进行评价，而不是对某一方面进行评价。除了整体的自我表现评价之外，教师更会表述自己对细微之处的处理与思考。这样的评价过程，让教师沉下心来，挖掘自身教学上的一些问题，从而调动了教师主体的能动性，同时，通过教师的自我评价，管理者可以听到来自教师的心声，了解他们更希望得到怎样的指导，帮助保教管理者和教师之间建立起良好的沟通渠道，成为真正的合作伙伴，共同成长。

直接评价，即以教师群体实践中的共性问题为引子，以同伴互助研讨为手段的评价方式。保教管理者在全面考察教师整体工作后，提取实践中凸显的共性问题，和教师一起解决问题，从感性认识上升到理性认识，生成或归纳新经验。保教管理者要从理念上引领，以问题驱动的方式，抓住教师的实践困惑与专业发展需求，展开集体的研讨。在这个过程中会有观念的碰撞，管理者要善于抓住教师在碰撞中产生的智慧火花，给予整合提升并形成新的实践方案，然后回归教师的教育实践，通过又一轮的集体观摩研讨，共同反思分析，达成更高层次的共识，实现通过评价推动教育实践发展的目的。

【探索与总结】

对于教师的自我评价，认真、用心的倾听是保教管理者做好评价工作的基础。倾听的目的在于了解教师针对半日活动都做了哪些思考，以便更好地了解教师的观念与认识、班级前期工作、幼儿发展现状等更多的讯息。

因为倾听是单向的，而每个人思考问题的角度、对事情的认识都不一样，所以除了倾听之外，为了更好地促进保教管理者和教师之间的思想激荡，需要保教管理者在倾听的过程中或者之后，和执教教师之间进行必要的交流。为了确保交流针对性强且质量高，保教管理者要把握好交流问题的切入点，使交流深入、充分和有效。比如，当教师说到区域分享组织得不够理想时，保教管理者可顺势追问："不理想在什么方面？为什么不理想？做什么样的调整能有所改变？"借助问题引导交流。如果有的教师反思不到点上，可以进一步引导："你认为区域分享有哪些意义与价值？今天班级区域整体情况哪一方面表现最突出、最具有分享的价值？"在这样有针对性的交流中，帮助教师找到问题、学到策略、收获经验。

（北京师范大学实验幼儿园　邱守）

【探索与总结】

在教师的自我评价中，一些教师会从教育教学素质和教育教学能力两个方面找出自身的发展优势与不足，然后拟定一个改进要点和改进计划，形成一个教师的自我分析表（它也是教师自我成长规划评价方案的一部分）。自我评价的要点体现在教师是否实现了教育目标和儿童发展目标的统一，是否坚持以儿童的发展为核心的教育价值取向和教育行为。如在幼儿园半日活动中，教师是否尊重儿童，是否发展儿童的自我感，让儿童获得更多的自主选择、自我表达的机会和条件；是否发展儿童的合作精神，让儿童获得积极的情感态度和正确的价值观、养成良好的学习品质和行为习惯等。

另外，教师在教学实践过程中会用不同形式写出教学体会、教学反思日记、周期性总结等自我评价总结材料。这些评价材料能够真实详尽地记录教师在实践过程中的感受与收获、问题的解决思路及措施，反映出教师的教育思想、情感和态度，这些都综合体现了教师的各种教学能力（包括知识应用能力、信息搜索能力、资源利用能力、合作沟通能力、自我监控能力以及评价能力等）不断发展与进步的历程。

（北京大学幼教中心　张玉萍）

5.聚焦个体发展的追踪指导与评价

教育过程本身就是一个多层次、多因素、多变量的动态系统，教师的工作亦如此。在评价中，我们只有对教师的工作进行过程性的追踪指导和评价，才具有实际意义。以往对评价的认识通常是上级评价下级，领导评价教师，教师评价学生，被评价者是客体，是被动的。通过追踪指导，保教管理者和教师共同观察幼儿，分析幼儿的学习与发展，共同支持幼儿的主动学习。

【案例与分析】

吴老师是幼儿园的中班教师，她具有五年工作经验，认真勤奋，工作踏实，是我园的教学骨干。我通过追踪指导促进她的专业能力有所提升。

一、活动前的指导

反思是幼儿教学的一个重要环节。在活动开始之前，我与吴老师共同讨论了一个反思的框架，让她能够有准备、有依据地进行反思。

（一）分享价值与策略

在吴老师实施教育活动之前，我与她分享了评价活动的方向、内容、角度，使吴老师进一步明确了教育活动的价值。同时，我把观察时的一些具体方法和策略也告知吴老师，并让吴老师了解我使用这些策略的目的。如：我会记录每个环节所用的时间，以便观察教师把控活动的节奏，因为用时的长短反映环节的重要性；我会记录每名幼儿发言的次数，以便发现教师是否关注全体，给幼儿平等的机会，等等。

教师明确了指导者的评价方法、策略和目的之后，在组织活动的过程中自然会主动地审视、调整自己的教育行为，避免了以往教学节奏拖沓、重点不够突出、关注"明星"幼儿而忽略其他孩子等情况的发生。我认为，指导者与执教者是合作的工作伙伴，两者的关系不是对立的，而是一致的，让执教者了解指导者所用的评价策略是有效的。

（二）提供评价标准

我向吴老师提出，她要在活动之后从幼儿探究兴趣、探究能力和具体知识经验三方面评价幼儿的发展，并进行反思。我提供了一个评价标准，请她在评价范围内选择相应的内容，有侧重点地进行部署与思考。评价标准如下：

- 幼儿经常提出各种问题，对于不清楚的问题幼儿总想搞清楚；
- 幼儿对自己感兴趣的事情表现出专注，能长时间地探究；
- 幼儿能做的事情尽量自己做；
- 幼儿能积极寻找与问题有关的信息，获得相关的具体经验；
- 幼儿在活动中能够有依据地作出预测、大胆猜测；
- 幼儿能把自己的猜想与实验结果作比较；
- 幼儿能够清楚地表达自己的观察和发现；
- 幼儿在探究过程中喜欢和同伴一起讨论问题；
- 幼儿经常与同伴一起谈论自己探究过程中的新发现。

这样，教师不论是在组织活动的过程中，还是在个人反思的过程中，都会条理清晰，有理有据，避免了以往思路凌乱、聚焦不准的现象出现。

二、活动中的观察

在吴老师的执教过程中，我从以下几个角度对活动进行了观察和记录。

（一）记录教师组织每个环节的时间

在教育活动过程中，我记录下每个环节的具体用时，目的是关注整个教学活动的节奏，观察各个环节在教育教学过程中的比重、幼儿主体性是否得到充分的发挥、教师主导时间与幼儿主动探索时间的比例等相关内容，为活动后的评价提供切实的依据。

（二）记录每个幼儿回答问题的次数和频率

我用图示的方法记录下幼儿回答问题的次数和频率，目的是关注教师是否面向全体，是否能与每一名幼儿进行互动。以往的教学活动中，教师经常会自觉不自觉地将注意力集中在某几个幼儿身上，这些孩子的特点是积极跟随教师的活动，善于思考，语言表达能力强。而其他幼儿参与活动、回答问题的机会就极其有限了。教师把目光集中在"明星"幼儿的身上时，总会在无形中挫伤其他幼儿的积极性。通过记录的数据，指导者与教师便能一目了然地发现此类问题，从而及时调整教育策略。

（三）记录活动过程中的教师"教"和幼儿"学"的和谐与矛盾

在活动过程中，教师适宜的引导会引发幼儿主动思考和积极参与，幼儿在教师的支持下梳理、提升自己的原有经验。反之，教师不恰当的提问会使幼儿思路含混不清，纠结不前。如：当让幼儿猜想为什么吸管吹气能使水喷出时，幼儿进行了大胆的假设却无法阐述出原因。吴老师在此处问了五遍"为什么"，幼儿都无言以对。由此可见，教师的提问应该由浅入深，具体易懂，以方便幼儿回答和表述。

三、活动后的评价

在吴老师执教过程中，我通过认真倾听、仔细观察、具体记录，掌握了活动每一个环节的实际情况，有依据、有重点地对她的活动进行了较细致的评价。在评价过程中，特别注意关注和尊重教师的各方面需要，确保评价能产生积极的正反馈效果。

（一）关注教师自尊、自信的需要

指导者欣赏的态度和肯定的话语会让教师树立自信，获得胜任工作的愉悦感。在评价中我注重给教师精神上的鼓励，以赏识的态度先肯定优点，再提出有针对性的建议。以往，指导者的评价一般是先将执教者的优点一股脑儿阐述完毕后，接下来便全是不足与失误。这样的方式会使教师在评价的转折点上产生挫败感。我采取了按环节进行评价的方式，同教师一起回顾整个教学活动过程。按环节评价可以使积极的评价贯穿整个评价过程，因为各个环节的组织中教师都会有亮点呈现，评价者抓住这些亮点逐一提出，就可以避免评价中出现明显的转折点。

（二）关注教师发展、提升的需要

针对吴老师的特点，我在评价过程中侧重围绕幼儿的发展开展评价，这样做的目的是引领教师把注意力也放在幼儿的发展上，指导教师关注幼儿的发展，特别是提升其原有经验。活动前我为教师提供的评价标准也是以幼儿的发展为核心的。正因为给了教师反思的框架，所以我可以抓住教师反思的点——给予反馈指导，使教师的反思得到及时的回应。

（三）关注教师被倾听、接纳的需要

指导者与教师的互动应该和教师与幼儿的互动一样，本着激趣、激思的原则。在评价过程中，要注意语速应适中而亲切，措辞应严谨而舒缓，神态应自然而专注，做到不急不躁，留给教师表达自我设想、自我感受的足够空间。针对翔实的活动记录，我与吴老师各抒己见，进行了较为透彻的分析。其间我尽可能多地采取与教师互动评价的方式，多问问教师的想法，多提出一些"为什么"，激发教师的主观能动性。

（中国人民解放军火箭军机关幼儿园　张宁）

综上所述，评价的方式各式各样，不同的评价策略服务于不同的目的和需要。任何一种教师评价策略都能发挥其应有的作用，但成功的教师评价往往需要不同的方法，需要多渠道、多维度地收集和整合更为完整的信息，以期更全面、发展和辩证地认识教师及其教育教学的全过程。因此，这里提到的评价策略也许只是冰山一角，需要我们在实践中不断探究，找到适合教师的、有成效的、有活力的教师评价方式。

第五章

园本教研与专业引领

在贯彻落实《发展指南》《纲要》的过程中，教师教育观念与教育行为之间的落差，研究活动与日常教学实践之间的落差，一直是我们遇到的问题。

园本教研作为一种以幼儿园为研究基地，以一线教师为研究主体，以教师在教育教学实践中遇到的真实问题为研究对象的教研活动，是促进幼儿教师专业成长的最有效与最可行的方式，也是我们试图引导幼儿园保教管理者通过园本教研解决教师现有问题的途径。幼儿园在开展园本教研的实践过程中，不断探索支持性的教研方式，引领教师成为主动的学习者和研究者，积累了诸多经验，值得借鉴与推广。

本章分别从园本教研与专业引领、园本教研中专业引领的原则、专业引领中的角色定位、园本教研专业引领的策略等几个方面诠释了幼儿园园本教研的相关内容，特别展示了幼儿园园本教研活动的实例及保教管理者在园本教研中实践专业引领的优秀经验。我们试图通过对园本教研从理论到实践的梳理，帮助幼儿园提高园本教研的质量，将促进教师的专业发展、提升园所保教质量落到实处。

一、园本教研中的专业引领

1. 什么是园本教研

园本教研是在幼儿园内开展的，以一线幼儿教师为研究主体，以幼儿教师在教育教学实践中所遇到的真实问题为研究对象，旨在促进幼儿教师专业发展，提高幼儿园保教质量的研究活动。

2006年，教育部基础教育司委托课程教材发展中心组织开展了"以园为本的教研制度建设项目"，在全国开展"园本教研"的理论研究和实践探索，极大地推动了幼儿园层面的教研工作，幼儿园成为教研工作的基本单位，教师成为教研的主体和主要力量。幼儿园积极组织教师开展基于幼儿园保育教育实践的问题导向的教研活动，以促进幼儿良好发展为目标，涵盖幼儿一日生活各个环节和各种活动。

2009年北京市针对学前教研工作中出现的问题，颁布了《关于进一步加强北京市学前教育教研工作的指导性意见》，对幼儿园建立与完善教研机制提出了具体要求。不断提高教研质量，已经是大家共同关注的重要问题。2016年颁布的《幼儿园工作规程》增加了"建立教研制度，研究解决保教工作中的实际问题"，引导教师在研究中不断提高保教能力。

随着学前教育的改革发展，对幼儿的观察与研究、对幼儿游戏和幼儿园一日生活的研究等也成为教研的主要内容。幼儿是积极主动、有能力的学习者，教师要成为幼儿学习的支持者、引导者和合作者，环境成为幼儿园重要的教育资源，师幼互动被视为幼儿发展的重要因素，游戏成为幼儿的主要活动，重视幼儿生活的教育价值，关注教育的随机渗透……保教管理者要重新审视和确定教研工作的定位、内容与形式，提高自身专业引领能力，更好地适应学前教育改革发展的需要。

2. 什么是专业引领

园本教研强调教师的自我反思、同伴互助和专业引领，有效地助推了教师的专业成长。应该说，保教管理者的专业引领能力是实现有效园本教研的关键因素。如福建师范大学余文森教授所言，"专业引领就其实质而言，是理论对实践的指导，是理论与实践之间的对话，是理论与实践关系的重建"，专业引领要解决的关键问题是先进的理论如何向教师的实践转化。

一般而言，专业引领是教研员的引领，是教研部门研究、指导、服务职能的集中体现，它强调教研员要运用专业理论和专业知识，采取专业化的工作方式，引导和带领教师开展研究，获得提高。专业引领也是专业研究者的引领，通常指的是具有教育研究专长的人员通过他们的先进理念、思想方法、先进经验引导和带领一线教育工作者开展教育实践探索与研究，促进教师专业发展，促进学校内涵发展的活动形态。① 专业引领除了教育研究专家的引领，还包括教师自身的引领。专业引领包括显性的专业引领和隐性的专业引领。显性的专业引领人员指教育研究的专家，既包括教育科研人员、教研人员和大学教师等专业研究人员，还包括资深的专家型教师，如特级教师、学科带头人等。隐性的专业引领指没有专家的直接指导，而是校长和教师运用先进的理念、理论指导教育实践。②

在幼儿园的园本教研中，专家、学者或是教研员不可能每天都深入幼儿园指导，园本教研质量的关键之一是保教管理者的专业引领。保教管理者作为园内资深的专家教师，自身就发挥了重要的引领作用。同时作为专业引领者，保教管理者还要思考如何激发教师队伍的活力，调动园内优秀教师的引领作用；思考如何利用先进的教育理念，实现隐性的专业引领；思考如何设计丰富、多元的教研活动，引领教师喜爱教研、快乐教研。

3. 专业引领的意义

（1）园所发展的需要

随着学前教育改革的不断深化，提升园长的办园自主权，实现幼儿园的内涵发展已成为时代的潮流。园所自主发展需要园长有先进的办园思想和理念，形成符合园所发展实际的办园思路和方案，创建幼儿园的特色和品牌，

---

① 潘国清.学校教育科研中的专业引领［J］.教育发展研究，2004（10）.
② 傅建明.教师专业发展途径与方法［M］.上海：华东师范大学出版社，2007.

不断提升园所的保教质量和师资水平，促进幼儿的健康、全面发展。所有这些都是新的命题和新的要求，都需要园长们进行探索和研究，需要以先进的理念来引领，需要用理论的学习、科学的方法来支撑，没有理论的引领，实践就会停滞不前，园所的发展也就无从谈起。

（2）教师专业发展的需要

教育现代化、信息化的推进对教师提出了专业化发展的要求。教师仅凭知识传承已不能适应时代的需要，"教师成为研究者"作为"教师专业化"的同义词已成为一个新的焦点，引领着世界教师教育的发展潮流。教师有着丰富的实践知识和体验，积累了大量的教育经验和智慧，达尔文说过"经验与规律并没有不可逾越的鸿沟，经验中蕴涵着规律的成分"，我们鼓励教师在专业人员的引领下，积极投身于教育教学的研究活动，通过反思总结，将有益的经验外显化，将感性的体验理性化，提升个人的教育实践能力和反思意识，不断促进自身的专业发展。

二、专业引领的原则

园本教研中专业引领的基本原则是保教管理者在实施专业引领时应遵循的基本要求，了解、掌握并恰当运用这些原则是园本教研中专业引领的目标得以实现的重要保证。

1. 针对性原则

针对性原则指的是保教管理者根据教师群体和个体的个性特点、能力水平和经验背景，恰当地选择引领内容、引领形式和方法等，这有利于提高专业引领的贴近性和吻合性，有利于增强专业引领的吸引力。

【案例与分析】

某幼儿园结合该园班额较少、年轻教师居多、专业水平不均衡的状况，将教师根据岗位、工作年限、专业特长进行分层，分别建立年级教研小组、学科教研小组、骨干教师小组与年轻教师小组，借助多种形式的小组教研活动为教师的专业发展搭建平台。

一、年级组教研——运用案例分析的方式提高教师的专业意识

在中班组的一次交流反思记录的研讨活动中，杨老师提出了一个问题："我班结合正在开展的'鸟是我们的朋友'的主题活动引导幼儿在美工区制作各种小鸟，我们给孩子提供了很多的废旧材料，可是孩子们不主动去制作，教师应该如何引导？"由于在提供美工区材料时各班均有类似的情况，大家在热烈讨论中把质疑的焦点集中在材料的目标性和适宜性上。于是教研组决定将研讨活动搬到中一班的美工区，让教师利用现有材料亲历制作小鸟的过程，让教师站在幼儿的角度审视材料的目标性和适宜性。教师在制作后有了切身体验，看似丰富的材料却只有很少一部分适合制作小鸟，材料只体现"大胆使用、创造性地设想与制作"是不够的，还需要细化、具体，同时要满足不同发展水平的幼儿的需要，还要兼顾幼儿的已有经验，这样才能让材料有效支持幼儿的活动。

二、学科组教研——运用激励评价的方式提高教师的专业技能

园里组织数学组的教师开展了一个用月饼盒制作学具的比赛，以比赛的方式为教师搭建一个共同创新的平台，鼓励教师之间互相学习，互相借鉴。比赛有明确的要求：要符合本班幼儿的发展目标，即要符合本班幼儿的年龄特点和游戏特点；要体现层次性、趣味性等。通过教师间的自评与互评，教师明确了在制作学具过程中如果不考虑目标的多样性而盲目追求外在，材料的提供对幼儿的发展是没有太大价值的。在赛后开展评析、讨论活动，调动和提升教师的已有经验，提高教师物化教育目标的能力。

三、分层组教研——通过现场观摩研讨的方式提升教师的专业经验

在分层教研中，鼓励青年组教师在观摩活动中进行自我评价，提升专业经验。例如，保教管理者组织青年组教师交流各班活动区材料的教研活动，在交流过程中，一改往日"看一看、听一听、问一问"的方式，让教师们自己来逐一介绍各个区域提供材料的内容，并要求教师在介绍的过程中结合本班幼儿的年龄特点、发展目标、游戏特点、兴趣需要等进行详细评说。这样

的方式使教师在"讲"和"听"的过程中主动将自己及他人的做法对照目标发现问题，让教师在"动手、动脑、动口、动心"、生动活泼的研究中，获得对新理念及适宜行为的主动认识和自觉把握。同时，园里还组织骨干教师开展观摩教育活动，把好的经验进行推广。园里定期要求骨干教师为青年教师开展观摩活动，并在活动后开展反思与评析，让骨干教师从师德、教育技能、组织能力、家长社区工作等方面归纳总结优秀的教育经验，进行有针对性的"传帮带"，将"传帮带"辐射到教育研究的全过程，使教师在合作互动中提升经验，共同成长。

（北京市海淀区太阳幼儿园　桑凤英）
（北京市海淀区教师进修学校　周立莉）

2. 有序性原则

保教管理者要依据引领内容的特点和结构，有次序、有步骤地实施引领，这既是专业引领的客观要求，也是教师们的共同呼声。有序性原则反映在专业引领的内容上，要求内容的组织由浅入深，由易到难；反映在引领过程上，要求引领过程的推进由近及远，循序渐进；反映在专业引领的组织上，要求专业引领有计划、有评价、有总结。总之，不论是实践引领，还是理论引领，都应该按照一定的步骤、顺序有条不紊地进行，这样才有助于引领的内容为教师所理解和接受，引领才更具实效性。

3. 协同性原则

保教管理者专业引领若要有效，就必须与教师进行平等对话，必须互相了解并真诚地交流和沟通，尽量避免由于权力或权威关系而造成交流过程中参与主体之间的不平等。平等对话的专业引领氛围有助于"群体动力"的产生。在群体动力的作用下，专业引领人员和教师能够不断弥补自身的不足，发挥集体优势，有效解决教师实际教育教学中所面临的问题，从而提高教研质量，促进教师专业发展。因此，园本教研中专业引领的实施应遵循协同性原则，注意协调处理好引领人员与教师、引领与接受引领的关系，使教研处于协同操作、相互促进的良性循环中。

【案例与分析】

某幼儿园为了使教研更好地促进教师的专业成长,让教师感受成长的幸福而非压力,保教管理者更多地关注与教师沟通的话语形态、教师的心理状态,致力于在全园构建一种积极开放的教研组织文化,激励教师不断超越自己,在同伴之间形成相互尊重、接纳、理解的氛围,引导教师群体以健康、愉悦、自我超越的心态,共同研究、思考,大胆创新。因此,幼儿园采取了一系列具体的措施。

一是从一句话做起。

为打破教研中的强势地位,使教师能彼此发现、彼此欣赏、彼此接纳,创造安全的、信任的、允许犯错的氛围,保教管理者要注重自身的语言对教师思维的影响力,发言时要常说:"我说的不一定对,希望大家思考这样的问题。"引领者也要在研讨中警惕这样的话——"你这样做(说)是不对的"等,要多问"你为什么这样做""你当时是怎样想的""你为什么这样想"。当不同意对方的观点时,可以大胆地表达出来,但要注意表达的方式,不说"我不同意你的想法",而是说"对这个问题,我是这样想的……"

二是从拉近你我做起。

拉近保教管理者与教师之间、教师与教师之间的距离,功夫在教研之外。良好的教研氛围得益于彼此信任、相互关怀的人际关系,为此,园里组织教师观看各种艺术类演出、去公园采风、开展素质拓展及团队培训等,教师们在一次次的团队活动中走得越来越近,他们之间的情感也越来越深。他们更多地在就餐时、闲谈中开展一些"非正式的"教研活动,研讨日常教育教学中的困惑和问题,也会谈论自己的生活和感受。保教管理者和教师要成为研究共同体,在研讨中平等交流。

三是将受挫感变成成功感,发挥正能量。

教师是教研的主体,教研应该让每一位教师都体验到成功,教师的发展不是痛苦的,而应该是在快乐中发展。因此,保教管理者要帮助教师建立专业自信心,要善于发现每位教师的特点、亮点,让他们找到教研的兴趣点;要关注每一位教师的进步,鼓励他们自我超越;要唤醒教师成长的意识和需要，让不同能力层次的教师都在原有水平上获得提升。

（空军直属机关蓝天幼儿园　吴华英）
（北京市海淀区教师进修学校　李峰）

4. 适度性原则

适度性原则要求保教管理者对教师的引领要适时、适度。首先，专业引领要适时，就是要抓住最适当的时机实施引领。当教师在日常教育教学中遇到问题，并在教研中将自己的困惑和思考与专业引领人员进行交流之后，保教管理者应及时给予指导和帮助，积极跟进教师的行动研究，保障研究的顺利开展。其次，专业引领要适度，即保教管理者对教师的指导要适合他们的能力范围，有效激发他们的实践智慧，避免指导的不足或过多。引领的时间过短和频率过低，不利于保教管理者及时掌握教师研究的进展情况，同时也不能引起教师对引领的足够了解和重视；相反，引领愈多、愈复杂，教师理解、反思的时间就愈长，也愈容易引起教师的倦怠和畏难情绪。

【案例与分析】

某幼儿园在探究式科学教育的主题活动中，聚焦于"激发幼儿主动记录"开展教研，通过"问题推进式"的教研策略，引导教师理解科学记录的意义和方法。在教研活动的最后，保教管理者对整个教研活动进行了归纳与提升，帮助教师整合新经验，巩固新理念。保教管理者意识到归纳、总结与提升一定要适度，要依据教师的能力和水平来进行归纳，不能"太高"或"太低"。

提升得"太高"，教师们会认为太抽象、不易理解，如保教管理者对探究式科学教育本质的提升是"探究式科学教育的本质是让幼儿亲历探究过程，自我建构科学经验"，这种总结是教师能够理解的，并能内化成新的理念指导教育实践。而如果总结为"探究式科学教育的本质是发挥幼儿主体性的教育模式，让幼儿主动探究，自我完善认知结构"，这样的提升就太笼统、太抽象，让老师抓不住、摸不着，也就起不到指导教学的作用。相反，归纳得"太低"，就表象而表象，也起不到归纳提升教师新经验的目的。如教研中关于教师提问策略的归纳——"启发性、层次性的提问会帮助幼儿建构系统的科学经验",这句话自然会激发教师积极地探究启发性、层次性的提问策略。而如果提升为"活动中教师提问肤浅,没有层次,所以孩子的科学经验不清晰",这种归纳只是呈现了原始的教学现象,每个教师通过教学观摩都能总结出来,所以"太低"的归纳不能给教师教学提供有效的支持。

所以,专业引领中的总结与提升一定要注意"度"的问题,"适度"的定位标准是教师的"最近发展区",提供令教师们"跳一跳,够得着"的教研总结,才能起到提升教师新经验、巩固新理念的目的。

(北京师范大学实验幼儿园　徐兴芳)
(北京师范大学实验幼儿园原保教管理者　国秀华)

5. 反馈性原则

专业引领不是为了引领而引领,其目的是促进教师对自身教育教学实践的觉察、反思与改进,实现理论知识与实践经验的融通,从而促进教师的专业发展。

在专业引领的实施过程中,保教管理者要把教师真正当作园本教研的主体,考虑他们的意见、愿望和要求,着眼于提高专业引领的实效性。这就要求保教管理者遵循反馈性原则,积极通过多种渠道及时获取教师的反馈信息,从而根据反馈信息调整和优化专业引领的实施过程,促进专业引领的质量和效果进一步提升。

例如某幼儿园为解决教师教育实践中的真问题,使教研内容来自教师,改进实践工作,保教管理者采取建立"教师发展需求援助卡"的办法引导教师大胆地提出问题和困惑。每位教师根据自己工作的目标、发展的需求,将工作中遇到的问题写在援助卡上,诸如"在语言活动中如何让每名幼儿都能够充分发言而又不占用太长时间?""在绘画活动中如何激发幼儿的真实感受并表现出来?""游戏活动中如何做好师幼互动?"等,这些问题都是教师们在实际工作中遇到的真实问题,针对这些问题,保教管理者通过组织不同层面和不同形式的教研活动帮助他们分析问题,借助学习共同体寻找解决问题的途径,最终解决了工作中的困惑。

三、专业引领中的角色定位

保教管理者作为幼儿园教育教学的负责人，全面负责园所的保育教育的各项工作，也是园本教研的直接责任人。保教管理者通过组织开展园本教研活动，聚焦幼儿园发展中教育教学层面的关键问题，充分发挥自身的专业优势，借助多种资源，实施专业引领，激发教师的研究意识，提升教师的思考力和专业能力，从而促进幼儿园整体教育教学质量的提高。

保教管理者在园本教研的专业引领中，一定要把握好自己的角色定位，做好专业引领者，不以权威者、领导者自居，这样才能真正实现专业引领的价值，使园本教研这一平台真正为教师的专业成长"搭架"。

1. 真诚的倾听者

保教管理者不应该是高高在上的行政领导和话语权威，而应该与教师形成尊重、平等的关系，以耐心和欣赏的心态真诚地倾听教师的心声，鼓励教师之间相互研讨，营造一种宽松、和谐的研究氛围，给教师表达自我真实想法的机会，从而了解教师真实的行为动机及行为背后的理念支撑，以便更有针对性地进行对话，促进教师的发展。对教师提出的问题，保教管理者也不应简单地直接给予解答，或告诉成功经验，而应鼓励教师表达各自的看法，了解教师的已有经验和对问题的原有认识，通过分析、深入追问、互动等方式，帮助教师找到解决问题的方法。

【案例与分析】

我园有9个班，青年教师占比较高，我们以园长和保教管理者为主体，成立联合驻班小组，在每日驻班观察与指导中发现了青年教师由于自身经验和专业性不足，在区域游戏的指导上存在问题，比如如何通过区域小结提升幼儿游戏水平？在区域游戏中教师如何有效互动和指导？在区域游戏中如何观察幼儿？这些问题有共性但又有不同特点，必须从多角度开展系统的研究。

为做到园本教研的有的放矢，我们针对青年教师进行了教研前的调查与访谈，设计开放式的调查问卷，意图了解他们的真实感受和体会，问卷包括两个问题，我们将问卷中的高频词汇进行了归类和统计，如下表：

问题1	高频词汇/频次	问题2	高频词汇/频次
你最近在哪些方面存在教育困惑？	益智区/10；区域游戏指导/15；如何观察儿童/16；区域游戏中如何尊重和理解儿的学习方式/14	你想通过什么教研内容解决你最近出现的困惑？	去姐妹园所观摩经验丰富的教师/5；专家来园指导/8；理论提升/12

结果表明：61%的青年教师经验欠缺，指导区域游戏活动的能力和专业素质不足，特别是区域游戏活动中教师的观察、支持和回应策略有待提升。同时青年教师也期望我们的教研活动能与海淀区姐妹园所相互交流、分享与探讨，提升区域游戏指导能力。基于以上分析，为解决我园青年教师在区域游戏指导中的共性和个性问题，获得反思性实践经验，我园立足园本实际，从各年龄班益智区入手，开展了一系列关于益智区游戏材料的园本教研活动。

为满足我园教师专业成长需求，我们采用具有灵活性和个性化特点的短期研修形式，以园本教研为平台，将益智区游戏材料作为案例切入，组织青年教师开展一系列教研活动，确定了教研活动的问题：区域游戏活动中如何观察幼儿？如何帮助幼儿主动探索、自主发展？引导青年教师学会在区域游戏中观察、支持和回应幼儿，实现教师在区域游戏中的价值，提升日常带班质量，有效引导幼儿自主发展。

（北京市海淀区立新幼儿园　王雪珩）

2. 积极的支持者

保教管理者应该为教师的学习搭建"支架"，通过不同的教研形式，做教师专业成长的支持者。例如，以讲座与讨论相结合的学习形式，帮助幼儿园教师学习理解《发展指南》等文件，更新教师的儿童观和教育观，关注教育教学理念的变革和时代特点；以专题研讨的形式聚焦于教师们关注的主要问题，引导教师依靠群体的智慧，对问题进行分析讨论，并在实践中尝试验证，提高教师的反思意识与研究能力；以教学案例的形式，帮助教师从关注"教"到关注"学"，理解和把握幼儿的年龄特点，制定适宜的教育活动方案，丰富教育策略，提升教育教学能力。同时，保教管理者还要关注不同发展阶段教师的不同需求，在园本教研中进行分层分类的专业指导，为不同能力的教师搭建发展平台，促进他们的专业成长。

【案例与分析】

如何倾听儿童

《评估指南》提出要"重视幼儿通过绘画、讲述等方式对自己经历过的游戏、阅读图画书、观察等活动进行表达表征，教师能一对一倾听并真实记录幼儿的想法和体验"。但是在实践中教师对于"如何倾听"存在困难，我们带领教师共同学习马赛克方法①，研讨实践中的困境，通过教研达成了共识。

具体表现	问题分析	达成的共识
大班额和紧凑的日常节奏使教师忽视了个体的声音。	1. 幼儿园一日流程太过紧凑，教师是流程的推进者，要把主要精力放在各环节的衔接上。 2. 教师时刻从整体范围上警惕安全隐患，为了维护全局秩序而顾不上倾听。	1. 教师要制定关注个体的"小目标"，有意识地在每日生活中增加一对一交谈的时间。比如，要求自己每天至少与5名孩子有一定质量的互动和交流，这样经过1~2周老师就能实现对全班30~40名幼儿的个体关注。 2. 根据活动需要选择适宜的马赛克方法，尽可能倾听更多的个体。比如，当遇到大家共同感兴趣的话题时采用儿童会议；以小组方式进行实地考察；一对一访谈，深入了解幼儿经验等。同时，要制定表格，对个体倾听进行标记，确保对每一名幼儿都有多种形式的倾听和关注，拼凑幼儿完整的看法。 3. 班级教师结合自身兴趣、活动类型进行分工合作，形成倾听合力。教师既可以根据自己的兴趣加入幼儿的探究小组，也可以根据活动的类型进行分工。需要注意的是，分组之前，教师之间应提前沟通关注要点，对此达成共识；活动后要及时进行信息的汇总和分析。

---

① 马赛克方法是通过多种研究工具的使用来获取儿童的经验或看法，每一种工具所获取的信息都形成一片"马赛克"，将它们放在一起，就构成了有关儿童及其看法与经验的完整图画，同时也形成了一个基于儿童视角的对相关事物展开对话、反思和解释的基础。

续表

具体表现	问题分析	达成的共识
班级中一些"沉默"的个体容易被忽视。	1. 教师习惯去听孩子的语言表达，非语言表达往往被忽略。 2. 教师习惯用"发声"孩子的观点代替"沉默"孩子的观点。	1. 理解"声音"是多元的，表达也是多元的。教师要关注语言之外的其他表达方式。注重表达多元并非是要摒弃"语言"，而是要摒弃"只有语言"。 2. 为孩子创造适合他的表达空间，在语言之外还可以通过观察创作过程、作品变化来倾听儿童的表达。
教师不知如何分析倾听到的信息。	倾听后收集到的信息量巨大，教师容易仓促下结论。	1. 要避免信息来源单一，教师需依据综合、全面的信息进行分析。 2. 真诚地倾听，避免成人对幼儿想法的主观引导。老师在询问幼儿的真实意图时要注意多听孩子说了什么，要倾听幼儿的看法和经验，包括他们的感情、希望和恐惧等，不要急于给孩子的做法"下定义"。 3. 大量信息的整理和分析需要团队合作完成。要充分调动班级教师间的协调配合，教师分工倾听、观察幼儿，记录信息，然后共同交流和分析信息；也可以借力园里的教研组（园长、业务干部和骨干教师组成）进行讨论和分析。 4. 要从搜集信息到共同建构，也就是要追随儿童的脚步，共同走向未曾计划和未曾预料的方向。
如何支持孩子的想法。	1. 教师通常能对幼儿的想法进行回应和肯定，鼓励幼儿尝试，也会提供必要的材料支持和环境支持。 2. 教师往往在幼儿还没有充分表达、充分探索的情况下就提供支持，有时也会从教师的视角发现问题。	1. 教师的支持需要基于充分的倾听，多关注、研究孩子们的思维和学习过程。 2. 教师要认真观察幼儿在各类活动中的行为表现并做必要记录。 3. 根据一段时间的持续观察，对幼儿的发展情况和需要做出客观全面的分析，为幼儿深度学习提供有力支持。 4. 保持开放的教育心态，迎接来自工作的不确定性、挑战性。

（北京市海淀区教师进修学校　李峰）

（中国科学院第三幼儿园　刘乐琼　朱玉妹　邓力源　刘素芳）

3. 可信赖的合作者

教学研究的具体问题来源于教师在实践中遇到的各种真实问题，没有单一的、固定的解决模式。因此在园本教研中，保教管理者不再是命令者和指挥者，也不是问题的解答者。保教管理者要走到教师的中间，和教师们一起探寻问题的本质，分析了解问题背后的根本原因，反思教学实践，找出解决问题的方法并运用到实践中不断检验完善，提炼出有益的、可借鉴的经验和成果。

在教研过程中，保教管理者要把握好与教师之间的关系，赢得教师的尊重和信任，既有带领又有放手，既有主动出击又有适时隐退，凝聚教师团队的力量，积极营造平等协作的研究氛围，充分挖掘教师同伴之间的经验共享和智慧贡献，从而推动教研工作不断深入。

【案例与分析】

教研活动中提到"专业引领"，我们首先想到的就是在专业理论知识上的引领，而这种引领更多的是给予，传授，让老师通过教研、培训，获得更多的知识和技能，掌握更多的方法。这也是我之前孜孜不倦地在做的事情，一方面是觉得只有"心中有目标——知识、理论与方法"，老师才会做，另一方面我是新任保教干部，觉得这是证明自己比老师强的一个展示机会，所以每一次的教研活动我都会提前准备很多材料，在活动中硬"塞"给老师，教研活动就是老师被动地接受和记录的过程。下面我要阐述的是自己对"专业引领"的认识变化。

一、由灌输者变为播种者

教研中我们围绕一个问题展开讨论，与问题相关的资料我们会准备很多，但是这些资料是否都要给老师或者怎么给老师，是需要仔细琢磨的。以前我会像讲一节课一样，把这些资料整理后分成几个部分，逐一地给老师讲授，老师就会奋笔疾书地记下来。教研室的李峰老师启发我：这种"灌输式"的给予，带给老师的会是什么？教研后留给老师的又有什么？难道这些资料老师不会自己去搜集、查找吗？我们的引领仅仅是把这些资料搜集好了送给老师这么简单吗？而"播种"是我们把问题的种子种在老师的心中，让他们自己去思考，搜集相关的资料和信息，这仿佛是在给这颗种子浇水，施肥。每个人找到的信息不同，信息量也不同，最后种子结成的果实也会不同。

我们要做的是给种子锄草——纠正老师学习思考中的不当之处，帮助老师梳理思路，提炼观点，总结策略，这种提升一定是源于老师们之前大量的积累。"灌输"的过程是我们给予的过程，而"播种"的过程是老师自主学习的过程。我现在依旧是每次教研前做充分的准备，但我的准备不会再给老师看到，老师看到的都是自己在教研中"播种"了多少，展示了多少，每个老师"播种"后都会开花，但花的颜色、形状、大小各有不同，我就是那个赏花的人。

二、由主角到配角

我们是教研活动的主持人，因而每一次教研活动，我们园会议室的正座，老师会很自觉地留给我，以前我认为这很正常，主持人嘛，就应该出现在最核心、最凸显的地方，但是李老师在指导中告诉我，我的这种行为会给老师一种无形的压力，他们认为主任才是唱主角的，自己只是配角，在这样的心理状态下老师们怎么会畅所欲言呢？好的教研组织者要会"隐藏"自己，在老师积极交流讨论的时候"隐藏"在老师中间，让老师忽略我们的存在，他们才会大胆地说。当需要我们的时候，我们快速地现身，"推"老师一下，把讨论引向深入，老师说跑题了我们把老师再拽回来，我们就像相声里的捧哏，是配角。教研活动过程中我感到要做好这个配角比做主角还难，首先要求我们眼中有老师，能够敏锐地发现老师的问题与需求，及时给予适当的支持与帮助，这个时机与分寸的选择需要长时间的磨练与反思积累才能把握，这才是我们教研组织者见真功夫的地方，也是我需要不断锤炼的。

三、学做一个优秀的建筑师

我们教研组织者就好比一个建筑师，我们要会"看图"，能看出教师行为背后的问题；还要会"画图"，能对问题进行规划、梳理，给老师描绘美好的职业未来；更要会"建造"，尤其是要会"搭台阶"。例如，教研现场会上我预设了"活动区评价中大部分幼儿为什么不够专注"这个问题，但老师的回答仅仅停留在评价内容幼儿不感兴趣这一点上，无法深入，我很纠结但又无计可施，事后区教研室的周立莉老师告诉我："教研活动中我们预设了一个核心问题，但这个问题老师是否能一下就对接上呢？对接不上怎么办？这就需要我们把核心问题逐层分解成一个一个的小问题，就好比'搭台阶'

一样，让老师踩着一个个问题的台阶就能逐渐接近核心问题，这是提高我们教研研讨实效性的一个很好的方法。"当时我一下子就豁然开朗了，我可以在"不够专注"后面再跟进两个问题——"为什么不感兴趣？""什么样的评价点是幼儿感兴趣的？"——让老师逐渐明白应该怎么回答这一问题。在教研活动中多使用"搭台阶"的方法，可以使教研变得更加轻松。

在其他的方面我也要更多地使用"搭台阶"的方法，给不同层次的老师搭建不同的成长阶梯，让他们感觉自己有可奋斗的目标，成长进步不再那么遥远。同时，也要给老师与园长之间"搭台阶"，让园长更多地了解教师的现状和发展，更多地关注教研，让教师在教研中获得最大的成就感和认同感。

四、做教研之外的"引领者"

作为保教管理者，组织教研活动只是我们诸多保教工作中的一项，一个学期只有八次，我们仅在教研中引领是远远不够的，教研之外的引领有哪些，怎样引领，也是我们需要思考的问题。首先是关心和帮助。关心教师是我们都知道也会去做的，但怎样做才更加有效，才能触动教师的心灵？尤其是现在的年轻教师，思维活跃，情绪不稳定，个性很强，对嘘寒问暖不以为然。对这样的老师，我们就要更多地给予认同，创造条件让他们体验到自己存在的价值。然而个人的价值只有放在集体中才能最大化，明白这一点后我们就要帮助他们学会与他人合作，配合才是他们最为需要的。其次是有力保护。每一个人在自身的岗位上都希望做到最好，我们保教管理者也是一样，当问题出现的时候我们急于解决问题，是否会关注老师有什么感受呢？一次我们园有开放活动，正好区教研室的李峰老师也去了，由于当天的户外活动时间临时有调整，大一班老师的体育教学活动场地受到了影响，当活动进行到一半的时候需要换场地，老师很不愿意，然而我为了应急没有安抚和保护老师，直接"下令"换，老师在这种情况下只能默默承受由于管理者工作失误造成的后果。事后李老师告诉我，这种情况下换可以，但要告诉老师这是自己的工作失误，给老师带来麻烦了，先把责任承担起来，把老师保护好，这样老师心里就不会有怨言。

我们的这种尊重、保护，都是情感上的"引领"，这种"引领"所产生的认同、拥护、追随，是推动教研乃至整个保教管理工作的巨大力量，我们要学会善用。

（北京市海淀区颐慧佳园幼儿园　刘颖）

四、找准"研"的问题是专业引领的前提[①]

园本教研活动围绕教师教育教学实践中的问题开展，是基于问题解决的行动研究。找准需要研究讨论的问题，是确保教研活动顺利开展的基础，是教研质量保障的关键，也是专业引领的前提。一个精准适恰的教研问题，能很好地聚焦群体智慧，解决实践难题，提升教育教学质量。同时，教研问题的确立，也影响着教研计划的制订、方法与策略的选择、反思评估的开展，是"牵一发而动全身"的关键要素。

1.什么是园本教研的问题

教研问题是园本教研活动的核心，是引发教师研讨反思、实践探索并得出共识与实践解决方案的关键问题。从广义上讲，系列教研活动的专题、某次教研活动的问题或题目、教研活动中的关键提问，都可以称为"教研问题"；从狭义上讲，教研问题指的是每次教研活动中需要解决的教师困惑与具体实践问题，例如"如何创设幼儿自主游戏的户外环境""加餐环节如何培养幼儿的自主性"等。无论是广义或狭义的教研问题，都在不断提醒我们"园本教研"是围绕问题解决、实践改进而进行的行动研究，是一个又一个"解题"的过程。保教管理者要有明确的问题意识，和教师一起通过实践探索与思辨研究找出适宜的"答案"。

有时教研问题需要长时间的探索才能得出答案。园本教研是行动研究，是理论与实践搭建桥梁并不断印证的过程，其中包含了教师的实践创新与认识转变，无法一蹴而就。为了解决一个实践问题，往往需要组织系列教研活动，确立教研专题、拆解问题，伴随实践进程不断微调。有时教研问题也有着即时性，组织者要会抓住"契机"生成教研活动。

[①] "找准'研'的问题是专业引领的前提"此部分作者为北京市海淀区教师进修学校李程。

2. 园本教研问题的特点

（1）园本性

园本性体现在园本教研是以幼儿园为研究基地，以教师在教育教学实践中遇到的真实问题为研究对象，就是以幼儿园为本。

园所不同，面临的实践问题也各不相同，保教管理者在确定教研问题的过程中，要考虑园所的研究基础、教师的研究能力、教师的困惑和需求等因素，选择适宜的教研问题。问题在教师的最近发展区中，不宜太难，更不能太大、太空，脱离园所实际。

（2）实践性

教研问题的实践性，一方面体现在问题来源于教师的实践困惑，另一方面体现在教研目的是促进实践改进。

同时，园本教研的实践性也包含着对"可操作性"的要求。成人的学习是务实的，对教师来说只有能够满足他们的专业成长需要、解决他们工作中的困惑的学习和研究，才能激发他们主动参与、研究和实践的动机与欲望。是否找准了教研问题，就看这个问题是否切中了教师的痛点，是否能引发反思，是否能唤起教师行动的兴趣……教研问题要体现从教师的视角思考，要从推动实践改进的立场出发对问题进行思考。

（3）迫切性

园本教研的问题是园所教师普遍存在的问题，同时也应是最亟待解决的问题。例如保教管理者发现教师不擅长鼓励幼儿、师幼互动中批评与控制较多，这是具有迫切性的教研问题，管理者可以选取"学习故事"为切入点围绕"取长式评价"开展教研。

（4）发展性

发展性，一方面是指教研问题对幼儿发展、教师发展、园所发展发挥着重要的促进作用，另一方面，教研问题应该符合国家政策法规、符合国家文件精神要求，符合当前教育方向和课程改革的主流[1]。

保教管理者应具有发展性的眼光，分析园所实践、确定教研问题，要加

---

[1] 苏靖.基于幼儿园课程实施的园本教研活动指导手册[M].北京：北京出版社，2020.

强对国家政策、文件的学习，关注国内外的前沿发展，在学习与反思的基础上，确定园本教研的方向与内容。

确定教研问题之前，不妨通过上文提到的教研问题特性进行检核。

教研问题检核表	是/否
1. 教研问题是否来自本园？	
2. 是否是教师普遍存在的问题？	
3. 教研问题是否来自实践？	
4. 教师是否对这个问题感兴趣？	
5. 难度是否在本园教师的能力范围内？是否在教研组织的能力范围内？	
6. 问题是否能用实践方案作出回答？	
7. 教研问题是否迫切需要解决？	
8. 教研问题是否符合政策与《发展指南》等文件精神？	
9. 教研问题的解决能否让幼儿、教师、园所三方受益？	

3. 园本教研问题的来源与确定

教研问题可以直接来自教师。教师在日常工作中的困惑、在观摩活动中的疑问等都有可能成为教研问题。但是，这些问题往往基于教师的个人经验，相对零散，需要保教管理者进行归纳梳理、分析与研判。

教研问题也可以是保教管理者在实践中发现的，通过日常进班观察与指导、批阅教师观察记录或教育笔记进行分析研判，并结合教师的意见或建议而产生。如园所发现班级自然角设置较为随意，保教管理者通过问卷调查发现教师不了解自然角创设的价值及意义，对自然角应该探究什么、怎么探究并不清楚，结合访谈发现大部分教师其实对创设自然角充满了兴趣但苦于没有方法，因此确定了"如何创设支持幼儿自主学习与探究的自然角"的教研问题。

教研问题无论是由教师提出还是由保教管理者提出，都要经历一个反复研判、整体分析的过程。

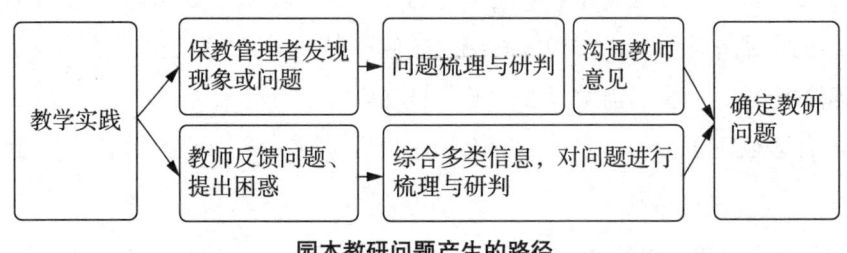

园本教研问题产生的路径

园本教研是以问题解决为中心的研究。抓住关键问题，是专业引领的关键，也是专业引领的难点，保教管理者需要弄明白什么是关键问题，怎么发现关键问题，怎样的问题才能激发教师研究的兴趣。为此，保教管理者要在日常进班观察的基础上，倾听教师在教育实践中的困难，分析教师的共性问题，结合本园保教工作目标来确定教研的关键问题，制订切实可行的教研计划，以促进教师的专业发展。

（1）提前预设问题

保教管理者可以观察和分析教师实践中存在的认识模糊的问题，预设问题，引导教师实践与此问题有关的教育活动，组织教师现场观摩研讨。如针对大部分幼儿园在科学活动中忽视幼儿的记录这一现象，预设了一个"记录手段在幼儿科学教育活动中的有效运用"的教研问题，并在区域内开放科学活动现场，使在场的观摩教师看到幼儿现场记录自己科学探究的方法和过程，于是围绕"科学活动过程中，幼儿需要记录吗（意义）—记录什么（记录内容）—如何记录（记录的方法）—记录方法与内容的关系—记录的环节如何设计与安排（如何激发幼儿主动记录）—哪些科学活动中记录是必不可少的环节"，教师们展开了积极、深入的思考和研讨。长期的教研实践表明，只有预设能够引起教师新旧经验冲突的、教师认识模糊和不明确的、对教师有挑战性的问题，才能激发教师积极参与、反思的热情，否则的话只能事倍功半。

（2）整合教师生成的问题

参与观摩活动的教师在活动后会提出自己关注的问题或困惑。由于这一类问题比较分散，因而要求保教管理者有较高的问题分析和归类的专业能力。教研组织者带领现场的教师把这些问题进行整理、归类，一方面形成研究问题的网络，另一方面进行提升，发现表层问题后隐藏的关键问题，聚焦教师的某一个或某一类具体困惑，进一步深入或拓展。如针对教师提出的"在记录的过程中幼儿间的合作意识不强，部分组的幼儿记录没能达成一致，另外，在分享环节，忽略了小组的合作"等问题，可以聚焦并拓展："活动中为什么会出现幼儿的合作意识不强的现象？如何调整教师的指导行为才能增强幼儿的合作？幼儿之间的合作行为将对科学探究活动的进程产生哪些积极的影响？科学活动中哪些探究环节需要幼儿之间的合作？"这样的反思活动才能够切实地帮助教师认识教育活动的内在规律，提高实践智慧。

（3）"直击"保教发展的关键问题

在幼儿园教育教学质量评价中，我们发现有些问题是影响教育质量和幼儿发展的关键要素。因而，保教管理者在选择教研问题时可以直击这些关键要素。例如，就"如何提升幼儿在集体活动中语言表达的能力"这一关键问题，通过语言活动的观摩和分析，我们发现幼儿语言表达的能力与教师开放式的提问直接相关，与教师启发、引导、追问的方式密切相关，与教师是否充分让每个幼儿有回答问题和参与讨论的机会有关。那么，如何设计开放式的问题？问题开放的度是什么？问题抛出以后，如何引起幼儿有效讨论？这些都成了研讨反思的专题。

【案例与分析】

一次，因为教研组长生病了，我临时通知教师们："今天中午的教研活动推迟到下周。"一位教师听后说道："太好了！我们可以干活了！"另一位老师听后也是喜上眉梢。当我看到这一幕，内心不禁感到困惑：为什么精心安排、系统推进的教研活动成了教师的负担？我们的教研工作出了什么问题？

困惑之一：教研专题与教师需要之间的矛盾是什么？本学期我园的教研活动以"活动区创设的实践研究"为主题，以积木区为切入点，在探索积木区环境创设、材料提供和教师指导策略的基础上，帮助教师迁移学习经验，促进幼儿游戏水平及不同层次教师专业能力的提升，实现环境、游戏促进幼儿发展的目标。重新分析教研计划，我发现每次活动的系统性是非常强的，研究问题也是非常具有专业性的，教研的形式也是多样的，为什么不能调动教师参与教研的兴趣和主动性，不能满足教师的发展需要呢？

困惑之二：教师在教研活动中究竟需要什么？需要产生于工作之中，在12月份，老师们都在忙些什么呢？12月因为临近新年，幼儿园大型活动比较多，我园第一周安排的是新年音乐会，第二周是观看木偶剧表演，第三周是包饺子，第四周是新年联欢会。刚才的一幕恰巧发生在12月的第一周，老师们都在忙着准备新年音乐会的活动。总结上一周教师的活动发现，教师对孩子的教育意识不足，教学思路没有打开，没有充分发挥大型活动的教育价值。我们精心为孩子们安排的活动成为了教师和孩子们的负担。教师带着孩子们为了完成园里的安排而影响了正常的教学秩序。由于教师重视活动的结果和环境展示，幼儿对活动过程的体验以及在活动过程中能力的提升都受到了很大的限制，而且教师感觉到的是巨大的压力和繁重的任务。为什么会出现这样的问题？本月的教研活动对于帮助教师解决这样的问题，具有什么样的意义？

我觉得问题的原因是教研内容没有满足教师的需要。当初制订本学期教研计划时，更多的是从园所发展需要的角度来制订教研计划，而没有考虑到教师的需要。我园作为新建园，教师的整体专业素养需要提升，教研活动对教师日常工作中的问题应当给予支持，帮助解决。这次事件让我深入思考如何确定适宜的教研专题以满足教师的发展需求。带着问题，我进行了两次尝试。

第一次尝试：结合教师工作需要的一次教研。12月第一周新年音乐会活动结束后，我组织教师进行了一次集体学习讨论活动。通过总结第一周新年音乐会活动，帮助大家认识大型活动背后隐含的教育价值，并引导大家思考如何更好地发挥观看木偶剧活动的教育价值。在第二周木偶剧活动中，教师们的教育行为有了很大的转变，教育意识变强了，教育活动丰富了。如，在看木偶剧之前有的教师组织孩子们做木偶剧宣传海报，去其他班级宣传，买卖门票，入场检票。看木偶剧后有的教师组织孩子们进行谈话总结，制作木偶，表演木偶剧，自编木偶剧，等等。教师们行为的转变让我意识到，教研内容的选择一定要贴近教师的实践，满足教师的需要。

第二次尝试：倾听教师需要的又一次尝试。第一次尝试后，教师们行为上的转变给我带来了巨大的鼓舞，我非常迫切地想倾听教师们的想法，了解他们的需要。时间恰好赶上期末，为了制定能够满足教师需要的下学期教研内容，我进行了第二次尝试。我请所有的教师提前思考："你在实践中有哪些困惑？你希望下学期教研做什么内容？"第二天我组织教师们进行研讨时，教师们提出了很多的疑问，比如：到底该如何组织一日活动？如何组织户外活动？当幼儿之间产生矛盾时怎么办？班级环境布置色彩如何搭配？……分析教师提出的问题，我发现这些问题范围非常广泛，涉及教师们日常工作的方方面面，没有聚焦点，难以成为教研的内容。这次尝试让我再次陷入了困惑：为什么教师反映上来的很多问题，不能成为教研内容？教研问题到底来源于哪里？

通过这两次尝试，我意识到教研内容既要满足教师的需要，又要考虑到幼儿园园所发展的需要，二者不是矛盾对立的关系。

首先，幼儿园保教管理者要对教师提出的问题进行价值判断。教师在教育实践中会遇到很多的问题，这些问题往往都是非常具体的。教师受到专业能力的限制，往往不能很好地将自己的问题进行归类整理，甚至不能准确地提出自己的问题。这就需要保教管理者充分倾听教师的需要，通过提问、追问等策略帮助教师明确问题。在此基础上，保教管理者还要诊断教师所提问题背后隐藏的深层原因，了解教师的原有经验和真实想法，梳理出内在联系，寻找共性问题，并作为教研的重要依据。

其次，幼儿园保教管理者还要对园所的发展需要进行价值判断，寻找关键性问题。保教管理者要能够站在更高的视角上，认真分析园所发展的需要，善于寻找园所发展的关键性问题，把准幼儿园的教研方向。

最后，在对教师需要和幼儿园发展需要进行把脉后，保教管理者要进行价值判断，寻找教师需要与园所发展需要的结合点，最终确定教研内容。只有这样产生的教研内容，才能够真正促进教师的专业发展，事半功倍地促进园所的发展。

（北京市海淀区北部新区实验幼儿园　丁一）

幼儿园保教管理者在确定和判断教研专题的时候，可以尝试用座谈、访谈、问卷等方式直接了解教师的需求和困惑。教师在日常工作中发现和感受到的问题受其自身认识与经验的影响往往是感性、浅层次的，或者看起来是问题，实际上并不是"真问题"。这就需要一个事先的收集、归纳、整理和提炼的过程，仔细考察问题内涵所涉及的各个方面，明确问题的本质和界限，选择准确的关键词来表达问题，使大家能够清楚地认识问题的本质所在。此外，保教管理者还需通过进班指导来细致地观察和分析教师日常教育教学实践中存在的问题，结合教师的发展需求，找到适宜的切入点，确定教研的专题和内容，从而激发教师产生参与教研活动、共同解决问题的积极性和自主性。

五、做好"研"的计划是专业引领的基础

幼儿园园本教研工作计划如同"施工蓝图"，是顺利开展教研活动、提

高研究质量的重要保障。学期教研计划应在抓准问题、确定教研方向和教研专题的前提下，围绕教研目标采用多种方法加以制订。

1. 学期园本教研计划的制订

学期园本教研计划，可以包括以下内容：背景分析、研究目的、研究内容、研究方式、人员安排、预期成效、保障措施等。

"背景分析"应重点阐明为什么确定该主题，主要解决什么问题，有什么意义等。在确定"研究目的"时，可以通过对预期效果进行描述来作为衡量研究目的是否达成的指标。在介绍"研究内容"时，要对所选定主题的内涵进行要素分析，明确每次活动的中心议题，保证同一主题下一系列研究活动的内在联系。选择"研究方式"时，应综合考虑研究问题的类型、研究的不同阶段、参与教师的专业水平等多种因素，然后确定最适宜的研究方法。我们认为应强调多种教研方法的综合运用，包括自主反思法、微格分析法及观察诊断法等。在确定"人员安排"时，需明确人员分工和阶段性工作目标，如计划制订人员、活动的主持人、参与对象、专业引领者、活动记录员等，使每个参与者提前做好相关准备。在确定"预期成效"时，应明确体现成效的具体项目、载体与形式，并明确评价研究成效的指标。在确定"保障措施"时，要重点列举需要的研究、学习资源，并制定有效利用这些资源的措施。

【案例与分析】

北京实验学校（海淀）幼儿园教研工作计划
（2022—2023 第二学期）

一、背景与现状分析

（一）上学期的教研成果

上一学年我们围绕"凸显幼儿主体的大型活动设计与实施研究"的主题开展了连续两学期的教研活动，从大型活动设计的系列性、幼儿参与的深度性、教师指导的适宜性等三个角度开展讨论，提炼有效教育策略，提高了幼儿对活动的兴趣和参与度，激发了幼儿在活动过程中的主动性，也提升了教师的活动设计能力、观察能力、反思能力和课程意识。在对大型活动中幼儿自主活动研究的基础上，我们引导教师进一步关注班级中的自主活动，提高班级幼儿自主活动的质量。

（二）存在的问题

在与教师共同讨论班级中自主活动的难点和困惑时，很多教师提出对自然角的困惑，特别是自然角的创设及其对幼儿发展价值这两方面。幼儿园班级自然角是幼儿自然观察、自主探究区域的一部分，是以幼儿为主体，自由自主地进行观察、饲养、探究动植物的区域，班级创设自然角有助于幼儿获得对自然和科学的初步知识经验，让幼儿有机会亲近自然，学会尊重、珍爱生命，激发探究兴趣。我们结合日常观察对教师做了问卷调研，发现教师在班级自然角创设中存在以下问题：

1. 开展哪些探究性活动？
2. 不同班级自然角适应种养什么动植物？如何提高动植物的成活率？
3. 教师如何指导幼儿观察、照顾并进行适宜的记录？如何提升幼儿的兴趣和持续活动的动力？

因此，本学期我们确定了以"幼儿园探究式自然角的创设"为主题，开展教学研究，提升教师的班级自然角环境创设能力、材料投放能力、观察指导能力、反思调整能力。

二、指导思想

以《发展指南》等文件中科学领域的目标和核心经验为依据，以"科学领域核心经验"、有关"探究式自然角"创设的思想为指导，引导教师开展自然角的学习与研究。

三、研究目标

1. 围绕自然角创设的核心要素，开展专题学习与培训，提升教师对自然角的认识。
2. 探索提升幼儿探究兴趣，促进幼儿自主观察、主动记录、乐于表达的自然角创设与教师指导策略。

3. 研讨并形成探究式自然角的初步评价工具。

4. 在实践中形成自然角创设的优秀案例，进行分享、交流与表彰。

四、研究内容

研究主题：幼儿园探究式自然角的创设与研究。

为提升教研的有效性，教师需要了解探究式自然角的组成部分，了解不同年龄班种植区的特点和目标，在此基础上设计自然角的创设方案，并进行区域的创设和幼儿活动的指导，支持幼儿的自由探索和发现。据此，本学期探究式自然角的研究包括以下内容：

序号	研究内容
1	幼儿园目前自然角创设现状与问题梳理
2	自然角核心要素解读及经验分享
3	自然角评估工具研讨及实地研磨的运用
4	幼儿观察、探究与记录表达的案例分享交流
5	自然角创设与教师指导策略的梳理与总结

五、研究方式

1. 调查分析：通过全体教师的问卷调查，发现目前教师开展自然角活动的现状与问题。

2. 访谈法：随机选取不同岗位教师，通过面对面访谈的方法，了解教师在自然角创设和指导中存在的最棘手的问题。

3. 行动研究：教研组织者和成员共同观察日常自然角中存在的问题，通过共同学习和研讨提出解决问题的办法，将办法应用到自然角创设和观察指导的实践中，再通过实践观摩与学习反思发现办法的实效性，进一步调整自然角的创设与指导。

六、人员安排

1. 计划制订、活动主持：教研主任。

2. 专业引领者：特邀种植专家、学前领域科学教育专家、有经验的姐妹园保教管理者做培训指导。

3. 参与教师：幼儿园全体班长、副班（青年教师）、助教教师，以班级为单位组成研究小组，教研过程中发挥不同角色教师的能力优势，促进他们在现有基础上不断提升。

（1）班长：带领班级成员制定班级自然角方案，并负责班级方案的分享交流；

（2）副班教师：重点负责自然角环境的创设，并在全园实地交流中分享；

（3）助教教师：全天在班上对幼儿进行观察与记录，主要负责自然角观察记录的实施与交流。

4. 活动记录与整理：资料员。

七、研究措施

1. 前期观察与调研：基于日常观察，制定《教师自然角创设调查问卷》（见附件2），通过问卷星对全园各班不同岗位教师关于自然角创设的现状进行问卷调查与分析，并通过面对面访谈的形式，了解教师关于自然角的实际困难；分析调查问卷的结果，梳理本园教师在自然角创设中存在的困惑和问题。

2. 学习提升、专业引领：全体教师利用假期认真学习《探究式自然角创设》视频资源，回顾探究式自然角创设的目标、内容、原则、特点和要求，对自然角创设有总体的认识与了解；开学初，带领老师学习海淀区教研室录制的种植区核心要素解读视频，分享小、中、大班种植区经验视频，拓宽教师思路与视野；邀请幼儿园绿植养护专家带领老师认识形形色色的植物，学习常见植物养护技巧，提升老师绿植养护专业技能；为各班级提供自然角创设专业书籍《角落里的生机》，供各班教师参考与自主学习。

3. 团队合作制定方案：在学习与研讨的基础上，共同制定班级自然角创设方案（见附件3），并由班长在全园进行方案的分享与交流研讨，评估方案的适宜性；之后依据方案开展本班自然角环境的创设，投放相应的绿植、探究工具等资源。

4. 设计评估工具，开展实地研磨：在学习与研讨基础上，查阅资料，设计探究式自然角评估工具，利用工具开展自然角创设的实地研磨与评估，带领教师分两次进班实地观察，了解各班级自然角创设与开展情况，由副班（青年）教师进行班级自然角创设的介绍分享，其他教师发现亮点与不足，并针对不足提出调整建议。

5. 观察记录方式的学习及研讨设计：在自然角研究的中期阶段，针对普遍存在的观察记录设计问题进行集中学习，以大量的图片资料呈现，让老师了解科学的观察记录的丰富呈现方式，了解不同年龄段的记录方式和特点，扩宽老师的视野，启发老师的思维；以小组的形式，分年级组研讨设计不同年龄的观察记录表，从而内化观察记录的年龄特点。

6. 复盘总结，反思交流：经过近一个月的种植与养殖、观察与记录，各班自然角活动已经接近尾声，最后一次进班观摩活动，由各班助教老师分享观察及记录的开展情况，哪些坚持下来了、哪些没有坚持下来，哪些记录表有效支持了幼儿的探究，哪些还需要调整，幼儿在观察与记录过程中有什么发现和收获，还有什么困惑。

7. 成果交流：结合本学期的教研开展，选择优秀观察记录、专题总结、自然角创设案例成果进行成果交流与分享，表彰优秀。

8. 具体活动安排见附件1。

八、预期成果

1. 自然角相关观察记录和教育笔记：结合本学期专题教研，教师可以在日常观察和教育笔记中围绕幼儿在自然角的探索进行撰写。

2. 自然角创设方案：各年级教师可以小组合作的方式，撰写班级自然角创设方案。

3. 研究论文：学期末教师可以在观察实践的基础上，对本学期教研成果进行总结与梳理，以"幼儿园探究式自然角创设与实践"为主题撰写个人专题总结。

九、保障措施

1. 种植资源保障：幼儿园为班级开展自然角探究活动，提供需要的绿植、种子及探究工具。

2. 学习资源保障：幼儿园为各班级提供自然角创设专业书籍《角落里的生机》供自主学习；海淀区教研室录制的种植区核心要素解读学习视频，以及小、中、大班种植区经验分享视频资源；科学领域专家的《探究式自然角的创设与利用》的讲座视频。

3. 专家资源保障：提前联络绿植养护方面的专家，为教师提供常见植物分类与养护方面的专题讲座。

4. 教研活动保障：幼儿园已建立科学、合理的教研工作制度，由专人负责、定期开展，保障了教研活动的顺利实施。

附件1

2022—2023学年第二学期教研活动具体安排

活动时间	研究形式	研究重点	研讨后的任务
第一次活动 2月下旬	集体培训	教研计划解读、自然角培训	梳理本班幼儿自然角活动的关键经验
第二次活动 3月上旬	工作坊讨论与集体培训	自然角的核心经验 室内常见植物种植及养护	制定本班自然角方案，创建自然角
第三次活动 3月下旬	个体分享、分组交流	各班级自然角方案交流	结合本班幼儿能力水平，思考观察评估的要素
第四次活动 4月上旬	集体培训、研讨	自然角观察评估工具研讨	依据评估工具，对本班自然角活动进行观察评估
第五次活动 4月下旬	现场观摩与交流	自然角观摩1（利用工具进行环境创设评估）	日常运用评估工具并思考对幼儿自主探究活动的支持效果
第六次活动 5月中旬	案例分析与分组研讨	以种植活动为例，研讨支持幼儿自主探究和记录表达的有效策略	日常观察本班幼儿在自然角中的观察、记录行为

续表

活动时间	研究形式	研究重点	研讨后的任务
第七次活动 6月上旬	现场观摩与交流	自然角观摩2（重点是幼儿记录）	结合本班自然角创设与幼儿活动撰写案例
第八次活动 6月下旬	集体交流	成果分享、教研活动总结	进一步梳理有效指导策略

附件2

教师自然角创设调查问卷

1. 您的岗位：

A. 班长　　　　B. 教师　　　　C. 助教

2. 教师从教年限：

A. 5年以下　　B. 5—10年　　C. 10—20年　　D. 20年以上

3. 教师所在班级：

A. 小班　　　　B. 中班　　　　C. 大班

4. 您班级自然角的植物通常有哪几类？

A. 花草类　　　B. 果蔬类　　　C. 粮食类　　　D. 其他＿＿＿＿

5. 您班级自然角的植物的来源渠道有哪些？

A. 幼儿园采买　B. 自己育苗　　C. 幼儿从家带来　D. 其他＿＿＿＿

6. 您班级自然角为孩子提供的工具有哪些？

A. 喷壶　　　　B. 尺子　　　　C. 铲子　　　　D. 放大镜

E. 记录本/表　　F. 其他＿＿＿＿

7. 您班级自然角是否有幼儿的观察记录？

A. 是　　　　　B. 否

8. 您班级自然角中幼儿的参与形式有哪些？

A. 照顾性活动（如浇水、喂食）　　B. 操作性活动（如动手种植）

C. 观察性活动　　　　　　　　　　D. 探究性活动（如实验）

E. 记录性活动　　　　　　　　　　F. 其他 _____

9. 您班级幼儿对自然角的观察探究活动是否感兴趣、能主动参与？

A. 感兴趣　　　　B. 一般　　　　C. 不感兴趣

10. 您觉得影响幼儿对自然角探究兴趣的影响因素有哪些？

A. 自然角动植物材料投放是否丰富与有趣

B. 目标是否适宜，探究性活动是否符合幼儿年龄特点

C. 教师在自然角中是否对幼儿进行引导

D. 材料是否能根据幼儿兴趣点进行调整

E. 其他 _____

11. 您班级幼儿是否能在一段时间内对自然角进行坚持探究？

A. 能坚持完成相应的自然探究活动

B. 能坚持一段时间，但是不能坚持完

C. 能坚持几天就停止了

12. 您班级的自然角一般由谁来管理？

A. 由幼儿管理　　B. 有教师管理　　C. 由幼儿和教师共同管理

13. 在自然角的以下构成内容中，您觉得最难的是：

A. 观赏区　　　　B. 种植区　　　　C. 养殖区　　　　D. 实验区

14. 你觉得不同年龄段适宜的记录方式是：

A. 实物　　B. 照片　　C. 图片　　D. 绘画　　E. 符号　　F. 数字

小班：_____　　　　中班：_____　　　　大班：_____

15. 您认为自然角中的观察记录有什么意义与价值？

A. 激发幼儿持续进行观察与记录

B. 引导幼儿的观察兴趣和探究欲望

C. 帮助幼儿积累与提升科学相关经验

D. 展现师幼的自然角探究目标和主要活动

16. 请将以下种植区目标填在适宜的年龄段中：

A. 能通过观察、比较与分析，发现不同种类事物的特征或某个事物前后的变化

B. 认识常见的动植物

C. 注意并发现周围动植物的多样性

D. 能对事物或现象进行观察比较，发现其相同与不同

E. 对感兴趣的事物仔细观察，并发现其明显特征

F. 感知、发现动植物生长变化及基本条件

G. 能用数字、图画、图表或其他符号进行记录

H. 能觉察到动植物的外形特征、习性与生活环境的适应关系

小班目标有：

中班目标有：

大班目标有：

17. 您对班级自然角的创设和活动开展有信心吗？

A. 有很把握　　　　B. 不是很有把握　　　　C. 没什么了解

18. 您对过去一年班级自然角的创设满意吗？

A. 很满意　　　　B. 不是特别满意　　　　C. 不满意

19. 您班级在自然角创设和活动开展中面临的困难有哪些？

A. 种养的植物和动物不易成活

B. 如何对幼儿在自然角中的活动进行指导

C. 在区角设置和材料投放上怎么满足不同年龄幼儿特点和需求

D. 幼儿对自然角兴趣不大，如何提升幼儿兴趣

E. 不知道如何根据季节特点投放动植物和材料

F. 自然角可以开展哪些探究性活动内容

20. 在班级自然角创设和活动开展方面，您最期望获得的支持是什么？

附件3

北实幼儿园班级自然角创设方案

班级：　　　　　　　　　　教师：

	活动目标	投放材料 （具体动植物名称）	预期活动
观察比较区 （观赏区）			
实验探究区 （实验区）			
种植能力区 （种植区）			
动物饲养区 （养殖区）			

［北京实验学校（海淀）幼儿园　贾晓秀］

2. 单次教研活动方案的设计

园本教研的过程是促进教师主动学习、主动建构的过程。我们借鉴《教研支持方式的实践与思考》一书中提到的教研过程的关键要素和关键环节，引领保教管理者在设计教研活动方案时把握八个关键因素，即氛围、目的、

问题、情境、方式、反思、提升、实践。

● 营造宽松氛围——为发挥教师的研究主体性，促使其主动研究、大胆尝试和创新，要营造出一种开放、平等的研究氛围。

● 明确教研目的——通过进班观察、调查了解和分析，确定教研要解决教师实践中存在的问题。

● 细化研究问题——将教师在实践中普遍存在或感到困惑的问题，具体化为契合其自身实际情况、可直接研究和实践的问题。

● 再现真实情境——通过案例介绍、播放录像或情景再现等方式，展现研究问题所发生的具体情境，以帮助大家了解、分析问题发生的背景，寻找原因和解决办法。

● 寻求有效方式——教研管理者应根据教研目的思考以何种角色，通过何种途径、组织形式及支持策略来引导教师自己发现问题、分析问题并解决问题。

● 及时进行反思——无论是教师还是教研管理者，都应该在实施活动计划后，根据活动的效果来反思自身在实践中的优点与不足。

● 总结提升经验——教研管理者应对教研过程做阶段性的总结和整体性的提升，梳理和归纳出教师在研究过程中的困惑、感受、分歧、争论、经验甚至教训等，并在此基础上达成共识、提炼策略，提出有待于进一步研究的问题。

● 关注后续实践——在一个阶段的教研过程结束后，教研管理者应注意引领教师在实践中运用已经总结出的经验，或大胆尝试新的方法，以不断地验证和完善经验，使教研的效果落在实践的改进上。

在设计教研活动方案的过程中，保教管理者需要结合教研目标预设问题，引导教师进行讨论。在预设问题时应注意：一是要紧紧围绕教研目标设计问题；二是设计的问题要层层递进；三是预设的问题是关键性的、开放性的；四是可采用不同的提问方式，如追问、反问等，不同的方式会引发不同的思考。

幼儿园保教管理者要把握好八个关键因素设计教研活动方案，在设计之初进行深度的思考，将教研目的与教研实效紧密结合，在关注教研过程的同时，关注教师的专业需求，引领教师积极参与研讨、充分交流沟通、梳理总结经验，让教研更有实效。

> 【案例与分析】

教研主题：主题活动中如何利用资源支持幼儿深度学习

一、活动背景

北航幼儿园坐落于北京航空航天大学校园内，家长大多数从事着与航空航天相关的事业，孩子们从小便感受着北航"大院"文化的熏陶。幼儿园自"十一五"以来，便开始关注身边的资源，以家园合作的形式，将家长资源融入园所活动中，拓展幼儿的眼界，支持幼儿的多元发展。"十三五"以来，园所拓展对资源的认识，通过对资源的摸底、筛选与梳理，聚焦航空航天资源，建构适宜本园特点的航空航天教育，将资源与园本课程建设紧密连接。随着园本课程的不断实践，园所聚焦儿童视角，将资源与幼儿的发展需求紧密结合，在课程资源不断完善的过程中，促进幼儿的深度学习与全面发展。

在主题活动中教师能有意识地利用资源，支持主题活动的开展。但是我们发现教师们对如何利用资源支持幼儿深度学习存在一定的困惑。为进一步了解教师们的困惑，通过问卷调查发现，教师能够从幼儿发展的角度利用不同类型的资源，但是存在资源利用不充分、对利用资源支持幼儿深度学习理解不同等问题。

二、教研目标

1. 通过主题案例分析，共同梳理总结怎样利用资源支持幼儿深度学习。

2. 明确主题活动中资源对幼儿深度学习的作用，达成利用资源支持幼儿深度学习的共识。

3. 尝试分析教师引入资源背后的价值判断，比如引入时间、引入方式、引入程度等。

三、活动过程

1. 聚焦案例，了解主题活动中资源利用的情况。

实录片段1：通过案例分享、感受幼儿深度学习与资源之间的关系。

主持人：在开展主题活动过程中，每个班级都会运用各种各样的资源，幼儿园前期梳理的课程资源库已经成为教师们开展主题活动不可或缺的一部分。近期在与教师们讨论主题活动时发现，教师们普遍有运用资源的意识，但是在支持幼儿学习中需要用什么资源，什么时候利用资源以及怎样利用资源等方面存在一定的困惑。有时资源的引入能够很好地支持幼儿深度学习，但是有时资源的引入反而剥夺了幼儿深度学习的机会，有时恰恰是资源未能被引入反而错过了幼儿深度学习的机会。下面请大家仔细倾听《空天小站》《鹦鹉乐园》两个主题案例，并思考案例分析记录表中的问题。

林老师分享《空天小站》案例：

北京航空航天博物馆是小朋友们特别喜欢也经常去的博物馆，也是园所课程实践基地之一。孩子们在持续进馆体验、探究过程中，逐渐发现对儿童的不够友好：只能远远地看，听不懂，没地方休息等，引发了孩子们想要建造儿童友好博物馆的想法。在设计的不断改进中，孩子们关注到的小小孩以及家长也需要休息等问题，让公共空间更好地服务于大家的想法越来越强烈。但在设计方案确定、即将实施之时，疫情开始严重，改造计划被迫中止。在毕业之际，这个未完成的心愿，传递给了现在的小朋友，他们坚定而愉快地接受了这个任务。当孩子们承接了哥哥姐姐的愿望后，教师意识到这是一次能够将园内的活动向园外延伸的良好教育契机，也是与更广泛的社群建立联系的机会，能够让孩子们初步尝试参与社会性事务，培养他们小小公民的意识。

在以幼儿为主导的活动中，不拘泥于幼儿园现有资源，家长、社区都成为了孩子们活动的参与者，孩子们走进社会真实场景，积极探究解决真实问题，通过操作和体验树立博物意识，化身小小设计师。

 空天小站设计图	 实地测量	 购买家具
 组装家具	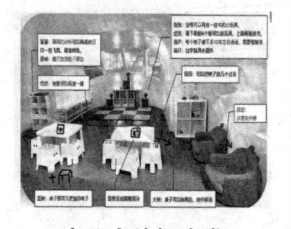 空天小站初建成	 再次完善空天小站

周老师分享《鹦鹉乐园》案例：

新学期飞扬的爸爸给我们带来了一对虎皮鹦鹉，小朋友们看到两只可爱、漂亮的小鹦鹉，非常喜欢。每天都会到自然角看它们吃喝，听它们叫，看它们嬉戏打闹，并根据颜色为它们起名：蓝鹦鹉叫小蓝、绿鹦鹉叫小绿。随着孩子们与小鹦鹉的接触，也由此开启了对鹦鹉的一系列探究活动。在活动开展中，孩子们对小鹦鹉充满了探索的欲望，也具备了一定的探究能力，遇到问题知道想办法。同时，在活动中遇到难以解决的问题，善于通过小组合作的方式完成任务，解决难题。

利用动物资源开展主题探究具有不确定性，涉及生物、生命科学等多学科专业领域，幼儿探索关于鹦鹉的某个问题或突发事件，要分析是否在幼儿最近发展区内，是否有经验能调动，从而判断是否需要引入外部资源。

从班级自然角，到连廊鹦鹉乐园公共区，再到后花园山楂树、博物馆机翼教室，我们抓住幼儿不断深入的问题，根据课程实施渐进式发展的需要，不断突破班级课程的界限，园内外所有场地资源都成为孩子们开展课程的场所，为孩子的活动服务，为孩子的成长服务。

 小鹦鹉来到大三班	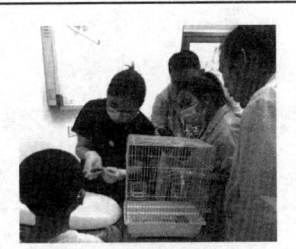 了解照顾小鹦鹉的方法	 设计鹦鹉乐园
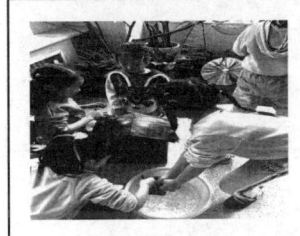 寻找搭建材料	 组建鹦鹉乐园	 鹦鹉乐园建成了

主持人：请老师们说一说听完两个案例后，围绕主题活动教师什么时候引入了哪些资源，也就是案例分析记录表中的第一个问题。

教师1：在林老师分享的这个案例中教师运用了各种资源，有毕业的哥哥姐姐、家长的资源，博物馆资源以及社区资源，将主题活动拓展到了社区这个大的环境下。

教师2：林老师在主题活动开启之初，通过已经毕业的哥哥姐姐，给予了孩子们一个特别好的人力资源与情感连接，激发了孩子们建成空天小站的愿望。

教师3：在鹦鹉乐园主题活动中，周老师抓住了小鹦鹉来到班级这个教育契机，为孩子们提供了探究鹦鹉的资源支持。

教师4：在其中一只小鹦鹉死亡的时候，周老师引入了绘本资源，引发孩子们对生命的思考，进而激发了幼儿想要照顾小鹦鹉的愿望。

主持人：老师们都提到了资源在主题活动中的引入，有的是在主题活动开启之初引入资源，激发幼儿深度学习的动机，有的是在主题活动开展过程中，教师引入绘本资源，激发幼儿对生命的思考，进而引发幼儿的深度学习。

2. 小组讨论，梳理资源在主题活动中支持幼儿深度学习的情况。

实录片段2：案例剖析，梳理资源在主题活动中支持幼儿深度学习的具体表现。

主持人：基于教师们的分享，我们发现教师在主题活动开展中利用了各种各样的资源，资源到底是怎样支持幼儿深度学习的呢？请教师们结合案例分享的内容，共同梳理案例分析记录表中的第二组与第三组问题。

案例分析记录表

两个主题活动中，教师在哪些环节利用了什么资源？你认为哪个资源用得好，为什么？	
你认为哪个环节还可以增加资源？为什么？	
你认为哪个环节的资源可以替换为其他的资源？可以替换什么资源，为什么？	

3. 集体分享，共同分享资源支持幼儿深度学习的时机及其发挥的作用。

鹦鹉乐园小组教师发言：

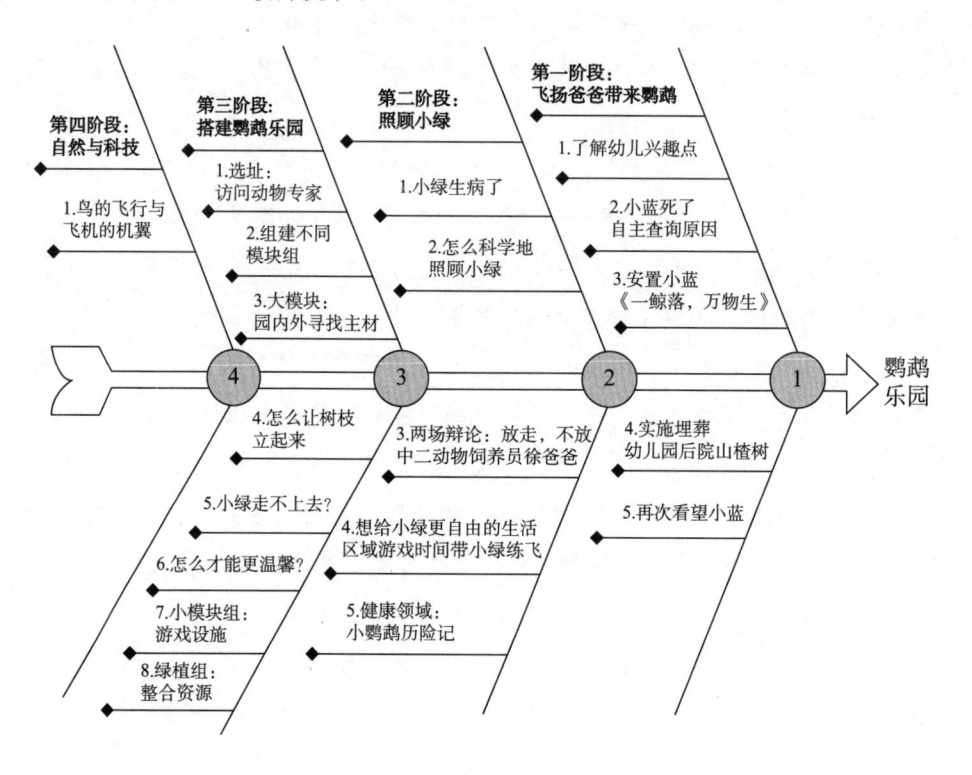

第一阶段：飞扬爸爸带来鹦鹉
1. 了解幼儿兴趣点
2. 小蓝死了 自主查询原因
3. 安置小蓝《一鲸落，万物生》
4. 实施埋葬 幼儿园后院山楂树
5. 再次看望小蓝

第二阶段：照顾小绿
1. 小绿生病了
2. 怎么科学地照顾小绿
3. 两场辩论：放走，不放 中二动物饲养员徐爸爸
4. 想给小绿更自由的生活 区域游戏时间带小绿练飞
5. 健康领域：小鹦鹉历险记

第三阶段：搭建鹦鹉乐园
1. 选址：访问动物专家
2. 组建不同模块组
3. 大模块：园内外寻找主材
4. 怎么让树枝立起来
5. 小绿走不上去？
6. 怎么才能更温馨？
7. 小模块组：游戏设施
8. 绿植组：整合资源

第四阶段：自然与科技
1. 鸟的飞行与飞机的机翼

→ 鹦鹉乐园

主题活动第一阶段：幼儿家长带来的小鹦鹉引发了孩子们对鹦鹉的好奇与兴趣，推动了主题活动的开展。

主题活动第二阶段：随着一只鹦鹉的死亡，鹦鹉专家帮助幼儿了解照顾鹦鹉的方法，之后引发了孩子们对"是否放生鹦鹉"的辩论。

主题活动第三阶段：为了更好地照顾小鹦鹉，再次利用动物专家、家长资源，保安叔叔、安全员帮助孩子们寻找材料，为建设鹦鹉乐园出谋划策。

主题活动第四阶段：在博物馆内，家长组织了有关小鸟与飞机飞行奥秘的教育活动，帮助幼儿解决困惑。

空天小站小组教师发言：

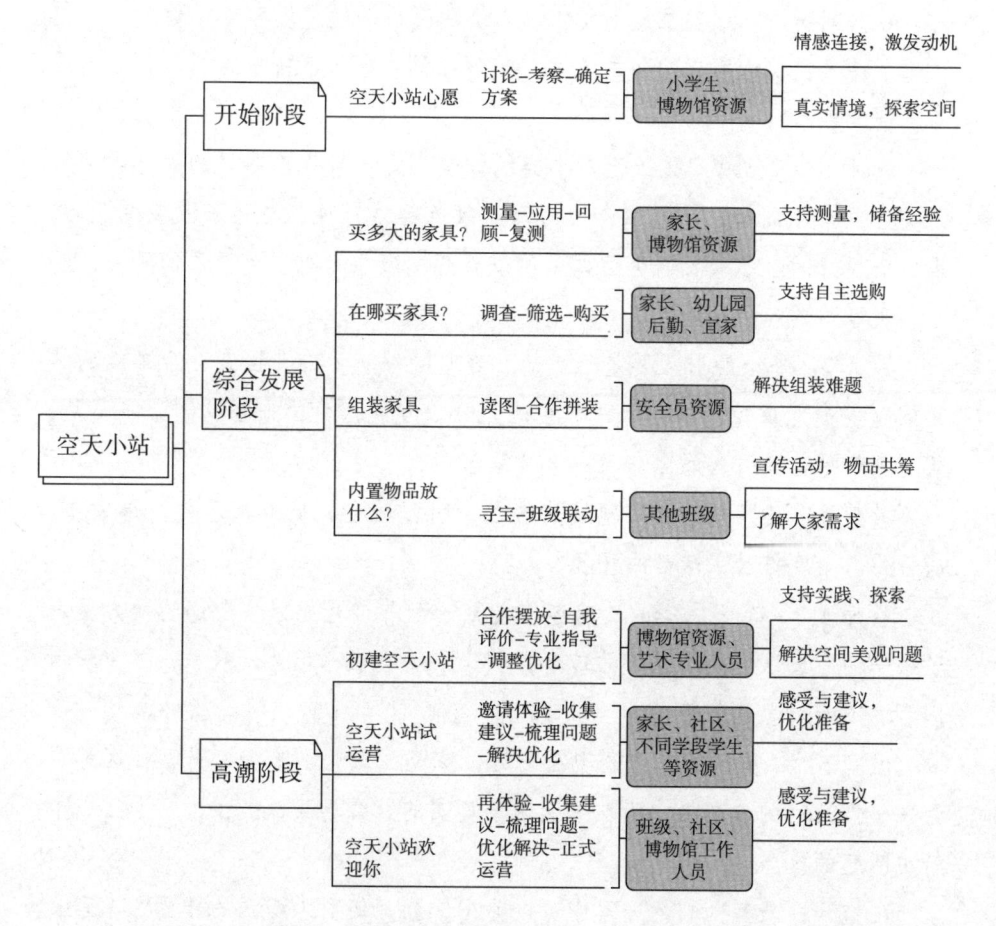

空天小站	阶段	活动	过程	资源	作用
	开始阶段	空天小站心愿	讨论-考察-确定方案	小学生、博物馆资源	情感连接，激发动机；真实情境，探索空间
	综合发展阶段	买多大的家具？	测量-应用-回顾-复测	家长、博物馆资源	支持测量，储备经验
		在哪买家具？	调查-筛选-购买	家长、幼儿园后勤、宜家	支持自主选购
		组装家具	读图-合作拼装	安全员资源	解决组装难题
		内置物品放什么？	寻宝-班级联动	其他班级	宣传活动，物品共筹；了解大家需求
	高潮阶段	初建空天小站	合作摆放-自我评价-专业指导-调整优化	博物馆资源、艺术专业人员	支持实践、探索；解决空间美观问题
		空天小站试运营	邀请体验-收集建议-梳理问题-解决优化	家长、社区、不同学段学生等资源	感受与建议，优化准备
		空天小站欢迎你	再体验-收集建议-梳理问题-优化解决-正式运营	班级、社区、博物馆工作人员	感受与建议，优化准备

主题活动开启之初，教师抓住了哥哥姐姐未完成的心愿这个契机，引入已经毕业的哥哥姐姐，表达了特别想要建成空天小站的愿望，激发了本班幼

儿想要建成空天小站的动机。主题活动开展过程中，教师引入家长资源、博物馆资源，支持幼儿购买家具，共同组装家具，并将空天小站建成。

空天小站建成后，为了检验空天小站的使用效果，教师引入社区资源、家长资源以及专家，不断收集修改完善的建议，最终将空天小站建成并投入使用。

主持人：两个小组的教师都梳理了主题活动中如何通过资源支持幼儿深度学习，通过教师分享我们可以发现"解决问题、专业支持、激发动机、收集建议"等关键词，这些关键词都在告诉我们资源在主题活动过程中发挥着重要作用。

4. 共同研讨，明确主题活动中引入资源背后的教师思考与判断。

主持人：请大家以小组的方式，梳理不同主题下教师引入资源背后的思考与价值判断。

教师1：教师看到孩子们对小鹦鹉极其喜爱，展现出浓厚的兴趣、持续的关注，与此同时，小鹦鹉活泼好动、颜色鲜艳，可以与孩子们亲密互动，是一个很好的自然教育研究载体。所以教师判断它可以成为孩子们研究、学习、照顾与游戏的对象。

教师2：资源的引入要基于对幼儿经验的分析，幼儿探索关于鹦鹉的某些问题或突发事件，要分析是否在幼儿最近发展区内，是否有经验能调动，从而判断是否需引入外界资源。

教师3：根据当下幼儿发展的需求，引入航空领域专家及航空馆资源，从另一个角度推动了活动的开展。

教师4：一个未完成的心愿连接着孩子们与哥哥姐姐，情感的动力坚定了孩子们完成"空天小站"的信念，孩子们的责任意识开始萌芽，并驱动他们为之不断地尝试与努力。

教师5：不局限于幼儿园现有资源，家长、老师、参观人员、社区都成为孩子们活动的参与者，为孩子们创设真实的社会场景，提供了一个又一个解决问题的机会。

主持人：从教师们的分享中可以看出，教师们引入资源的首要考虑因素便是孩子们的发展需求、年龄特点，其次是通过对幼儿发展需求的分析，对资源本身做出价值判断，如能否与幼儿产生连接，资源引入的形式是否是幼儿可以接受的，资源引入后能否调动幼儿深度学习的兴趣，能否帮助幼儿解决目前面临的问题，等等。

小结：资源是如何支持幼儿深度学习的

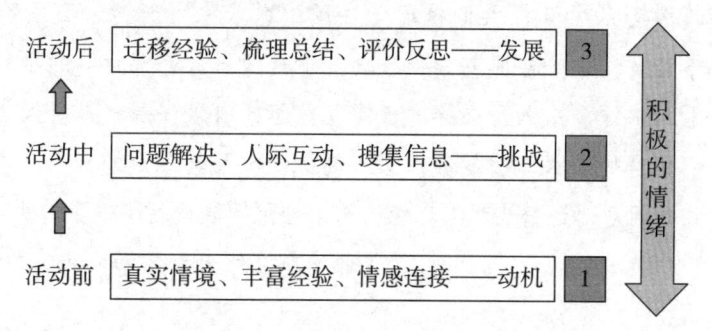

活动后	迁移经验、梳理总结、评价反思——发展	3	
↑			积极的情绪
活动中	问题解决、人际互动、搜集信息——挑战	2	
↑			
活动前	真实情境、丰富经验、情感连接——动机	1	

5. 梳理总结如何有效利用资源支持幼儿深度学习。

主持人：我们共同梳理总结今天研讨的内容，请你谈一谈通过今天的教研活动你有哪些收获和感受？

教师1：资源在主题活动开展中发挥着重要的作用，可以通过资源的利用支持幼儿深度学习。

教师2：教师要在主题活动开展的不同环节适时地引入资源，通过资源的引入激发幼儿深度学习的动机。

教师3：资源不是拿过来就能直接用的，需要将资源转化为幼儿能够接受的，符合幼儿年龄特点的才能更好地支持幼儿深度学习。

主持人：资源是主题活动不可或缺的一部分，在主题活动开启之初、实施过程中以及主题活动的高潮阶段均发挥着不同的作用。通过教师们的分享，我们可以将资源在主题活动开展中的作用梳理如下。

（1）在积极的情绪方面：兴趣、动机、刺激。

（2）在问题解决方面：提供信息、拓展经验、提供策略、提供工具。

（3）在升级挑战方面：提供更现实的问题情境。

我们可以根据本班级主题活动的内容，适时地利用全园的资源库。在资源利用中我们需要做一定的价值判断，即一个中心、两个条件、三条途径。一个中心是幼儿的发展与需要；两个条件即是否有助于幼儿有意义经验的获得、是否与幼儿的学习方式相匹配；三条途径包括分析资源的形态结构、提出资源的核心价值、探索资源与幼儿的互动方式。

四、活动反思

本次教研活动聚焦资源的利用与幼儿的深度学习，达成了资源能够支持幼儿深度学习的共识，共同梳理了资源的引入在主题活动不同阶段支持幼儿深度学习的作用。在此基础上，分析了教师引入资源背后的思考，再次明确何时引入资源、引入什么样的资源以及怎样引入资源。教研聚焦教师真问题，以问题链的形式，引导教师深入剖析资源及其背后的价值。本次教研呈现的是共性问题，还需要针对班级内的个性化问题进行下一步的小范围研讨。

（北京航空航天大学幼儿园　彭博　徐露）

六、激发教师主动学习是专业引领的目标

园本教研的实质是提高教师的专业能力和水平，因此教师是研究的主体。保教管理者的专业引领是最有效的教研支持。通常，我们认为保教管理者的专业引领是引领教师学习科学、先进的教育理论和经验，获得专业能力的提升，但我们往往容易忽视最核心的要素——如何以教师为主体。所有的教研支持方式都是以激发教师主动学习为目的的。

北京市特级教师沈心燕老师在《教研支持方式的实践与思考》中提出："教研的支持方式是以教师为研究主体，以促进教师的主动学习进而获得专业化发展为根本目的，由教研管理者依据教师在教育教学实践工作中的实际需要而支持教师开展主动学习与研究，实现教育与研究同步的多种方式、方法和策略的总称。"因此，保教管理者必须分析研究对象的特点、层次、水平、需求，在教研活动中倾听教师的真实想法和困惑，挖掘教师行为中的闪光点，促进教师学会反思，提出合理的建议，真正做到"以教师为本"才能通过教研促进教师的专业发展。

1. 关注教师的原有经验和不同水平

在教研活动组织过程中，很多保教管理者有这样的困惑，即教师的教育观念和教育行为之间总是有一定的差距，教师的原有经验影响着教师的教育观念、教育行为和教师的学习与发展。教师的原有经验是伴随着教师的受教

育经历和工作经历逐渐形成的。教师的学习是在自己原有经验的基础上建构新的经验。

我们要重视教师的原有经验。只有了解教师的原有经验，才能激发教师的主动学习。"教师的主动学习是一个以自身原有经验为基础，在教育教学实践中，通过亲身体验不断主动建构新经验的过程，是一种研究性学习和反思性学习。"①

我们不能将教师的经验等同于"好做法"，因为教师的原有经验对其发展有着"双刃剑"般的不同作用。一方面是积极的推动作用，它可以成为促进教师建构新经验的桥梁。当教师的原有经验符合新的教育理念所倡导的方向，它就为教师理解新理念奠定了基础，并会推动教师在此基础上不断地建构自己的新经验。另一方面是消极的阻碍作用，它可以成为阻碍教师接受新理念的枷锁。当教师的原有经验不太符合新的教育理念所倡导的方向时，将会对教师接受和学习新的理念产生不利的影响，如果不能及时调整，就会严重地阻碍教师的进一步发展。在教研活动中就要利用教师们丰富的已有经验，推动教师对新的教育理念的内化，促进教师建构新观念下的新经验。

因此，在每一次教研活动之前，教研组织者应该让教师提前做好充分的准备，了解教研的内容，自主搜集相关资料，将理论、观念与自己的工作实践进行对接，带着自己的经验、困惑和问题参加活动，这样才能有效激发教师参与研讨的自信心和主动性。

2. 关注教师的参与感受，及时调整支持性材料

在很多教研活动中，经常以观摩幼儿游戏活动、集体活动、户外活动等内容作为园本教研讨论研究的载体，组织教师们现场观摩和记录，之后进行讨论和评价。一次观摩活动包含的关键点很多，教师在看的过程中如果不了解所看内容与本次教研讨论的关系，看就盲目化了，在看后的研讨活动中也很难把握重点。教研组织者可以为教师设计与本次教研主题相关的观摩活动记录表，引导教师在看的过程中带着问题边看边思考，既为之后的教研讨论做准备，又便于主持人有侧重地将研讨深入下去。

---

① 沈心燕. 教研支持方式的实践与思考［M］. 北京：北京师范大学出版社，2009.

例如，清华洁华幼儿园双清苑分园在"中班室内自然角中的幼儿深度学习与教师观察支持"的园本教研活动中，看到教师还存在一些问题，如对幼儿在植物观察中实现深度学习的支持不足，在师幼互动与点评环节未能有效利用等。在随后开展的一次教研活动中，为了支持教师进一步明确和理解"观察什么？怎么观察？"，引导教师观察幼儿的游戏行为，设计了支持性材料"幼儿游戏行为的观察与分析"记录表，教师以此为基础可以有针对性地对幼儿进行观察和记录，在之后的研讨活动中，教师明显的变化是表述观点更丰富，思考角度更多样，分析评价更深入。

区域游戏观摩焦点讨论表——幼儿游戏行为的观察与分析

被观摩班级： 观摩教师： 观摩时间：

区域游戏	观察内容
1. 在此班区域游戏中，你看到了哪些游戏主题？	
2. 你看到哪些深度学习的游戏行为？	
3. 你看到了教师哪些指导行为？	
4. 关于教师对幼儿游戏中深度学习的支持，你的建议是什么？（如环境支持、观察能力、指导行为等）	
5. 观摩区域游戏后，对你的启发是什么？	

3. 关注教师的参研状态，适时分解重点提问

在教研活动组织的过程中，主持人在围绕教研目标提出问题时，要细致观察教师的反应，如教师的表情、眼神、状态，以此分析教师对问题的理解情况。当发现教师出现茫然、不语、低头等消极状态时，主持人需要快速灵活地调整提问的方式，如将问题换一种说法表述出来，或将问题化解成递进式的小问题，让有层次的问题引领着教师一步一步深入，从而提高教研的效果。

4. 关注教师的发展差异，引发教师反思

为使教师在专业成长的不同时期都能够获得适宜的发展，增强他们的教研能力，保教管理者有必要采取分层培养的制度。首先，可以通过访谈、问卷以及案例分析等，认真辨析每位教师的"最近发展区"，确定新手型、经

验型、骨干型教师三个层次，并为每位教师建立个人专业成长档案，使教师对自己也有准确的专业发展定位；其次，在各个管理层面，如业务学习、教研活动、教学评优等方面，为教师提供不同的支持，如将教育活动评价由"统一"改为"分层"，结合教师的工作年限和"最近发展区"，采用评价指标相同但评分标准不同的评价方式对教师进行评价，这样可以使不同层次的教师都找到自我评价的"坐标轴"，为其在实践中自主开展教学研究和理性反思明确方向。

【案例与分析】

　　幼儿园保教质量发展的关键在于保教管理者自身的水平，如果领头羊的方向错了，羊群就会跑偏。如果保教管理者一味地按照自己的经验做，过程中没有学习、反思、咨询、引领是不行的，而不顾及教师的水平和差异进行指导，即便有一定的专业性也不见得是有效的。对教师们的指导，需要"附在耳边，轻轻地说"。反思平时自己在进班指导时，经常当着很多教师的面说某位教师这不好，那不对，总觉得不说到痛处就不足以引起他的注意，不说得头头是道，就不足以展示自己的水平，很少注意对方是否能承受得了。现在想来，哪位老师不是在课前精心准备、研磨的？学无定法，教无定法，他们也有自己独到的理解和处理方法，而我总是站在自己对活动的理解角度上评价，很少考虑授课老师的感受。通过换位思考后，我意识到：无论是师生之间，还是保教管理者与老师之间，甚至是领导与下级之间，都应该多一份宽容，少一份指责，多一份理解，少一份埋怨，多一份赏识，少一份挑剔，这样才能营造一种轻松、和谐、平等的教研氛围，也只有这样，老师们才敢大胆尝试，勇于创新。

　　因此，在任何教研活动中，对教师实践活动中普遍存在的问题，我都让老师们集思广益，集中研讨，并拿出对策；对老师个别存在的问题，我绝不当众说，让老师下不了台，而是在之后推心置腹地和老师单独交流，共同寻找解决问题的办法。

　　记得在一次观摩活动后的讨论中，执教老师被点评的老师当着大家的面批评了一顿，她难过的样子一直在我脑海中浮现。是不是在教育实践评价时，忽略了对教师心灵的抚慰呢？我们常说好学生是被夸出来的，其实，好老师也是被夸出来的！

我们认可的某一个理念或策略，要在实践中得以实施是很困难的，必须经过反复的实践，方能达到预期的效果。再加上教师自身能力、个性等的限制，我们怎么能拿同一尺度去衡量所有教师的教育教学活动呢？在开展教研活动时我们管理者要做好前期准备：一是要提高自身的教研能力；二是要贴近教师的生活，走进教师的心灵世界，做教师的朋友，当教师专业发展的助手。我们和教师之间要形成一种民主平等的合作关系，这样才能使我们的教研活动更具有实效性，才能最大限度地调动全体教师主动参与教研活动的积极性。

当我慢慢学会俯下身倾听教师的声音后，才发现之前的教研一直是我在唱独角戏：凭自己的主观想法来确定研讨的方向与内容，每次都是我一个人拼命地说，和教师毫无互动。布置班级主题墙时，如果所选的内容不是来自幼儿的前经验或兴趣点，你说了，孩子们也听了，但他们很快就忘记了。教研也一样，如果教研的内容教师不需要，他们听了、学了之后，不去主动实践也就遗忘了。但当你离教师的距离近了，他们的声音也就听到了。

通过一年的实践，园里的老师都在自己的专业领域中得以发展，我们都受益于最初教研室老师告诉我的方法：对我们的同伴多一份心灵的抚慰，让我们学会附在他们的耳边，轻轻地说……

（北京市海淀区富力桃园幼儿园　张冰钰）

5. 尊重教师的学习特点，支持教师自主建构

有效利用教研活动转变教师的教育观念和教育行为，是保教管理者在专业引领过程中的重要手段，因此，需要转变教研的视角，认真审视教师的学习特点和专业发展需求，带领教师在尝试、实践、再尝试、再实践的研究过程中更新教育观念，转变工作方式，调整教育行为，从而在真正意义上促进教师专业水平的提升。研究表明，教师素质和儿童发展及学习之间有着强烈的正相关关系。教师接受正规教育和专业培训的层次越高，就越有可能在课堂上使用合理的教学策略，与家庭的合作也会更加有效，并且会与同事形成一种持续的团队关系。教研活动作为团队学习提升的有效方式，可以借鉴成人学习原理来支持教师的研究。成人学习的原理包括：

- 将学到的东西迅速应用到真实情境中可以增强学习。
- 如果成人可以控制或影响学习的经验，学习就会得到加强。
- 学习依赖过去和当前的经验。
- 学习依赖学习者的主动参与。
- 学习依赖尊重和舒适的氛围。
- 自学可以增强学习。
- 相互交流可以增强学习。
- 学习应该考虑不同的个人学习风格。[①]

七、把握教研组织过程是专业引领的核心

教研活动的组织过程是园本教研的核心环节，是保教管理者引领教师结合日常教育实践中的真实问题进行共同研究、实现共同发展的过程，也是激发教师将已有经验与教育理念相结合、建构新经验的过程。

1. 教研组织过程的五个关键要素

（1）重视学习资源的提供

幼儿园的教研活动不是教师个人的学习，而是团队合作学习，共同提升经验与策略。面对日常教学实践中的诸多问题，单凭教师的原有经验去解决是远远不够的，需要借助多种资源，提升教师的教育理论水平，与实践相结合，才能帮助教师的专业能力切实获得提高。

合作学习的倡导者罗杰斯在阐述"促进自由学习的方法"时提出，要为学习者提供"学习的资源"。他认为学习的资源不仅仅是书籍、杂志、实验室、图书馆，还包括教师同伴、社区人士和环境事物等。鉴于教师在园本教研中的学习和研究是以教师自主探究为基础的活动，具有较高的自由学习的特点，因此幼儿园管理者应重视教师学习资源的提供，不仅强调对教师进行"通识培训"，还应为其提供他人的经验成果、典型活动案例、教学作品等，

---

① （美）安·S·爱泼斯坦.学前教育中的主动学习精要——认识高宽课程模式［M］.霍力岩，郭珺，等译.北京：教育科学出版社，2012.

以及来自教育专家、知名教师和相关社会人士的引导等。

【探索与总结】

以园为本的教研活动，基础是以人为本，以教师为本，在园本教研建设中我们既要注重创建和谐的人文环境，又要重视为教师的自主学习提供便利，引导教师"乐研"。我们可以为教师创建"会心书吧"，这里有资料员、园长、教师提供的园本教研课题方面的专业书籍，摆放在备课室中供教师随时翻阅，同时有"阅读指南"引导教师查找相关资料。也可以为教师设置"教师小憩咖啡台"，将生活与研究有机结合。在紧张、忙碌的研究之余，也让教师有适当放松、休息的场地，"教师小憩咖啡台"是教师缓解压力、放松心情、休息调整的地方。这里虽然地方不大，但教师们可以在此放松地交流经验，提出困惑，化解压力。环境虽小，却体现了管理者对教师的关爱。

（北京市海淀区政府机关幼儿园　原伟）

（2）重视自我反思和团队反思，营造和谐的研讨氛围

著名心理学家杜威认为："反思是对某个问题进行反复的、严肃的、持续不断地深思。"他认为，反思包含对行为和实践积极地、主动地、持之以恒地、仔细甚微地考量，是对问题进行回应的方法。

教研活动中，执教教师对自己教育教学活动的计划与设计过程、组织与实施过程及效果与评价的自我反思，参与观摩活动的教研组成员之间的相互质疑、相互启发、相互补充的集体反思，小组成员中专业引领者的组织与设疑、点拨与提升、理论重组或重构过程的反思，形成了"教师个人反思（发现问题）——教师群体反思（同伴互助分析问题）——专业引领反思（提升和解决问题）"的三段反思过程，这个过程不断循环往复、螺旋上升，令诸多教育教学问题迎刃而解，从而促进教师教育实践能力的提升和教育教学质量的提高。因此，在每次园本教研实施过程中，应引导教师通过多种方式反思自己的教学实践、教学观念、教学行为及教学效果，进行自我批判分析，形成对教学现象、教学问题独立思考的能力，使教师真正成为教学和教学研究以及专业发展的主人。

（3）重视发挥团队合作优势

园本教研不是教师个人独立的研究活动，而是建立在个人自主研究基础上的同伴互助式的团队研究活动。因此，在园本教研中，管理者必须想方设法激发参与者各抒己见，畅所欲言，开展批判性讨论，这对于园本教研的有效开展极为重要。尽管有时彼此之间会出现意见对立，但如果能彼此很好地倾听、接纳、理解，进而达成共识，则能使合作研讨真正发挥实效。这里，我们强调合作研讨应遵循的三个原则：一是提供的意见要以能够激励教师的自我发展为目的；二是为教师提供的具体改进意见不宜过多，以免教师淹没在反馈信息里；三是教师之间以诚相待，不吹毛求疵。

（4）注重总结与归纳提炼

园本教研以发现问题为出发点，以问题解决为落脚点。在每次研究活动或某个主题系列研究活动结束前，总结经验尤为必要。因为经过若干环节或若干次的研讨后，教师们积累了丰富的感性认识和实践经验，有了更多的思考和看法，亟须去粗取精、去伪存真、由具体到抽象、由感性到理性地进行归纳和总结。因此，对研究活动中的信息资料进行全面的回顾、整理、归纳、分析，提炼出具有积极意义的成功经验和有效措施，能够丰富教师自身的专业知识和经验，有效促进教师专业素质结构的更新。

（5）注重回归实践的运用

通过园本教研总结出来的经验、找到的方法，能否切实解决教学中的实际问题，改进教师的教学行为，必须通过实践予以证实。园本教研与教学实践密不可分，园本教研的主题从实践中来，教研成果也必须回到实践中去。教师后续的实践探索是园本教研必不可少的重要环节，其功能在于检验问题解决办法的有效性和可行性。实践检验是验证园本教研实效性的"试金石"，这在方案设计中必须予以考虑。

2. 尝试不同的教研形式

当前很多幼儿园教研的问题一般都由保教主任或教研组长提出，或者来自幼儿园正在开展的课题，教研活动基本延续着一种自上而下的传统教学研究模式，教研活动中往往是管理者、组织者唱主角，教师习惯于被动接受。因为缺少教师的积极主动参与，很多老师在研讨过后仍然无法将教研活动中提炼的方法策略运用到日常教学中，致使教师对教研越来越没有激情，学习氛围淡化，思维的交叉和碰撞少，教学研究成为一种摆设。

要从根本上改善园本教研的效果，关键是提升教师的园本教研理念。从管理层面而言，幼儿园管理者要转变自身教研管理观念，从关注教研结果转变为关注教师需求，从教研活动的指挥者转变为教研活动的合作者、引领者和支持者，改变传统的枯燥、低效、灌输式的教研模式，努力创设一个民主、平等、宽松的教研环境，增强教师们主动参与的积极性，提升教师的教研理念和教研能力。

海淀区幼儿园在实践园本教研过程中尝试了不同的教研组织形式，主要有以下几种。

（1）激趣式

激趣式教研，简而言之就是通过多种形式激发教师参与教研活动的兴趣，使教师在教研活动过程中始终保持饱满、积极投入的状态。通常，幼儿园教研时希望全体教师都能参加，一般都是在中午时间进行。老师们与孩子进行了一上午的活动，往往比较疲倦了，午饭后就容易犯困，此时又要进行教研活动，教师的精力与注意力往往很难达到教研所需要的效果。为此，我们要学会等待老师，帮助老师调整状态，缓解疲惫，保证老师以饱满的热情参与教研，使教研更有效。通常可以在教研前设置游戏环节，教研中安排轮流主持人环节等，以激发教师参与教研的兴趣，营造快乐教研的氛围。

【案例与分析】

研讨前，我们经常做一些创新游戏、沟通游戏、团队游戏、应变游戏、学习游戏、思维游戏、领导游戏、激励游戏等。创造性观点往往产生于宽松民主的氛围中。保教管理者选择的游戏有的是为了营造宽松的气氛，有的是与当日研讨的内容有关。例如：研讨大班科学活动"桌腿大赢家"时，就选择了创新游戏——头脑风暴。教师自愿组成4~6人的若干小组，任务是在60秒内尽可能地想出回形针的用途，目的是启发和引导老师们的创造性思维。每组指定一人负责记录想法的数量，而不是想法本身。在一分钟后，请各组汇报他们所想到的主意的数量，然后举出其中"最疯狂的"或"最激进的"主意。此游戏对研讨"怎样让桌子腿更结实"的问题有很大的帮助,拓宽了教师的思路。又如:在研讨"拱桥能承受多少重量时",保教管理者事先为每一位教师准备一枚硬币,请教师们玩怎样使硬币转起来的童年游戏。教师的兴趣马上被调动起来,有的用两根手指旋转硬币,有的用双手转动硬币,有的将硬币从空中落下旋转……会议室里笑声连连,驱散了疲乏后的教师们马上投入到"拱桥能承受多少重量"的研讨中。

在研讨中,每位老师在讨论与交锋中贡献出自己的"智慧金点子"后,再由教师轮流朗读揭晓书上的答案。教师朗读答案时可以自由选择停止,由下一位教师继续朗读。为了让听的教师认真看书,跟着朗读者的速度走,也为了提高趣味性,可以请其他教师为朗读答案的教师挑错。读错三处的教师要为大家讲一个身边的小笑话。有的教师没有读错也主动为大家讲自己班孩子天真的趣语与趣事。教师们在轻松的氛围中收获了知识与技能。

在教研学习的过程中,由教师轮流当主持人,可以加深教师对所学内容的理解,也使教师们参与的积极性空前高涨。例如在学期初采取骨干引航、其他教师自愿报名的方式,排出教师主持教研学习的时间及内容表。在确定学习内容时,当主持人的教师事先与保教管理者沟通学习内容、方式,保教管理者给予建议使活动更加完善,教师从而获得自主感与自豪感。

(中央军委事务机关红星幼儿园五棵松园 刘淑环)

(2)浸入式

研究初期是教师对研究专题逐步熟悉和接受的时期。在日常的教研活动中设置10~20分钟的交流、共享环节,由教研组织者及教师轮流或自愿与大家分享自己关于教研主题的经验、好文章、搜集的相关素材。这种自然渗透的方式非常适于在课题研究初期进行,为专题研究开启了良好的开端,让教师在没有压力、轻松愉悦的心态下去理解教研主题的目标和内容,充分体现出教师自主、自发学习的特点。

【探索与总结】

浸入式教研的独特之处在于它的"润物无声",在操作时我们要遵循三

个原则:

一是循序渐进原则。切勿操之过急,否则容易引起教师的反感。如在我园的故事欣赏环节,最初由教研组织者来为大家讲述搜寻到的经典故事,几次后便有教师提议轮流准备和讲述,而教师们也越来越多地感受到其中的美妙。一段时间后教师便纷纷自发讲述通过各种途径发现的喜爱的作品。

二是轻松愉悦原则。这样的活动是一种摆脱强制任务和压力的活动,需要创设轻松、快乐的氛围,这样教师才能够真诚地投入其中,发自内心地去接受它。

三是博大精深原则。这样的活动看似随意性大,其实需要教研组织者有目的地精心计划。内容的选取要"经典",即要提供优秀的文学作品供大家欣赏;还要"广博",不同题材、体裁和表现形式的代表性作品都可以介绍给老师,丰富其经验,开阔其眼界;也要有"深度",即组织者要根据教师情况有针对性地、系统地为大家提供有一定挑战性的内容,并注意引导活动的发展方向。

(北京市海淀区新区恩济幼儿园　成勇)

(3)案例研究式

案例研究是以某一特定事件、情景或状况的客观描述为对象,运用多种方法启发教师独立或集体思考,提出见解,达成共识,以达到培养教师分析问题和解决问题能力的一种研究方法。案例研究为一线教师提供了一个记录自己教育实践经历的机会。案例研究不仅能深刻地洞察教育教学过程中的重点和难点,进一步梳理难以化解的难题,而且能有效地促进教师对自身行为的反思,提升教育教学的专业化水平。

【案例与分析】

以往教师在参与研究中,习惯于对案例进行表面性的评价分析,并提出见解,但实际上每一个案例都有不同的思考角度,我们进行案例研究的实质是引导教师了解他人思考的视角,从而引发自己的思考,学习他人的优点,学习别人是如何思考的,最终达到提升自身的目的。

有一次我外出学习，得到了一个案例——《蚯蚓的故事》，这是国外一位教师组织的科学活动，这篇案例给我耳目一新的感觉，我把案例介绍给老师们，大家也赞叹不已。老师们对案例中教师所做的充分的物质和精神准备，教师提问的层次性，给幼儿充分自由探究、交流和表达的机会，对大自然中所有生命的尊重等方面印象深刻。在教师的讨论中，我发现大家真的是转变了视角，深挖案例的教育价值，学以致用。通过这个案例研究，引导教师从关注表面行为转化为学习关注并了解他人的思考视角。

案例研究还可以引发教师的自我反思。一次，一位老师有了这样一篇案例《教师和孩子眼中的骗子》：

孩子们要表演童话剧《皇帝的新装》了。自选角色时，我想这个剧中两个骗子的表演最多，语言和动作也最诙谐幽默，一定有许多孩子争着演。而事实恰恰相反，最受欢迎的是那个只有两句台词的"大街上的小孩"，而两个骗子谁都不愿意去演。通过和孩子谈话我知道了，孩子们认为敢说实话是好人，骗子是坏蛋，孩子们不想当坏蛋，所以不想演骗子。我忽然明白了：在孩子的世界里，人的分界线就是"好人"与"坏人"，也就是最简单的"美"和"丑"。我理解了孩子们，就对他们说："你们不想演坏人，那就先来演其他的角色吧，先不让骗子上场了。"于是，排演进行下去了。当然，通过排练，孩子们发现没有骗子这个角色是不行的，我们最后还是采用了别的方法选出了扮演骗子的人选。

我把这篇生动的教育案例介绍给大家。在讨论中，那位教师感叹道："通过聊天，我才知道孩子们对'美'与'丑'的认识，所以我很庆幸自己没有简单地强迫幼儿去演自己不喜欢的角色，避免了对幼儿造成心理上的障碍。这也促使我在以后的活动中，不仅要关注活动最终的结果，更要关注幼儿在活动中的感受和想法，真正地了解每一个孩子。"老师们还认识到要以关怀、接纳、尊重的态度与幼儿交往，耐心倾听，努力理解幼儿的想法与感受。成人只有以平等的态度，站在孩子的角度，以平视的眼光与孩子接触，才能真正读懂幼儿，了解幼儿的行为动机。

还有一个非常精彩的案例研究故事：

> 班里又要开展种植活动了，我和小朋友收集了大量的种子，特别是浩浩带来了几块长满秧子的白薯。我有过多次和孩子们一起种白薯失败的经历，这回会不会也是一样呢？当我和小朋友一起把白薯秧小心翼翼地掰下来，准备种在田垄里时，浩浩着急地大喊："老师，别种在沟里！"他把白薯秧抱得紧紧的，说："爷爷说要把白薯秧种在田埂上，不能种沟里，不然白薯会死的。"这会不会就是我种白薯多次失败的原因呢？于是我对浩浩说："今天你当小老师，带着我和小朋友一起种白薯吧！"只见浩浩指挥大家在田埂上挖出一个个小坑，浇上一些水，等水渗下去就把秧子种上，埋上土，还把一个个秧子的根部的土堆高、拍紧，很快一排白薯秧种好了。为什么白薯要种在田埂上呢？孩子们发现我也不知道原因时，就说："原来老师也有不知道的事情呀，我们回去问问，回来后告诉老师。"第二周，孩子们争先恐后地为我上了一节"白薯种植课"，有的说白薯种在田埂上是为了它更好地扎根，根扎得深才能结许多白薯；有的说白薯怕存水，田埂上水流得快就不会存水。他们俨然是一个个小小农艺师。

"白薯事件"使教师认识到：在任何方面，教师都不是绝对的权威，而孩子也不是绝对的接收者。这次的"白薯种植活动"，使我对这一点更是有了深刻的认识。当教师确实不知道时，就要蹲下来，以平等的态度与幼儿调换角色，从幼儿身上获得经验，这样既能使幼儿获得全面的发展，更能提升教师的内在素质。教师与孩子都是活动的主体，彼此没有地位的高低和尊卑的差别。教师要充分尊重幼儿，与幼儿密切合作，从而使幼儿形成积极的、丰富的人生态度与情感体验。

同时，在这个小小的师生共同学习活动中，我们看到孩子们充分挖掘了可利用的手段进行资料收集、分析整理，而在平时这是需要教师组织、引导才会达到的效果。看来，教学相长，长的不仅仅是幼儿的知识、经验，更有幼儿的能力与情感态度。

（北京明天幼稚集团　王晓红）

（4）问题推进式

日常教学实践中随时会遇到各种问题，如果问题解决得适宜而有效，教育教学质量会呈螺旋上升的良性发展趋势。因此，开展问题推进式教研，对提高幼儿园的教育质量有重大的意义和价值。一般说来，以问题推进的方式组织教研大致要经历发现问题、诊断问题、解决问题、提升问题四个步骤。

【案例与分析】

在聚焦儿童，以儿童为核心的教育理念下，我们一直在尝试着看见儿童，读懂儿童，并通过每天记录的方式记录和孩子在一起的点滴发现。在这个过程中，自然会伴随着评价，而评价的内容也基于老师对儿童的看见。虽然在观念上很多老师都相信儿童是有能力有力量的学习者，但回到评价上，却不免习惯性地从发现问题的视角去评判。这样的现象引发我们的自问："我们要看见怎样的儿童？""什么视角的看见对儿童的学习和发展是更积极的促进？"因此，我认为老师们很需要一种方式来引领，希望通过聚焦取长式评价的视角，回应老师们对"看见儿童"的需求，并准确捕捉到儿童的发展需要，拓展教育的可能性。由此，我们开展了"如何用取长式评价视角看见儿童"的教研活动，透过对真实案例的分析，对接取长式评价理论，帮助教师理解取长式评价的积极视角以及评价方式，为儿童创造更多发展可能性。

研讨活动第一个环节，我们进行了关于评价的对话。

问题1：什么是评价？

月光老师：对人或一件事的看法。

小萌老师：对人或事或观念自己的想法。

然然老师：主观与客观的结合。

主持人分享百度搜索的关于评价的专业解读，评价即"对人或者事进行判断分析后的结论，包括主观、客观，也包括好与不好，错与对"。

问题2：为什么要评价？

欢欢老师：正视自己。

隗老师：一种鼓励的方式，帮助提升的方式。

然然老师：一种反馈。

小魏老师：一种记录的策略或者手段。

主持人再次用书中对于评价的概念回应教师，帮助教师梳理关于评价的零散的认知，即评价是为了"发现问题，检查情况，找出差距，明确方法，促进发展"。

问题3：我们在什么时候评价？怎样评价？

茜茜老师：在小朋友排队时会评价，评价'快不快，齐不齐'。

小雅老师：幼儿在活动区后要评价，玩了什么，怎么玩的，玩的有没有发展。

晓旭老师："孩子在自我解决问题后老师会评价，评价解决得好不好。"

主持人在肯定老师的同时列举了一些环节让老师思考要不要评价及怎么评价，如：孩子的艺术作品、孩子的一些想法、孩子的某些行为等。由此对话老师们达成了共识：一日生活随时随地都离不开评价，且评价方式多种多样，鼓励式、肯定式、表扬式、找榜样的、找出问题的，等等。

在教研活动的第二个环节，我们结合幼儿活动的真实案例，聚焦4个问题，以小组讨论的方式共同探究取长式评价：

- 什么是取长式评价？（小组共同定义）
- 为什么要取长式评价？（记录个人想法与表达）
- 怎样做取长式评价？（极简记录）
- 对于取长式评价，有何感受？（记录关键词）

第一小组讨论记录：

什么是取长式评价？	是积极正向的方式，及时鼓励与关注
为什么要取长式评价？	增加幼儿的信心，提升幼儿兴趣，使幼儿愿意提出自己的想法，营造积极向上的环境和学习氛围
怎样做取长式评价？	教师1："你的作品效果非常好，栩栩如生的，要是能再加上一对胡须就更形象了。" 教师2："我看到你刚刚特别认真地在思考问题，并且还积极地举手回答。" 教师3："你在游戏中特别认真，也愿意提出自己的想法，非常有趣，我都没有想到呢，我也想试一试，你愿意帮助我吗？" ……
有何感受？	开心、有动力、幸福、更感兴趣、更努力、信心倍增、增进情感

第二小组讨论记录：

什么是取长式评价？	以积极正向的方式进行评价
为什么要取长式评价？	调动幼儿的积极性，促进幼儿发展，给幼儿建立自信心
怎样做取长式评价？	教师1："在孩子画画时给予鼓励，会从作品的优点进行评价，比如'你的颜色搭配很好看'。" 教师2："老师看到你在建筑区搭房子时，有一块积木总是倒，你没有放弃，而是想到了新的办法，你用一块大的积木做了支撑，不但成功了，还能将自己的经验和同伴们分享。" 教师3："虽然今天来幼儿园你还是哭了，但你愿意主动伸出手拉着我一起走进班级，为你的进步点赞呀！" ……
有何感受？	开心、信心满满、有动力、充满希望、有成就感、容易接受

……

此教研内容聚焦儿童，时刻明确以儿童为核心的教育意识，同时基于教师的实践需求，解决教师的实践问题。教研重点是引领教师开展研究，因此主持人通过每个环节层级问题的精心设计，将更多的交流、反思、表达的机会通过各种形式交给了老师，让老师们通过各种途径能有针对性地思考，避免了"一言堂"。同时教研活动的节奏适宜，松弛有度，有重点有概述，能让老师们明白教研活动的重点与难点。教研的整体氛围宽松自主，轻松和谐。教研活动中选取了大量贴近老师们生活和教育现场的案例，这都让老师们减少了研究的紧迫感而增加了研究的兴趣。老师们的参与度很高，互动性较强，很多老师都能真实地表达自己的困惑，同时也能基于问题提出自己的质疑，引发新的思考，教研在老师们的回应与反馈中更有深度。

（北京市海淀区新区恩济幼儿园 许萌）

（5）辩论赛式

由于新观念的冲击，在许多问题上教师不知道如何把握，如何恰当地处理。针对这样的情况，我们一般采用辩论方式，支持教师各抒己见，并寻找理论和现实的依据来阐明自己的观点。在此过程中，教师的表达能力、思辨能力都得到了提高，而这是他们在主动学习的过程中获得的。例如，在音乐教育中，教师面对的两难问题包括：幼儿音乐教育中技能要不要教？怎教？在孩子的学习中介入过多，会被理解为"高控制"，不介入，又会被认为发现不了问题、接不住孩子的"球"，应该怎么把握？

（6）体验式

体验式教研是一种基于现代教育思想和管理理论的学习方式，因其培训方式独特和效果持久被广泛应用。具体来说，就是学习者通过在真实或模拟环境中的具体活动，获得亲身体验和感受，并通过与团队成员之间的交流实现共享，然后通过反思、总结提升为理论或成果，最后将理论或成果应用到实践中，培训师在培训过程中，起着指导作用。[①] 教师进行体验式教研，可以"换位体验"幼儿的感受，增进教师对幼儿学习方式和行为方式的理解。以下是体验式培训案例，教师在教研人员的支持和引导下，像幼儿一样投入到以亲身经历和体验为主要特征的科学探究中，感悟主动学习、共同建构的真谛，感悟如何改变教学与指导方式，才能促进幼儿积极而富有成效地学习。

【案例与分析】

体验式教研的尝试

活动名称：有趣的纸桥

准备材料：

一次性纸杯若干，A4 纸若干张，同样大小和重量的塑料插片若干。

活动过程：

（1）以问题为切入点，了解教师对纸桥活动的原有经验。

教研时间到了，我把事先准备好的材料呈现在教师们的面前，他们用好奇的目光看着我，不知道要干什么。看着老师们惊讶的表情，我微笑着提出了本次教研的第一个问题："您觉得利用这些材料可以做哪些科学活动？"

这样一个开放性的问题打开了教师的思维，教师们纷纷举手要求回答问题。索老师第一个走上来，把一个塑料插片放到了一个纸杯里，然后再把另一个纸杯扣到第一个纸杯上，拿起来摇了摇说："我们可以做一个听筒让幼儿

[①]（英）柯林·比尔德，约翰·威尔逊.体验式学习的力量［M］.黄荣华，译.广州：中山大学出版社，2003.

玩。"邓老师第二个走上来说，可以把纸杯做桥墩，上面放上一张纸做桥面，把插片放上去，再用手伸到做桥面的纸下面慢慢地动桥面，让塑料插片在桥面上跳舞。李老师建议再拿一些线来，可以和纸杯一起给幼儿做传话筒……

从第一个问题的回答情况来看，教师们所提的科学活动，有的没有全部用上我们准备的三种材料，有的还需要额外再去备材料，这说明在座的教师大多没有做纸桥活动的经验，而他们的提议也都与他们以往做科学活动的经验密切相关。我及时肯定了教师们的思考，与他们一起分析了他们所提科学活动适合的年龄班、蕴含的科学原理，以及所用材料与目前所有材料的差异。随后，在与教师们协商后，我提议每个教师拿两个纸杯做桥墩，用A4纸做桥面，拿着塑料插片做计数工具，看看谁的桥面能承载较多的插片。

（2）以研讨为主要方式，与教师共同设置游戏规则。

因为教研气氛宽松、操作任务明确，教师们的参与热情非常高，每个人都按照自己的方式来搭纸桥、放插片。于是，桥墩、桥面，乃至插片的放法就出现了许多种：先来看桥墩，只见有的教师把纸杯的杯口朝上做桥墩，有的则把口朝下做桥墩，而且桥墩之间的距离也各不相等；再来看桥面，有的教师把A4纸对折了一下放到桥墩上做桥面，有的折了两下，有的像折扇子一样折了许多下，有的横着折，有的竖着折，有的斜着折，有的折得宽，有的折得窄……最后来看插片的放法，有的并排放三摞，有的随意往上摞，有的放到桥墩上，有的放到桥面上……

操作了一会儿后，有两位教师的插片因为摆得太高而倒掉了，但是其他几位教师都在桥上放了100多个插片，桥面还能够继续承载下去。看来是很难分出高下了，怎么办呢？我让教师们暂停下来讨论。

我问大家："这样操作下去，我们是否能够测试出谁的桥面更结实？"

教师们异口同声："不能。"

"那怎么办呢？"我把问题抛给了教师。

"我觉得我们应该设置一些限制规则，要不然就算插片放得足够多，知道谁的桥面承载力最大了，也没有什么可比性。"邓老师说。

"哦，什么规则呢？"

"比如，做桥墩的纸杯杯口的朝向，桥墩之间的距离应该是多少，插片能不能放到桥墩上，等等。"

确实是个好的建议。经过大家协商，我和教师们共同制定了游戏规则：做桥墩的纸杯杯口一律朝上，两个桥墩之间的距离应该是A4纸的长度那么长；插片只能放到桥面位置，不能放到桥墩位置。

（3）以经验为基础，引导教师经历猜想和验证过程。

仔细分析我们制定的规则，其实是把桥墩固定下来了，这样桥面是个变量，而同样大小、重量的塑料插片则是个计数工具，谁的桥面放的插片多，说明谁的桥面承载力大。可是从前期操作的情况来看，教师们大多已经意识到像扇子一样把A4纸折起做成的桥面承载面较大。作为一个引领者，我认为再让教师一味地比谁的桥面承载力最大已经意义不大了，应该给他们提一些新的要求。于是，我向教师们提出了一个新问题："把桥墩固定下来后，桥面可以有多种折法。我想请你们思考一下，如果一个科学活动开展30分钟左右，我们可以让孩子们尝试几种纸桥的折法？如果这个活动幼儿持续探索一段时间会有多少种折法？"

"三种。"这几乎是教师们一致的意见。

"好，那就你们现在的探究情况来看，哪种方式折出的桥面承重力最小？"我又问。

"把A4纸直接放到桥墩上去做桥面。"这几乎是老师们一致的猜想。

"哪种桥面承重力最大？"

"像折扇子一样折出来的那种。"这又是教师们一致的猜想。

确定了承重力最大和最小的桥面之后，承重力介于两者之间的就自然好确定了。有的教师建议把A4纸对折一下作为承重力介于两者之间的一种桥面，有的教师则建议把A4纸对折两下。考虑了一下后，我决定把教师们分成两个小组，分别来验证两种折法："好，既然有两种意见，我们就分为两组来验证一下如何？"

经过验证后，我们发现：一张纸的承重力最小，只能承载2个插片；把A4纸对折一下做桥面最多可以承载33个插片；把A4纸对折两下最多可以承载37个插片；把A4纸像扇子一样折起来做桥面，一组折的可以承载130个插片，另一组折的可以承载160个插片。

（4）以实践为核心，帮助教师提升经验。

我们开展体验式培训的目的，是为了教师能够组织高质量的科学活动。

因此，在教研活动接近尾声时，我又和老师们展开了一次小小的对话。

我问："今天的教研活动，开心吗？"

索老师："开心。"

我又问："为什么开心呢？"

索老师："我觉得今天的氛围很轻松，所以我发言呀、操作呀，都觉得很自在。"索老师的话，也得到了其他教师的积极响应。

"既然咱们教师觉得在轻松的氛围里，发言、操作都自在，那我们给幼儿组织集体活动时，应该给幼儿营造什么样的氛围呀？"我启发教师们。

邓老师："应该营造轻松的氛围，用一些提问引领幼儿探究。"

老师们的回答让我很欣慰，我接着问："如果让你来给幼儿做纸桥活动，你会用什么提问引领幼儿探究呢？"

索老师："也会像您今天一样，拿出材料来让幼儿猜想这些材料可以做什么科学活动，然后再让幼儿动手操作，在操作过程中跟幼儿讨论游戏规则，讨论可能的搭桥方式。"

李老师："我不会让幼儿重复我们今天的教研过程，我会把我们今天猜想和验证的结果直接运用到我们的活动组织中，告诉幼儿我们要搭建一座纸桥，但是不知道哪种纸桥承载力大，然后直接提出三种折纸方式，让幼儿猜想哪种折纸搭的桥面可以承载更多的插片，然后让幼儿动手验证。"

看来教师的思考已经涉及活动设置的结构化程度。我告诉教师："我们今天教研的目的是希望教师体验一下探究需要的氛围，也让教师在探究中了解纸桥实验可以让幼儿获得哪些关键经验。然后，我们的教学计划就可以围绕着幼儿可能获得的关键经验来确定需要设置哪些关键性提问，这些提问应既能保证幼儿有一定的探究空间，又能保证孩子获得这些关键经验。"

（中国科学院第三幼儿园　刘乐琼）

八、主持教研活动的方法

幼儿园教研活动的组织者，特别是主持人，一般由保教管理者、保教主任或教研组长承担，主持人的专业水平、组织艺术、策划能力、对教研现场的整体感知能力和对教师参与状态的觉察能力都会直接影响教研活动的效果。主持人在整个园本教研活动开展的过程中担负着把握研究方向、研究重点和研讨节奏，引导各方人员积极参与，对研讨中的观点进行概括、总结和提升等重要任务。为此，教研活动的组织者和管理者可以尝试以下策略。

1. 围绕主题，引导教师讨论

每一次教研活动的开展都应建立在教师感兴趣或亟待解决的问题上，通过调动教师的已有经验引发教师间交流、讨论，从而达成共识，提升经验。因此，主持人应该围绕需要解决的教研主题设计教研活动的结构，调动教师的自主性，引发教师间的思维碰撞。

在研讨中，主持人可根据教研的主题预设问题，引导教师围绕主题进行研讨，并强调两个"关注"：一是在组织讨论时要关注老师的兴趣和"最近发展区"，面对来自各年龄层的执教教师，主持人要能够挖掘共性的话题；二是在对话互动中应关注有潜在价值和解决可能性的问题，可以先由教师对专题提出各种困惑和问题后再讨论，也可以讨论完主持人的问题后，教师再就自己的困惑和看法进行讨论，最后得出结论。

【案例与分析】

主持人：通过看这两次活动，大家可能会有一些不同的感受。今天，我们主要用对比的方法，谈一谈这两个活动给你印象最深的地方。

张老师（经验比较丰富）：从韩老师的活动中感觉幼儿常规好，但活动内容较多，应分成两节；要让孩子先玩乐器，自己探索。随乐伴奏要有明确的指挥。仇老师的活动不仅孩子喜欢，大人也喜欢，孩子感到轻松，很真实。缺乏神秘感可能是因为盖布太小，应全部遮挡，盖布的质地可以再厚一些，加上魔法棒效果会更好一些。

主持人：请老师们用几个关键词或关键句来描述对两个活动的感受。

王老师：韩老师的活动相对传统，节奏有些快，有时感觉交代不清楚，另外，音乐常规要求过多，耽误时间过多。仇老师的活动比较享受，层层递进、新颖。

单老师：韩老师的活动传统，仇老师找的音乐特别好。韩老师前半部分非常好，但故事知识只是作为引子，过程中没有再出现，教师没把孩子带到精灵王国里，孩子不知道去干什么，为什么要干，只是被动地跟随，像个局外人。教师只是按自己的想法去实施。仇老师与韩老师正好形成对比，让孩子自始至终在"角色"里。

主持人：从大家刚才的发言中，可以获得这些关键词。韩老师的活动：传统、模式、节奏快、局外人；仇老师的活动：轻松、惊奇、享受、真实、层层递进。不难看出，对韩老师的活动我们大多从教师教的角度去评价，而对仇老师的活动却不自觉地从孩子的角度去分析和评价。音乐活动最核心的东西是什么？教材本身没有问题，那到底问题出在哪里？为什么在仇老师的活动中总能有孩子，而韩老师的活动中看不到孩子？（引领教师思考要站在孩子的角度上设计活动）

（空军直属机关蓝天幼儿园　尹金娥）

以上案例中主持人在把握本次教研活动主题的同时，用提问引发教师关注幼儿的学习，并调动教师的兴趣和已有经验进行活动关键因素的分析，从观课教师的个人感受这个发散性的问题引到教师怎样站在幼儿的角度去设计活动，并启发教师在活动中关注幼儿的学习过程和需要。

在以集体活动为载体的教研活动中，主持人要激发教师与活动的互动，共同挖掘活动所蕴含的问题与教研主题的关系。活动所蕴含的问题比较明显的，主持人可以让参与研讨的教师们自由讨论，然后对问题进行筛选。活动所蕴含的问题不太明显的，则需要由主持人根据教研的目的直接提出需要研讨的问题，以此引发教师讨论。

【案例与分析】

主持人：韩老师按照教材展开活动，用了律动、语词替换、乐器等方式，孩子应该特别喜欢，但是我们觉得孩子的兴致不太高。如果从孩子的角度来设计，你会做哪些调整？我们来分析一下，各个环节怎样使幼儿能够参与进来。

韩老师：首先从情境上下功夫，让幼儿参与进来。

主持人：情境上如何做？怎样让孩子参与进来？

韩老师：可以用精灵王国的故事串起来。孩子熟悉歌曲和语词没有困难，可以减少歌词分析部分，孩子体验和感受的时间就长了。

仇老师：动作表达节奏，用更明确的语词更精准地指向节奏。

主持人：孩子做不到怎么办？在律动感应的过程中，动作应该怎样调整？是否给出明确的要求？

张老师：同伴之间互相学习，如"树立榜样，看哪个孩子做得好，请他示范"。

单老师：看看孩子的表现，然后再听音乐提要求，如"每一个字做一次动作"。

王老师：分解动作、分析节奏，如"请按着节奏做动作"。

（空军直属机关蓝天幼儿园　尹金娥）

对每一次教研活动的组织，教研组织者都需要面对不同水平和不同经验的教师，都要考虑调动其参与教研的积极性，因此在组织研讨的过程中就要对不同层次的教师加以区别对待。如将简单的问题抛给新任的、经验少的、自信心不足的教师，鼓励其发表自己的看法和观点；将需要提升的问题交给经验丰富的、有研究意识和创新能力的骨干教师，使其发挥辐射带头作用；对一些比较专业的问题，则可以直接点名邀请专业能力突出的教师回答。这样，在每一次教研活动中能关注不同层面的教师，让每一位参加教研活动的教师都获得自信心，体验到参与教研的成就感，不断促进教师的专业发展。

2. 团队共研，促进思想碰撞

园本教研从形式到内容都需要教师团队共同参与，只有教师间高质量的相互交流和互动，才能发挥教研活动对教师专业提升的价值。因此，教研活动的组织者应把握研讨的灵活性，适时地对关键问题进行引导，有效地激发教师在研讨活动中的参与性与主动性，使研究层层深入，不断接近问题的本质。

（1）简单问题大家谈

幼儿园教研活动往往以某个教学活动或教育行为为研究载体展开研讨，由于教学活动的多样性和幼儿行为的多变性，使得教学情境往往是变化不定的，由此引发的问题也是五花八门的。有些教师习惯针对教学活动中突发的问题进行讨论，并期望通过教研活动来解决具体的问题。这类问题往往具有单一性、浅表性的特点。针对这样的问题，教研活动组织者可以将问题抛给全体教师，如："大家对这个问题怎么看？""哪位教师在实践中遇到过并解决了这一问题？"引发教师们的发言兴趣和对实际问题进行反思，利用教师间经验水平的差异展开讨论，帮助教师选择和调整相应的策略，帮助教师在理论与实践中进行反复的探索。

（2）层层深入分解谈

在教研活动的实施过程中，总会有一些问题引发的相关理念和认识与教师原有的理念、认识发生冲突，或者主持人抛出的问题过大、过泛，致使教师因难以理解和应答而造成教研活动的冷场。因此，教研活动组织者在抛出问题的同时，要敏锐地观察教师的反应，发现有问题时应及时调整问题的层次和表达方式，通过不断的追问来化解问题，使问题更加明确、具体，在教师理解的基础上引发深入的讨论，启发教师将个人的教育观念和教育策略表达出来，并鼓励不同思维方式和教育主张的积极碰撞，以此层层深入核心问题，逐步形成清晰的观点和策略。

（3）提升问题延伸谈

随着教研活动研讨的不断深入，会针对一个教研载体生成诸多的问题，有大有小，有深有浅。由于教研活动时间和教师接受水平的限制，不是所有在研讨中出现的问题都要在教研现场中解决。当有些问题比较有价值，是教育教学中普遍存在的问题，但在短时间里比较难以解决时，主持人可以以此为契机，发展出延伸活动，可以将其作为下一次的研讨专题或是利用小组互动教研的方式来解决；也可将问题放在网络上，设立论坛，让大家进行研讨，收集可行性方案；还可就实践性主题，指定部分班级开展与问题相关的活动供大家观摩研讨，经过一段时间的资料收集梳理后，再作为专题交流和研讨。

3. 敏锐观察，适时调控节奏

教研活动如同教师设计的教育活动，有着特定的结构和节奏，教研活动的组织者要把握好教研活动的节奏，调控研讨过程，突出研讨重点，适时推进，使教研活动在特定的时间内有序进行。

在教研活动中所要研讨的问题是层层递进的，组织者要根据教研现场的情况，把控各个环节的联系，当一个问题经过教师们的讨论逐渐澄清后，主持人可适当进行概括和小结，及时转入下一环节的问题讨论。这样每个环节的衔接都是承上启下的过程，实现过程的环环相扣，有的放矢地将逐个问题一一落实到位。

当教师们在研讨过程中出现跑题、偏离主题等情况时，主持人要思路清晰地根据本次教研活动的重点内容和关键问题适时推出主线，调整教研进程，将教师们的注意力牵引到核心内容上，引导教师变换多种角度重新思考，在保证教研进程顺利进行的同时保护教师们参与研讨的积极性和主动性。

教师在讨论中涉及的经验往往是比较零散的，提出的概念往往也不够明晰，而且有就事论事、浮于表面的情况。当研讨结束后，主持人应对研讨进行整体的梳理和简要的概括与总结，对教师不同的观点进行整理。归纳"共识"的目的在于让教师更加清楚所探讨问题的根源以及解决问题的思路和方法，从而更有利于教师的专业发展，使教研活动的核心价值得以体现。

4.梳理策略，关注实践运用

在教研活动的组织过程中，结合教研目标设计问题是教研活动组织者必须具备的能力。教研活动中的问题既有教研方案中设计好的预设问题，又有在教研活动过程中生成的问题。

针对预设的问题，首先是落实，教研主持人要思路清楚、目标明确地将预设问题与教研目标紧密结合，贯穿始终；其次是追问，主持人要充分调动教师的原有经验，挖掘教师的真实想法，引导教师共同探索问题的症结，通过不断追问帮助教师深入思考，逐渐内化提升；此外还要将问题分类，通过研讨不同问题，观察教师回应问题的表现，从而梳理出各种问题之间的内在联系，适时给予专业引领。

针对生成的问题，教研主持人一是要敏锐，认真倾听教师的回答，快速提炼，准确进行核心价值的专业判断；二是要果敢，及时抓住教师有价值的争论，引发深层次的讨论，形成教师间的认知冲突；三是要灵活，面对不同水平的教师，回应时要注意沟通的艺术性，积极鼓励的同时把握好研讨的方向，引领教师深入反思。

总之，在围绕目标、聚焦问题、组织讨论的过程中，保教管理者要有准确的专业判断能力和有效的沟通能力，促进教师主动学习，积极思考，不断成长。

第六章

园本课程建设中的课程领导

幼儿园的高质量发展离不开优质的课程，园本课程建设直接影响幼儿园的保育教育质量，在课程建设中保教管理者对课程领导的作用是非常关键的。领导园本课程建设是幼儿园保教管理者的核心任务之一，它要求保教管理者既要对课程未来发展方向和体系建构有宏观的思考，还能引领和指导教师将课程理念转化为课程实践。

　　课程领导是幼儿园园长、保教管理者和教师在课程思想与课程理念的引领下，共同建构课程愿景、设计课程内容、组织课程实施、开展课程评价等一系列课程研究与实践的过程。保教管理者如何进行课程领导？在课程领导中应遵循哪些原则？如何进行课程目标制定、内容选择、组织实施、课程评价？如何建构课程管理机制？本章将基于幼儿园课程领导实践中的问题，探讨课程领导的实践策略。

一、课程领导的主要内容

园本课程是以国家法律法规及相关政策为指导,以幼儿园现实的环境和条件为背景,以幼儿现实的兴趣与需要为出发点,以幼儿园教师为主体构建的课程。[①] 园本课程既是幼儿园教育理念的集中体现,又是教育理念得以实现的有效途径,其本身具有较为丰富的内涵。从结构要素来看,园本课程包含课程愿景、课程目标、课程内容、课程组织实施、课程评价、课程管理等要素;从运行机制来看,园本课程建设是从规划设计、实践、反思调整,直至不断优化的动态发展过程。

课程领导是课程实践的一种方式,是指引、统领课程改革、课程开发、课程实验和课程评价等活动行为的总称[②]。课程领导虽然采用了"领导"一词,但在当今课程理念中,它并不是传统科层制管理文化之下的"领导",我们所提倡的课程领导注重课程实践主体发挥群体作用,不论是园长、保教管理者还是教师都应该是课程领导者,通过群策群力共同推进课程建设和发展。园本课程实质上是不同实践主体在课程理念共识指引下的协同共进,只有这样才能保证园本课程在实践过程中的问题导向,才能发挥不同主体的主观能动性,使得园本课程拥有持久不懈的内生力。

二、课程领导的原则

高水平的课程领导能够有效推动园本课程的规划和落实,保教管理者要遵从以下原则:

1. 幼儿为本原则

园本课程建设过程中要坚持以幼儿为本的理念,课程目标制定、内容选择、组织方式、课程评价都应遵循幼儿发展规律和学习方式,要符合本园幼

---

① 虞永平.园本课程建设的三个误区和思考[N].中国教育报·学前周刊,2020(8).
② 王钦,郑友训.新课程背景下的教师课程领导力探析[J].教学与管理,2013(21):3-5.

儿的已有经验、兴趣爱好和发展需要。课程建设的起点和终点都应该以幼儿的发展作为重要依据和参考。

2. 多主体参与原则

课程建设的主体是多元的，包括园长、保教管理者、教师、家长、幼儿以及社区人员，大家分工协作，形成教育合力。课程领导本身不是某一个人或某一个群体占据主导地位，不同的主体所接触到的课程范围不同，因此对于园本课程实施状态的关注维度、相应的课程领导作用也不同，当不同主体共同发力时，有利于及时了解园本课程的开展动态，以便采取更多支持性策略。

3. 激励性原则

激励性原则是指保教管理者要鼓励教师发挥课程领导力，创设鼓励、欣赏、悦纳的氛围引发教师主动思考。管理者要坚定地相信，每一位教师都有自身的教育经验和基础，愿意为幼儿的发展付出和负责。要激励教师自主分析，对复杂多变的课程实践问题进行深入思考。

4. 支持性原则

保教管理者要提供各种支持，帮助教师看见每一个幼儿、反思自己的课程实践，然后和幼儿园的课程追求建立连接。要根据处于不同发展阶段的教师的需求提供相应的支持。不同发展阶段的教师的需求是不一样的，如新任教师需要学习和胜任班级常规管理，骨干教师则关注幼儿的兴趣、关注幼儿的学习行为表现，也会反思目标的合理性。要分析教师之间的差异，通过教师的智慧碰撞、协商解决，把"差异"变成教师和幼儿园发展的契机。

三、课程领导中的角色定位[①]

1. 课程建设团队的凝聚者

在园本课程的推行过程中，需要有一支稳定、执行力强、共识度高的团

---

① "课程领导中的角色定位"的作者为北京市海淀区唐家岭新城幼儿园陈曦。

队作为课程实践的核心力量。这支课程团队需要保教管理者不断凝心聚力，有效管理，使得每个人发挥最大作用。课程建设团队的组织管理是保教管理者课程领导力有效发挥的关键所在。

2. 园本课程规划的领导者

保教管理者作为最了解园所保教实践情况的主体，能够从较为宏观的角度把握园所教育工作的现状，可以协助园长召集不同主体参与园本课程的顶层设计，推动园本课程体系建设和课程制度的完善。

3. 园本课程实施的引领者

在园本课程实践过程中，保教管理者需要发挥课程领导作用，全面了解课程推进情况，了解教师的困难和疑虑，收集教师们的意见和想法，引发教师积极思考，保证课程实施的方向正确。

4. 园本课程实施效果的观察者

保教管理者需要对园本课程的整体实施效果进行分析，通过进班观察与指导、观察幼儿、与家长教师访谈等方式，客观分析课程实施的效果，了解幼儿发展情况，不断优化调整课程。

四、园本课程的目标确定

课程目标为课程设计指明了方向，为课程内容选择、课程组织实施明确了标准，为课程评价提供了依据，为课程领导力的发挥提供了方向和指引。课程目标能够帮助课程领导者按照正确方向努力，不偏离目标，从而保证园本课程的整体有效落实。园本课程目标的达成是检验课程效果及课程领导力水平的重要标准。在确立课程目标的过程中，保教管理者需要关注以下几点。

1. 以国家政策文件为指导思想

园本课程目标的制定必须以国家课程目标为基准，保证整体方向的正确性。保教管理者需要深度解读《纲要》《发展指南》《评估指南》等学前教育领域指导性文件，确保园本课程目标制定的整体要求和大方向不走偏。

《纲要》指明了幼儿园的教育目标和内容，《发展指南》提出了3—6岁各年龄段儿童学习与发展目标以及相应的教育建议，《评估指南》为教育目标转化为教育行为提供了具体操作指引。

2. 结合园所实际情况制定课程目标

园本课程目标围绕幼儿园实际情况而定，体现幼儿园对于本园幼儿核心素养培养预期，是园本课程建设的核心要素。课程目标在制定时须综合考虑幼儿发展实际需求、园所文化背景、课程历史基础、家长意见和想法、教师专业能力等现实因素，对这些现实情况进行充分分析和研究。对园所实际情况的准确把握是合理制定课程目标的前提。

3. 建构横向关联和纵向递进的目标体系

幼儿园课程目标旨在促进幼儿身心全面和谐发展，它包括幼儿身心、认知、语言、情感以及社会性等方面的发展。制定园本课程目标要从横向关联和纵向递进两个方面审视课程目标体系的完整性和科学性，要以促进幼儿全面发展为首要任务，有整体性和全面性。从横向层面看，园本课程包含不同领域的课程，其课程目标具有明显的领域特点；从纵向层面看，是指目标体系涉及宏观、中观、微观三个层面，目标之间是具有深度关联性的，它们共同合力体现出多领域融合的特点。

【案例与分析】

课程目标的逐层分解

幼儿园课程实践中，园本课程目标是在宏观教育目标的指导下，结合园所实际情况而制定的。在我园的主题活动课程实施中，教师会结合班级幼儿实际情况，将《发展指南》中幼儿发展目标与园本课程目标渗透到主题中，并通过周目标、日目标来逐层分解，细化落地。

首先，结合本班幼儿兴趣和真实需求生成主题，根据幼儿现有发展水平和前期经验，从《纲要》《发展指南》中儿童发展目标以及园本课程目标的综合理解和判断中确定主题活动目标。

如大班主题活动"绿水青山看中国",其核心内容是通过多元途径让幼儿运用自己的方式感受、了解祖国的大好河山,为自己身为中国人而感到自豪。在确定主题核心内容后,教师会根据《发展指南》中幼儿发展目标,筛选与主题核心内容相关度比较高的领域发展目标,再结合园本课程目标中大班幼儿发展目标,最终形成本次主题活动目标。主题活动目标在前期预设基础上,也会根据本班幼儿发展现状和兴趣需要进行适度调整。

主题目标生成依据	教师对依据的内容进一步筛选、判断		形成主题活动目标
主题核心内容	通过多元途径让幼儿运用自己的方式感受、了解祖国的大好河山,为自己身为中国人而感到自豪。		1. 主动、深入了解祖国的大好河山,并用自己的方式创造性地展示祖国的风貌。 2. 探索过程中能够不断发现问题并提出疑问,尝试与同伴分工合作解决问题。 3. 尝试用多元方式带动更多的幼儿了解绿水青山的中国,过程中尝试用不同的表现手法表达自己的感受和想象。 4. 能有序、连贯、清楚地讲述并宣传自己心中最美的地方,增强责任感,激发爱祖国的情感,进一步萌发我是中国人的自豪感。
《发展指南》大班阶段与主题相关度较高的领域目标	社会领域	1. 知道国家一些重大成就,爱祖国,为自己是中国人感到自豪。 2. 活动时能够与同伴分工合作,遇到困难能一起克服。	↑
	科学领域	能经常动手动脑寻找问题的答案。	
	语言领域	能有序、连贯、清楚地讲述一件事情。	
	艺术领域	能用多种工具、材料或不同的表现手法表达自己的感受和想象。	
	健康领域	能随活动的需要转换情绪和注意力。	
园本课程目标	大班幼儿发展目标	1. 幼儿身心健康,乐于锻炼与挑战,拥有强健体魄。 2. 幼儿独立自主,乐于表达,能够与同伴合作学习,能积极主动地适应集体生活。 3. 幼儿具有良好的自我管理能力、集体责任感和荣誉感。 4. 幼儿有主动探究、自主解决问题、创新实践的能力。 5. 幼儿具有爱家乡、爱祖国的情感和意识,并为自己是中国人而自豪。 6. 幼儿具有一定的审美意识与能力,能够大胆进行艺术表现与表达。	

在生成主题活动目标后,教师会随着主题活动的开展,将目标逐层分解、细化到周目标和日目标中,并结合具体的活动来实现目标。在具体实践

中，周目标是随着主题活动实践而产生的，过程中教师会提前预设，但随着活动的推进，也会根据幼儿的活动兴趣而进行适宜的调整，日目标也同样如此。大班主题活动"绿水青山看中国"，其中一个主题目标是：主动、深入了解祖国的大好河山，并用自己的方式创造性地展示祖国的风貌。我们看一下这个主题目标是如何细化分解的。

主题活动目标	周目标	日目标	具体活动
主动、深入了解祖国的大好河山，并用自己的方式创造性地展示祖国的风貌。	第1周：假期与父母家人游览祖国大好河山，了解中国不同地域的文化与特色，并对感兴趣的地方用自己的方式记录。	1. 与父母商量出行计划，并规划旅游细节。 2. 了解和欣赏旅游地的自然风光、人文特色、美景美食、科技发展等，做随机记录。 3. 亲子形成假期旅游记，选择幼儿感兴趣的内容制作播报的PPT。	亲子讨论、旅游、记录等
	第2周：开展新闻播报，相互分享自己感兴趣的地方，相互讨论并答疑。	1. 幼儿自主播报，介绍自己感兴趣的地方并互相答疑解惑。 2. 给好朋友班级进行播报。	新闻播报 讨论互动
	第3周：寻找最受大班小朋友喜欢的地方，开展进一步探索。	1. 通过尝试、搜集资料等方式探索采访的最佳途径。 2. 通过统计等方法找到最受大班小朋友喜欢的地方。	多形式系列采访 系列统计活动
	第4~5周：探秘大熊猫，多途径展现国宝大熊猫，向大班幼儿介绍我们最感兴趣的国宝。	1. 多途径探索国宝大熊猫的秘密。 2. 展现国宝大熊猫的独特之处并相互交流。 3. 幼儿讲述自己所知道的熊猫的故事，并将视频、音频、图文等信息生成二维码，幼儿可扫码倾听、观看和交流。 4. 向大班同伴宣传、展现国宝大熊猫的秘密。	系列讨论、探索活动、多元表征、宣传策划等活动

以上案例呈现了如何通过主题活动课程将课程目标逐层分解并细化落地，在实践过程中，目标的逐层分解细化要关注不同层级课程目标的关联性和分层落实的重要性，关注这两方面的内容确保课程目标能够真正实现。当

然，在主题活动推进过程中，各层级的目标要随着主题活动的实际进展和幼儿的兴趣需要而适度调整，以达成预设与生成的平衡统一。

（北京市清华洁华幼儿园　边亚华　孙凌伟）

【案例与分析】

具体目标的进阶与细化

结合各年龄段幼儿的情绪发展特点及日常观察中的行为表现，我园基于中外理论学习，梳理和建构关于情绪调节在不同年龄段相应核心发展目标。在核心发展目标、核心能力和具体行为三个维度中存在严谨的逻辑关系，将目标具象化，让幼儿内隐于心的情绪通过外显的行为表现可视化，能够帮助教师在具体实践中有据可依、有章可循，进一步观察幼儿情绪调节能力的发展特点，组织和调整课程内容，助力幼儿身心健康成长。

小中大班幼儿情绪调节能力、发展目标和具体行为表现

年龄段	核心发展目标	核心能力	具体行为表现
小班	1. 情绪比较稳定，很少因一点小事哭闹不止。 2. 在成人引导下愿意表达自己的情绪。	1. 知道自己会出现正向与负向情绪。 2. 遇到问题时不通过负向情绪进行表达。	1. 能识别基本情绪：平静、开心、兴奋、生气、伤心、害怕。 2. 遇到问题时通过寻求帮助来解决，不会出现较大的情绪波动。 1. 通过情绪墙，能展现出自己的情绪变化。 2. 通过模仿，用准确明了的动作、表情、颜色符号表达自己的某种情绪。
小班	3. 有比较强烈的情绪反应时，能在成人的安抚下逐渐平静下来。	在成人的帮助下处理常出现的负向情绪。	1. 当自己出现负向情绪时，能意识到这种情绪是不好的。 2. 通过成人的注意力转换，负向情绪有所好转，并能逐渐恢复平静。
中班	1. 经常保持愉快的情绪。	知道正向情绪对自己是好的，负向情绪对自己是不好的。	1. 能够通过表情或行为识别中级情绪[①]，如平静、高兴、激动、恐惧、焦虑等。 2. 在生活中大多数时间都能表现出愉悦的心情，并能用语言表达愉悦的心情感受。

---

① 李青. "积极行动"理念下的幼儿社会情绪学习课程研究［J］. 上海托幼，2021（9）:20-25.

续表

年龄段	核心发展目标	核心能力	具体行为表现
中班	2.用恰当的方式表达情绪，愿意把自己的情绪告诉亲近的人，一起分享快乐或求得安慰。	能运用恰当的方式来表达自己的情绪。	1.能用准确的词语或短句说出自己的心情状态。 2.能用动作或绘画的方式表达出自己的情绪。 3.能主动地与他人分享自己开心的事件，并在分享时用恰当方式表达出来。 4.遇到负向情绪得不到解决时，愿意告诉成人或同伴，并寻求解决的方法。
中班	3.有比较强烈的情绪反应时，能在成人的提醒下逐渐平静下来；不高兴时能较快地缓解。	能够在他人的帮助下管理强烈情绪，如兴奋、发怒、恐惧等，尝试用正确的方式调节自己的情绪。	1.在成人的帮助和提醒下，想办法（录音、等待或改变想法）来缓解不良情绪，如：利用录音笔将自己和同伴产生矛盾的经历以及失落、难过的情绪记录下来。 2.能通过情绪发泄角中的材料，发泄自己过激的情绪，不用破坏性的方式去发泄情绪。 3.通过正确的情绪调节方式，能够较快地转变自己的负向情绪。
大班	1.经常保持愉快的情绪。知道引起自己某种情绪的原因，并努力缓解。	1.能辨别、接纳和理解自己出现的各种情绪。 2.能正确认识自己产生情绪的原因。 3.能运用恰当的方式缓解不恰当的情绪。	1.情绪识别与理解，认识高级情绪①，如自豪、失望、嫉妒、愤怒、骄傲、尴尬等。 2.能正确地分析自己的情绪产生的原因，并能知道此情绪对自己或他人可能带来的后果。 3.当自己的情绪影响到他人正常生活或学习时，能够意识到自己此情绪表现是不正确的，并能有意识地克制自己当下的情绪。 4.当自己的情绪对自己产生负面影响时，能有所察觉，并尝试通过其他方式进行调节，使自己恢复平静。
大班	2.表达情绪的方式比较适度，不乱发脾气。	1.能根据不同的情景运用适度的方式表达情绪。 2.知道发脾气会伤害自己和他人，遇到问题能心平气和地解决。	1.通过多种方式自主表达自己的情绪感受，如说、写、画或戏剧化等。 2.与他人意见不同时，不会产生攻击性表现，能够用平和的语气沟通。 3.当自己遇到困难产生负向情绪时，能用正确的方式调节，不使其消极发展。 4.当面对失败时，不会破坏性发泄，也不会因此产生无法自控的情绪表现。

---

① 李青."积极行动"理念下的幼儿社会情绪学习课程研究［J］.上海托幼，2021（9）:20-25.

续表

年龄段	核心发展目标	核心能力	具体行为表现
大班	3.能随着活动的需要转换情绪。	能尝试独立运用多种策略调节情绪。	1.能掌握多种调节情绪的方法：深呼吸调节法、意象松弛法、音乐调节法、自我安慰调节法、宣泄调节法、幽默调节法等。 2.能较快地转移注意力的焦点，知道转换后应该表现的正确情绪，并能从上个情绪中解脱出来。 3.知道自己的情绪行为并不能随心所欲，能根据场景对情绪行为进行自我约束。

（北京市海淀区唐家岭新城幼儿园　吴燕利　马闻瞳）

【探索与总结】

目标的表述很多，要理解办园目标、培养目标、课程目标的联系。办园目标指明了园所整体发展方向，清晰地阐述了"为支持幼儿发展应该建构一个怎样的教育场域"；培养目标是园所对于"培养什么样的人"做出的定位，它具有高度概括性和指引性，指导课程目标内涵的确定；课程目标明确了"为了达成培养目标应该开展哪些课程"这一问题。

园本课程目标体系涉及宏观、中观、微观三个层面。宏观层面指的是园本课程的总目标，它以国家课程标准和地方课程政策为依据，是幼儿园所有课程实践所奉行的总目标，具有整体性和概括性。中观层面则是具体到课程实施层面，它是依据总体课程目标而制定的，是总体课程目标的具体化，能够清晰地体现幼儿在某一阶段或某一时间内通过园本课程实施获得的发展，如学年目标、学期目标等。这一具体化过程具有横向全面、纵向深入的特点，在横向层面上体现五大领域的融合，在纵向层面上体现出托班、小班、中班、大班目标的深入递进，以此支持不同年龄段幼儿全面和谐发展。微观层面指的是一日生活中教师组织开展的活动目标，即通过具体的某一个活动支持幼儿获得发展的预期。在课程目标的确立过程中，需要把握好三个层面目标的递进关系,思考宏观目标如何转化为中观和微观目标。

(北京市海淀区唐家岭新城幼儿园　陈曦)

五、园本课程的内容建构

华东师范大学教授钟启泉指出,课程内容是根据课程目标,有目的地从人类的经验体系中选择出来的一系列直接经验和间接经验,并按照一定的逻辑序列组织编排而成的知识体系和经验体系。[①] 课程目标与课程内容是园本课程建构中最关键、最核心的一对关系,课程内容是课程目标的具体化表现,它要解决的是"教什么"和"学什么"的问题,课程内容直接反映了课程理念和目标,并且课程的实施与评价等一系列活动都围绕着课程内容展开。保教管理者在课程内容建构中的领导应体现在以下几方面。

1. 依据课程目标选择课程内容

课程内容的选择要与课程各层级目标相对应。具体而言,课程内容应该包括与课程目标相关的各种活动资源、活动形式和评估方式,确保幼儿能够在课程中获得所需的知识技能、情感态度、行为习惯等方面经验,并最终达到课程目标。同时,依据课程目标选择的课程内容,既要满足幼儿当前的实际需要,又能促进其长远发展。

2. 协同多主体参与课程内容的审议

园本课程需要教师、幼儿、家长等共同协商,具有创生性、动态性和发展性。课程内容的确定需要多主体参与审议,调动各方面力量的积极性,为课程注入更多的活力。邀请教师、家长及课程专家等参与课程内容的审议,实质上是课程本质的回归。

课程审议要从儿童需要、兴趣和整体发展出发,对幼儿园一日生活时间安排、室内外环境、课程内容等多方面进行审议。如:一日生活是否给

---

① 钟启泉.课程论[M].北京:教育科学出版社,2007.

予儿童更多自发活动的机会，注重动静交替，各类活动科学组合；室内外环境是否有生命气息，包容多样化的资源，有利于多种活动充分开展；课程内容是否从儿童需要和兴趣出发，关注不同发展领域的关键经验；是否能将多样化的游戏材料以及具有生命气息的环境作为最重要的课程资源，关注幼儿感兴趣的自然现象、文化民俗等，让幼儿与环境资源充分互动，等等。

3. 协调和拓展教育资源，丰富幼儿的课程体验

正如陈鹤琴先生所说"大自然、大社会都是活教材"，保教管理者要帮助教师建立大课程观，引导教师思考幼儿园所在的地理位置、自然条件、社区环境、附近社会机构等多种资源，选择既贴近幼儿生活又符合幼儿兴趣需要的内容开展班级课程。如有的幼儿园附近有地铁站，教师就开展关于"探秘地铁"的主题活动；有的幼儿园所在的社区有图书馆，教师就可以带领幼儿到图书馆开展图书借阅和阅读日的活动。

【案例与分析】

课程内容的选择和审议

多主体共建园本课程是教育民主的特征表现[①]。我园在课程内容审议上充分调动多方共同参与，呈现多主体贡献经验和智慧的特点。以班本课程启动前的内容审议为例，主要表现为两个方面：

一、多方倾听，初步确定班级课程内容选题

1. 倾听儿童。选题可能源自教师，也可能源自幼儿，无论哪种，倾听儿童都是必不可少的。我们通常采用马赛克方法，支持幼儿通过头脑风暴、儿童会议、主题画、拍照、魔毯等方式多通道表达，在倾听中了解幼儿的经验、兴趣、问题，师幼共同聚焦选题内容。

---

① 虞永平. 学前课程与幸福童年 [M]. 北京：教育科学出版社，2012.

儿童会议：即将上小学，我的心情是……

孔令仪：觉得很开心，上小学可以写数字，可以考试。
许意枫：很开心，中午不用午睡。
王梓凯：很开心，会有自己的作业。
再再：迫不及待，上小学代表长大了，但要离开幼儿园了，不开心，会变得更忙了。
小橙子：开心，因为从来没有去过小学。
陈远：不开心，见不到幼儿园的朋友了。
卜祎：不开心是因为再也见不到同学，开心的是因为长大了。
舒畅：不开心，不想参加小学的辩论赛。
帅帅：很开心，喜欢学习一年级课本。
小满：很伤心，会想念老师和小朋友。
涓涓：很开心，可以学习小学的音乐材料。
李一路：很开心，可以学习数学。
张顺欣：紧张，不会跳绳打篮球。
……

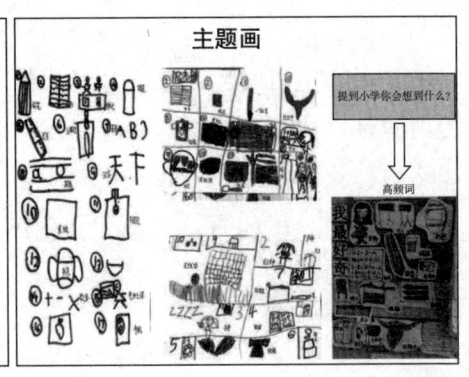

主题画

2. 倾听家长。我园期望家长能够从选题之初就加入进来，这种参与既能提升家园互动的质量，增进家长对课程理念的理解，又能更好地开拓课程视野，丰富课程智慧和资源。因此，当明确选题方向后，教师一般通过头脑风暴引发家长积极讨论。

3. 倾听同伴。选题的过程也是班组非正式教研的过程。在班长带领下，班组成员相互倾听分享信息。大家对照选题标准交流观点，共同发现选题相关的资源、分析其中的活动及其教育价值。这一倾听在审议之前随机且充分地发生，也为后续教师分组跟进提供了依据。

二、多主体共同参与审议过程

审议过程通常由班长或业务管理人员发起，班组教师、骨干教师、业务管理人员、家长代表共同组成审议小组。审议过程是专业探讨而非自上而下单向的业务管理，目的是为选题的成功实施提供支持，而不是对选题进行评价。这样的定位既避免了选题受个人经验或管理权威的影响，同时又为教师大胆表达和专业自主创设了空间。课程审议主要包含以下三部分：

1. 班长介绍选题、选题过程以及选题分析（含资源、活动、价值），提出需要或困惑。审议之前，班组已进行过多方倾听，对选题有初步的分析；审议活动中，班组会提供选题过程的资料，如儿童主题画、访谈记录、家长群讨论记录等，呈现选题逐渐聚焦和形成的过程；另外，班组无法解决的问题也将同时被呈现出来，便于审议小组全面了解，提供支持。

2. 审议小组对该选题的需要或困惑给予回应，提供资源补充、活动建议等支持。例如，在大班编织主题课程审议中，审议小组补充提供了园内的编织专家（喜爱并擅长编织的保育员李老师）、其他的编制形式如"曼达拉"等项目资源，丰富了活动的可能性和幼儿的选择空间。再如，当班长（尤其是新任班长）纠结于如何走出启动第一步的时候，审议小组结合项目选题过程中的倾听素材以及资源，给出多个活动建议，再由班组教师结合本班情况进行选择，最终做出决策。

3. 针对争议内容展开充分探讨。项目选题的价值分析往往容易引起争议，这背后既折射出审议主体对儿童发展目标把握程度不同，也反映了审议主体自身教育观、发展观、儿童观等观念的差异。有差异就会有冲突，有冲突才会有思想的碰撞和重构，促成教师课程智慧的增长。例如，在大班"上小学"的主题课程审议中，教师提出项目的目标之一是"帮助幼儿对入学建立积极的期待"，"积极的期待"引发了大家的热议，"积极的期待"一定能带来更好的入学适应吗？这种期待与现实之间的落差会不会影响幼儿入学适应呢？有老师提出"合理的期待"，那"合理的期待"与"积极的期待"之间的区别又是什么？对这些话题的充分讨论有助于未来班本课程活动设计更加科学合理。

在园本课程内容的审议过程中，多主体参与是至关重要的，园长、教师、家长、幼儿以及其他人员等，都能为课程内容提供独特的视角和有价值的建议。这种共同参与审议的方式有助于确保课程内容的全面性、均衡性和适宜性，也有助于提升园长、教师、家长和社区代表的教育理念和参与意识，促进家园共育和社区合作。

（中国科学院第三幼儿园　朱玉妹）

【案例与分析】

挖掘博物馆教育资源，逐步构建博物馆课程

北京航空航天大学幼儿园坐落在北京航空航天大学校园内，毗邻北京航空航天博物馆，自"十三五"以来园所开始关注身边优质的教育资源，经历调查、筛选以及整合资源的过程，建立了自然、人力、科普基地、社区教育四个资源库，在这些资源中孩子们最喜欢的便是北京航空航天博物馆。

博物馆内大多是大型的飞机、火箭等，怎样将遥不可及的航空航天内容

转化为孩子们感兴趣的活动成为老师们面临的难题。为此我们邀请博物馆馆长开展航空航天科普培训，带领教师们实地参观博物馆，了解北京航空航天博物馆的历史以及每一件展品，增加教师们对博物馆的了解。

教师再次带领幼儿进入博物馆后，教师观察幼儿的表现，了解幼儿的兴趣点，通过观察发现，孩子们对飞机的外形特点、飞机起飞的原理以及展品背后的故事特别感兴趣。为此我们从贴近幼儿生活的元素、可操作体验的游戏以及展品背后的故事入手，设计幼儿感兴趣的活动，支持幼儿的持续探究。

活动前，通过创设航空航天的情境、寻宝清单等，激发幼儿的好奇心；活动中以启发式提问支持幼儿仔细观察、持续探究感兴趣的内容；活动后，回到幼儿园共同反思回顾。

随着博物馆教育的持续开展，教师们与孩子们开始尝试在园内开展博物馆主题教育活动，比如"玩具博物馆"，孩子们将自己喜爱的各种玩具带到幼儿园，并提出要办玩具展览的活动，经历一系列的选址、测量、设计展台、办展等活动，终于建成了孩子们喜爱的玩具博物馆。孩子们还将博物馆内的经验带到户外活动中，创设航空航天情境，充分利用户外游戏材料，化身为小小宇航员锻炼身体，感受航天员锻炼的辛苦。在区域活动中，幼儿通过扮演航天员、制作飞机、搭建飞机场等活动，表达对航空航天的喜爱。

幼儿开始逐渐成为博物馆的小主人，自主发起了一系列的博物馆改造活动。空天小站便是孩子们解决博物馆门口没有休息的地方自发开展的活动之一，经历选址、设计、测量、购买家具、改造以及一次又一次的完善，最终空天小站投入使用，展现了孩子们的小小主人翁意识以及未来公民的能力。在此基础上，孩子们还自发开展了博物馆地图、飞机展、小小讲解员等活动，真正成为了博物馆的小主人。

（北京航空航天大学幼儿园　彭博　徐露）

【探索与总结】

课程内容与课程领导的关系

课程领导对课程内容的选择与实施发挥引领和协调的作用，主要体现在三个方面：一是方向引领。课程领导者需要明确课程目标和愿景，确保所选的课程内容与课程目标和愿景保持一致。二是资源协调。课程领导通过协调各种资源确保课程内容得到充分的支持和保障。根据课程内容的需求，合理配置资源，确保课程内容的选择科学和合理。三是创新推动。课程领导者需要关注课程内容的发展趋势和前沿动态，捕捉新的教育理念和教学方法，将其融入到课程内容中，推动课程内容的创新和发展，提高课程的质量。课程内容也是课程领导的具体体现，课程内容的选择与实施反映了课程领导者的教育理念和价值观。

（北京市清华洁华幼儿园　赵翠翠）

六、园本课程的组织实施

园本课程的组织实施是将课程计划或者方案转化为教育活动的过程。园本课程的组织实施需要教师创造性地开展工作，即根据课程目标，充分利用园所的环境和条件，结合幼儿的兴趣和需要，开展丰富多彩的、涵盖不同领域内容的教育活动。在课程的组织实施过程中，保教管理者需要从以下几方面开展课程领导。

1. 理解课程理念并达成共识

对园本课程理念的深度理解与共识能够激发教师的实践活力。要面向全员开展学习研讨，对课程理念加深理解、达成共识。每所幼儿园都会基于本园历史、所处环境、师幼及家长特点等多种因素，建构本园的园本课程理念，选择各种各样的课程内容，并呈现出丰富多元的课程组织实施方式。保教管理者要在合作对话中建立学习、实践与研究共同体，实现全员对课程理念的深度理解与积极认同，进而更好地推进课程的组织与实施。

2. 制度保障明确基本要求

幼儿园课程的实施途径通常包括教育活动、游戏活动、日常生活、户外活动、家园共育。园所管理者需要带领教师研究不同类型活动如何合理安排，各年龄段、各发展阶段幼儿的学习特点与教育实施要点，通过一系列的具体要求和操作指南支持教师开展教育实践,将课程理念落实在日常实践中。园所管理者要把所有教师都"卷入"操作指南的研讨中,大家一起经历整个过程而非园长一人顶层设计,促使教师思考更多深层次的实践问题,引领教师专业成长。

3. 赋予教师课程自主权

班级师幼互动的质量决定了园所的课程质量,教师作为离幼儿最近的成人,必须享受充分的课程自主权和决策权,将本班幼儿的生活感受、知识经验、兴趣爱好和能力发展作为班级课程实施的出发点和落脚点。保教管理者要密切关注教师在课程实践中遇到的困惑和问题,让教师成为研究的真正主人,通过开展定期或不定期的研讨活动,聚焦班本课程建设和相关问题开展行动研究。

教师的工作具有极大的创造性,幼儿园里的课程决策尤其是班级决策,应该由最能听得见幼儿声音的教师来决定。把课程决策权还给教师,要引导教师把儿童利益放在首位,在共同观察幼儿、对话交流中培养教师的决策力。

4. 实施过程的跟进与引领

教师在课程实施的过程中往往存在忽视幼儿兴趣、不能发现各种偶发的教育契机、不能抓住活动中幼儿感兴趣或有意义的问题和情境、不能识别幼儿以新的方式主动学习并及时给予有效支持等方面的问题。

保教管理者要引领和指导教师,关注幼儿学习与发展的整体性,发现和支持幼儿有意义的学习,寓教育于生活和游戏中。如指导教师学习运用马赛克方法、一对一倾听、儿童表征记录等了解幼儿的意图和想法,帮助教师筛选和辨识幼儿多样化的兴趣,及时捕捉有价值的教育契机,生成对幼儿发展有意义的活动。

5. 指导教师合理利用教育资源

园本课程的组织实施效果与教师能否综合利用各种资源有着重要关系。保教管理者要帮助教师建立大课程观,指导教师挖掘多种资源,帮助教师学会分析各种资源的优势和特点，进行合理筛选，切实发挥各种资源的积极作用。

【探索与总结】

深化课程理念，促进儿童发展

幼儿园课程理念是课程实施的指南针，其能否有效落地直接关系着课程实施效果。我园自"十一五"以来，一直致力于以中华优秀传统文化为主要内容的园本课程建构，通过摸家底、明方向、构框架、巧辨析的探究和摸索，在"十四五"初期，基本形成了"和·萌印"课程，课程理念为"文化塑造品质，科学启迪智慧，艺术滋养心灵，让成长更科学"。从理念的形成到深化，再到实施的蓬勃发展，我们重点从以下几方面进行了探索：

一、全员参与，达成理念共识

课程理念形成之后，我们首先开启了全员的学习和讨论。通过实施方案解读、案例分享、课程汇报、环境参观等方式，面向不同梯队教师、保育员、厨师、保健医、行政人员、保安保洁、家长和幼儿、社区合作单位代表等开展课程理念的传达与讨论，举行"萌印寓意大家谈""课程环境我有话说"等活动，使课程理念被广泛认知并达成共识。全员参与，为课程实施构建了友好人文环境。

二、多措并举，深化课程理解

首先，园所分阶段、分层次开展了课程理念下的内容学习，明确课程实施路径，对标路径进行案例分享，助力全体教职工初步了解课程实施的方式。其次，建立园本课程实施实验班，对标课程理念进行实践。同时，保教管理者及总园课程顾问、专家等进行跟进式指导。发现问题后，再次通过专家讲座、读书会、案例分享与讨论等集体学习活动，帮助教师建立对课程理念的全面、深度的认识，激发教师课程意识。

三、行思并重，推动课程实施

园所在课程实施过程中逐步建立起三级（园级、年级组、班级）课程管理制度，制定了课程实施方案和细则，进一步规范、指引教师日常的课程组织实施行为。每月召开一次课程建设研讨会，通过案例形式呈现近期课程建设实施情况与困惑，并阶段性邀请专家进行诊断，帮助教师厘清课程实施思路，进一步深化对课程理念的理解，支持教师在课程实施中不断创生内容与形式。

促进理念落地的过程中，教师的教育智慧被不断激发，她们的实践更大胆，思路也更加开阔，课程实施能力有了明显提升。例如，大班教师能深度挖掘"故宫中的小怪兽""坚固的建筑"等幼儿感兴趣的内容开展活动，支持幼儿通过游故宫、探故宫、研故宫、绘故宫等多种方式深度调查和了解故宫的建筑特点与文化内涵。在教师的支持下，幼儿变成了一个个拥有不同特质的"小怪兽"，深度研究故宫600年屹立不倒的原因，并开始有计划地改善幼儿园的排水，解决幼儿园下雨积水问题。大班还举办了"幼儿园里游故宫"摄影绘画展。

保教管理者要关注全体教职员工及家长对园本课程理念的认识，促进形成同向发力的课程实施团队，同时，要善于采取丰富适宜的策略有效支持教师深入理解园本课程理念，进而促进教师在实践中不断探索与创新，这样才能将理念转化为教师的具体行为，幼儿园课程理念才能真的"落地有声"。

（中国科学院第一幼儿园　牛文文　郭春洋　赵岩）

【案例与分析】

和教师一起，走在支持儿童深度学习的路上

大二班的小朋友这几天一直苦于自己经营的果园没有顾客。

"今天他们想出好办法了吗？"我带着思考快步向种植园地走去。作为管理者，我有着双重角色，观察儿童行为的同时还要观察教师，了解活动中师幼互动情况，于是我像很多老师一样用视频记录观察了全过程。远远的，我看到一大群大二班的小朋友合伙抬着大桌子向我走来，我很好奇，他们却

得意地说自己有了大发现,觉得在路边"招揽"生意更好一些,正在"搬家"呢。我全程记录了孩子们忙碌的身影,看到他们协商桌子摆在哪里、采摘篮放在什么位置、不同分工的人员站在哪里,等等,当然还有他们遇到的问题。

我刚想和龚老师交流,却发现镜头里龚老师一直没有出现,她始终在一旁指导另一组的幼儿讨论挖萝卜使用什么工具呢!很显然,刚刚孩子们的行为,她一点儿没有关注到,可是她是这一组的负责老师啊!而且昨天她还在和我讨论"主题活动进行不下去了,不知道怎么深入开展"。刚刚孩子们的行为表现就是很好的活动契机啊,他们一直在想办法解决遇到的问题,可是我们的老师却错过了。

在一对一的交流指导中,我用关键问题追问,引发教师自我反思:"今天你负责的小组活动中孩子们解决了哪些问题?又遇到了什么新困难?"龚老师使劲儿回忆却说不出来,还是觉得这个采摘园开不下去了,考虑是否根据另一组小朋友对萝卜感兴趣的情况,将主题活动改成科学探究活动。我没有回答,而是邀请她坐下来和我一起观看视频。龚老师十分认真地观看,并为自己的错过感到"意外":"我也在那儿呢,怎么没注意到,我看见您在呢,就没过去认真听……"说着说着龚老师声音越来越小,为自己没有看到儿童的学习、抓住教育契机而感到遗憾。

观察是了解儿童的起点,是推动活动走向深入的关键,在教师身上"看见儿童"的理念和实际行为常常会脱节,要想落实可能还需要一些具体的方法。我和龚老师一起绘制了一张观察记录表,主要记录幼儿在游戏活动中的具体行为、语言,用视频的方式录制全过程,每天回看避免遗漏,教师明确自己主要负责哪个组,一定要对自己负责的组用心观察。

大二班主题活动指导

开展了哪些活动 (填写具体的活动名称)	幼儿的行为表现 (幼儿的具体行为、语言)	观看录像补充内容

龚老师回去后与幼儿进行了讨论，为了让自己"不掉队"，她主动在幼儿第二天的计划方案中写上了自己的名字，帮助幼儿记录遇到和解决的问题，明确自己的任务。第二天，龚老师见到我简直是欢天喜地，向我滔滔不绝地讲述她的"大"发现，骄傲地分享幼儿想出了更多"招揽生意"的好办法，享受真正"看见儿童"的喜悦，这次没有说活动开展不下去了。

活动持续一段时间后，龚老师又来找我了。

"李老师，孩子们感兴趣的问题太多了，哪个才是有价值的？""他们的主意都挺好的，针对人多和乱的问题，孩子们各抒己见，我该怎么办呀？都支持吗？那不是成了大拼盘了？"倾听、放手、接纳幼儿想法给教师带来了新的问题，面对幼儿多样的表达，老师变得茫然、不知所措，不会从中筛选问题促进幼儿的学习发展。

我要抓住冲突问题，帮助教师建构新知，我问龚老师："你和孩子们为什么开展这个主题活动，核心价值是什么？通过主题活动你最想发展幼儿的是什么呢？"龚老师说了活动缘由，是孩子们发现秋天果园中果实浪费的问题，因而提出由他们自己来管理，在回答核心价值时龚老师卡住了，说能促进幼儿的全面发展。

可以看出，教师在开展活动之时对主题活动的核心目标的认识是模糊的，正是因为这种不确定才会在筛选判断时没有依据，这也是生成活动中很容易出现的幼儿将活动和教师都"带跑"的原因。我和龚老师坐下来一起分析了这个主题活动对于儿童的发展价值，特别是龚老师提到的"初心"："我当时听到孩子们想要管理果园时，想着正好促进他们的交往能力，这些孩子太不爱交流了，不喜欢合作，也不敢大胆表达。管理果园要与全院的老师、小朋友们打交道，是发展幼儿社会性情感和能力的好机会……"是呀，每个综合主题活动都能够促进幼儿的全面发展，我们同时也希望儿童能在真实问题的解决中有比较深入的学习，这就需要在深度和广度上把握好。如何抉择，归根结底，还是要回归儿童，回到本班幼儿的具体特点和发展需要上。所以，挑选两个还是三个问题探究，幼儿三个比较个性化的想法都需要支持吗，我没有直接回答龚老师的问题，让她带着疑问回去了，这个时候我要给教师时间反思，支持她自身经验重塑。

第二天龚老师兴奋地找到我说，孩子们通过投票选出的三个活动都对幼儿的社会性发展很有挑战。全班分成三个组同时研究问题，那些想要自己尝试的也可以在小组活动时个别探究。我和龚老师一起把前几天制定的观察记录表拿出来，在幼儿的行为表现后加入了"是否体现了幼儿的深度学习（体现了深度学习的哪些特征）？是否实现了培养目标（实现了哪些具体目标）？"龚老师填写表格的时候就会有意识地对照培养目标去捕捉幼儿的具体行为、语言，根据幼儿行为表现分析是否体现了个体的深度学习。教师通过撰写、明确每个活动的价值目标，把握活动开展的方向，对于幼儿的问题和想法也能准确筛选和判断了。

幼儿的行为表现（幼儿的具体行为、语言）	是否体现了幼儿的深度学习（体现了深度学习的哪些特征）	是否实现了培养目标（实现了哪些具体目标）	教师的支持策略（教师的做法）	反思和调整

其实龚老师遇到的这个问题是很多老师的共性问题，因此我们在教研活动中，专门进行了关于主题活动核心价值、目标制定如何才能准确具体的研讨，还对园本课程的目标系统进行细化分析，支持教师更有针对性地开展活动，使培养目标、课程目标、主题目标、教育活动目标层次清晰。在这样的研究中，和教师一起互助陪伴，共同成长。

随着天气渐冷，采摘园的果实也在大二班小朋友的管理下没有一点浪费地与全院小朋友分享了，龚老师又来找我："我们班的主题活动是不是可以结束了？"我问："游戏活动是否继续谁说了算？""现在他们只惦记种植园里仅剩的那一小块菜地，那是九月开学时他们播种的试验田，没想到秋天种植也能生长，现在他们担心油菜会被冻，想要保护起来，可是我觉得我做不了，材料从哪里来，孩子们还说想建一个蔬菜温室，我可不会！"

在谈到课程实践的问题与困惑时，很多教师都提出自己在课程实施中会感觉"领域专业知识和技能不够"，面对儿童的学习，作为成人我们一定要先有一桶水吗？我鼓励龚老师再去听听幼儿的想法。桐桐说："大一班画线找的就是维修组叔叔",洋洋说:"大六班熬绿豆汤还是幼儿灶的阿姨帮忙呢",其他小朋友你一言我一语地说"我爷爷也会""让我爸爸来,反正这些菜不能冻了"。

支持儿童对感兴趣问题的持续深入探究,教师确实需要思考提供哪些材料、采用什么方法来解决问题。在幼儿园里人人都是教育者,当遇到困难时可以想到多种资源的挖掘和利用。家长、后勤人员都是幼儿园课程的建设者和实施者,都对儿童的学习和发展负责。在这一次交流后,我和龚老师一起在观察记录表中又加入了"资源利用"一栏,提示教师在设计和实施本班课程时要考虑教育资源的利用。

终于,在大家的共同努力下,秋季种植的小油菜在温室里茁壮成长,大二班的小朋友在初建温室、温室被雪压塌、重新选材建构的问题解决中学习了测量、比较等知识,他们有合作,有质疑,有积极思考,有大胆实践……他们通过自己的行动体现出了深度学习的样子,体现出了果园管理员的样子,体现出了"脸上有笑、心中有爱、行动有力的六一小主人"的样子。

教师不只是幼儿园课程的执行者,更是课程的设计者、实施者、研究者,教师团队的专业能力是课程高质量实施的基本保障。我在跟进龚老师开展课程实践的过程中,着力促进教师的自我反思和积极思考,在指导过程中,精心设计每一个关键提问,通过动态调整的观察表一步步引领教师逐步清晰课程实施的各要素,全程跟进与适当留白相结合,在情感上鼓励,在策略上支持,心中始终装着对龚老师的培养目标,做到运筹帷幄,也静待教师成长。

(北京市六一幼儿院 李硕)

【案例与分析】

助力教师成为幼儿发展的支持者、引导者、合作者

我园在食育园本课程实践探索中建立了丰富的主题案例库,为教师开展食育活动提供了支持,但也出现了流程化的实施过程,很多教师过分强调完

成方案，而忽略幼儿的已有经验和需求，缺乏把握师幼双主体性的意识和能力。为此，我通过以下策略支持和引导教师，提高课程实施质量。

策略一：以工具为支架，使教师成为主动的"支持者"

在主题实施前，我设计了一张主题审议表（见表一），教师需要就主题价值、资源分析与利用、幼儿的经验及可能获得的学习发展进行充分的思考。为了完成这张表格，教师需要去观察、倾听幼儿。同时，进一步设计"已知－想知"表格（见表二），支持教师更好地与幼儿对话，充分了解幼儿的兴趣、经验和需求。

表一　主题审议表

主题名称				
选择，确定依据				
预设目标				
幼儿经验	已有经验	未知经验	需知经验	面临的挑战（幼儿在经验上和学习上有可能会遇到的困难）
资源分析				

表二　已知－想知表格

关于_____已知……	还想知道……

以红薯主题为例，教师通过工具主动观察与倾听幼儿，找准主题的重难点，进而更好地支持幼儿深入探究（见表三）。

表三　已知－想知表格

关于红薯已知……	还想知道……
有藤，藤上有叶子，藤有点粗，还很长，有紫色和绿色，藤上有毛毛	红薯花还不太认识
藤是缠绕的	叶子上有洞是不是被虫咬的？
叶脉有绿色、有紫色	藤为什么是弯弯的？
爱心形的叶子，叶子有绿色、紫色、黄色	红薯成熟后，叶子会不会变黑？
叶子是绿色的，挖出的是紫薯	为什么红薯长在地里？
红薯花里面红，外边白	怎样挖出红薯？

策略二：以问题为驱动，使教师成为积极的"引导者"

面对幼儿众多的"还想知道"，教师经常出现不知如何判断和筛选的情况。因此，我通过三个追问帮助教师进一步厘清问题，成为课程实施中的"引导者"。

首先是"谁来选择"，我鼓励教师将选择权还给幼儿。幼儿通过投票、协商等方法选择最想解决的问题，教师结合发展目标适度引导；其次是"为什么选"，教师进一步分析所选内容的教育价值、可实施性等，充分思考在活动过程中幼儿可以做什么，教师如何支持；最后是"选了之后怎么做"，引导教师运用驱动性问题激发幼儿的探究兴趣，引发幼儿的持续性探究，通过启发性对话促进师幼思维互动。例如在确定了"怎样挖出红薯"这个问题后，教师提出"挖红薯需要先干什么，再干什么？""怎么才能挖出完整的红薯？"等问题，引导幼儿深入探究。

策略三：以观摩评价为引领，使教师成为专业的"合作者"

同伴的不同视角、经验等是促进教师反思的重要途径，我通过现场观摩和主题评价的方式，促进教师间的深度交流。观摩中，我引导教师找到"我看到的幼儿发展"，并"提出一个问题"，使教师的观摩更有针对性。观摩后，我针对教师反馈的共性问题开展教研。

（北京市海淀区上庄科技园区幼儿园　徐燕）

【探索与总结】

课程实施如何体现"以幼儿为本"

在班级课程实践中,保教管理者可以从以下三方面入手支持教师更好地观察、理解幼儿,在课程实施中体现"以幼儿为本"的基本理念。

1. 支持教师"会观察,会倾听",充分了解幼儿。保教管理者可以为教师提供适宜的支持,如通过观察表、访谈提纲等支持教师更好地观察幼儿、倾听幼儿,发现幼儿兴趣、经验与需求等,指导教师灵活调整,通过预设和生成相结合的活动支持幼儿主动学习。

2. 支持教师"会提问,会组织",充分激发幼儿。幼儿是活动的主体,在园本课程的组织实施中,始终要关注和激发幼儿的深度参与。保教管理者可以通过观摩学习、案例研讨等方式,引导教师学会提问,丰富活动组织形式,支持教师基于幼儿学习特点开展活动,通过驱动性问题激发幼儿兴趣。

3. 支持教师"会分析,会反思",充分尊重幼儿。园本课程的高质量实施离不开教师的及时分析与反思,保教管理者要通过多种方式了解教师在实施中出现的问题,通过提问等方式引发教师深度思考,并给予专业支持。

(北京市清华洁华幼儿园　舒丽)

【探索与总结】

家庭、社区及周边环境等都是很好的教育资源,能够有效拓展幼儿生活和学习的空间。在园本课程的组织实施中,教师容易局限在自己的经验里,实施途径也多以集体活动和一日生活为主,缺乏充分利用资源、拓展课程实施途径的意识与能力。保教管理者可以通过提供案例、集体研讨等方式引导教师去挖掘和利用更多的资源,不断扩展课程实施途径,提升课程实施效果。

1. 帮助教师建立大课程观，激发并提升其挖掘多种资源的意识与能力。保教管理者要善于帮助教师打开思路，可以通过理论学习，例如陈鹤琴的"大自然、大社会都是活教材"，帮助教师建立起大课程观，也可以通过提问启发教师思考，如多问问教师"还可以怎样？""只有这一种方式吗"，引导教师思考是否可以挖掘身边更多的资源来支持课程实施，例如森林、小河等自然资源，图书馆、博物馆等文化资源。

2. 帮助教师整合资源，不断拓展挖掘各种资源的途径。各种资源具有不同特点，其中也涉及很多的单位与部门，他们对幼儿园的支持与合作是资源开发与利用的保障。保教管理者在激发教师充分挖掘课程资源的基础上，还必须支持其能够获得这些资源，如从园所层面构建社会资源网，与各个部门建立积极联系，同时引导教师通过线上线下相结合、请进来与走出去相结合等方式灵活利用资源。

3. 帮助教师合理筛选和利用资源，切实发挥各种资源的积极作用。虽然我们的生活和环境中存在着各种各样能够为幼儿的学习与发展提供支持的资源，但不是所有的资源都能拿来就用。保教管理者需要通过集中研讨、实践指导等方式引导教师基于需求选择适宜的资源，支持其通过更加合理的活动形式利用资源，使多种资源能够发挥其最大价值。

（北京市清华洁华幼儿园　舒丽）

七、园本课程的诊断评价

幼儿园课程评价是幼儿教育工作的重要组成部分，有助于了解教育工作的适宜性、有效性，有助于调整和改进教育工作，从而提高教育质量，更有效地促进每个幼儿的发展[1]。园本课程评价是以幼儿的发展为核心，主要包括对课程方案的评价，即整体的课程规划是否科学合理，教师的活动设计是否符合幼儿的发展需要；对课程实施过程的评价，即幼儿在课程中的表现、教师的态度与行为、师幼互动的质量、学习环境等；对课程效果的评价，即幼

---

[1] 虞永平，张辉娟，钱雨，蔡红梅.幼儿园课程评价[M].南京：江苏凤凰教育出版社，2009.

儿的学习和发展状况、教师实施课程后的变化和提高等；对课程管理的评价，即班级和园级不同层级的课程管理开展情况。课程评价的过程是对幼儿园课程的价值进行研究的过程，旨在了解园本课程的编制是否符合教育目的和本园儿童的发展需要，幼儿通过课程的学习是否实现了相关的发展，教师为幼儿的学习和发展提供了哪些支持，课程在哪些方面还可以继续改进和完善等问题。

积极主动地开展幼儿园课程评价，有助于幼儿园相关人员形成保教质量意识与主动行为，持续地保证幼儿园的保教质量达到标准；有利于提升教师实施课程的专业能力；有助于落实幼儿健康和谐发展的目标，使幼儿发展得到持续的关注与推动；有助于不断改善课程结构、内容品质和成效。因此，园本课程评价作为课程体系的基本要素，是促进课程继续迭代发展的支点，具有检验、反馈、调节、激励、诊断、导向的功能。保教管理者是园本课程评价的组织者、领导者和决策者，应引领教师在一日生活中开展课程的过程性评价。

1. 强化自我评估的方式，充分发挥教师的评价主体性

《评估指南》提出："幼儿园应建立常态化的自我评估机制，促进教职工主动参与，通过集体诊断，反思自身教育行为，提出改进措施。"幼儿园实践中的课程并不是一成不变的，需要经历"设计—实施—评价—研讨—再设计"不断循环往复的螺旋式更迭，因此幼儿园课程具有很强的生命力。教师作为课程实施的重要主体，应当把课程评价视为自我反思、自我成长的过程。

课程评价是教师运用专业知识审视教育实践并进行价值判断的过程，是教师发现、分析、研究和解决问题的过程，也是教师专业素养不断提升的过程。保教管理者要让教师成为课程评价的主体，而非被评价的对象，要引领教师在课程实施的过程中保持一种专业自觉，主动检视自身教育行为的适宜性和有效性，实现课程的不断改进和完善。

2. 共研课程评价的标准，确保评价的科学有效

园本课程的评价必须贯彻落实国家教育评价的指导思想，2020年中共

中央、国务院印发了《深化新时代教育评价改革总体方案》，提出"坚持科学有效，改进结果评价，强化过程评价，探索增值评价，健全综合评价，充分利用信息技术，提高教育评价的科学性、专业性、客观性"。园所在开展课程评价的过程中应当避免经验主义的倾向，树立科学的评价观，遵循《纲要》《评估指南》等文件中提出的相关原则与要求，依据市区级的教育改革发展方向，带领团队共同研制课程评价标准。课程评价标准的研制，是对课程结构要素和课程实施预期结果不断厘清的过程，也是引领教师明确个人实践努力的目标和方向的过程，能够更好地促进教师全面、系统地反思改进课程，为全面提升幼儿园课程质量提供支持和保证。

3. 综合运用多种评价方法，全面了解课程实施状况

园本课程实施的过程是复杂多变的，任何一种评价方法都不可能是万能的。每一种评价方法都有自己的特点、长处和缺陷，都有特定的适用范围和界限。可以根据评价的内容选择适宜的评价方法，也可以将多种评价方法结合使用。如质性评价和量化评价相结合，内部评价和外部评价相结合，形成性评价与总结性评价相结合，既可以充分发挥各种评价方法的优势和特长，又可以相互弥补缺点和不足，从而使评价结果更加全面、科学、有效。其中，幼儿发展评价一定是在日常生活和教育过程中自然进行的，不宜用测查的方式，而应当运用观察、访谈、一对一倾听、作品分析、学习故事等多种方式了解幼儿学习和发展状况，并且避免用统一的标准评价不同的幼儿，应当尊重幼儿发展的个体差异，积极关注幼儿的进步和努力。

4. 注重评价主体的多元性，激发不同群体参与课程评价

《纲要》指出："管理人员、教师、幼儿及其家长均是幼儿园教育评价工作的参与者。评价过程是各方共同参与、相互支持与合作的过程。"园本课程评价的主体是多元的，包括园长、保教管理者、教师、幼儿、家长、专家、社区人员等不同群体，不同主体可以从不同角度提供课程实施的信息，促使评价更加科学客观。其中，保教管理者应该发挥联络者、协调者的作用，即联络不同群体参与园本课程评价，同时又要关注到不同群

体对于课程理解的差异，在评价中起到解释说明、反馈信息、协调指导的作用。

【探索与总结】

为什么要开展课程评价

教育作为培养人的活动，关注的应该是具体的、现实的、活生生的、完整的人，园本课程评价注重对每一个独特个体发展价值的尊重，基于以人为本的评价观念，发挥评价的发展性功能，突出评价的多元性和过程性，促进幼儿的全面发展。

随着课程改革的深入及弹性计划、生成课程等理念的提出，课程设计模式变得灵活起来，"是否有利于幼儿的主动学习和有个性地发展"成为重要的评价标准，这无疑促使课程评价的功能发生变化，课程评价的目的不再只停留在理论层面，开始向实践层面转化。课程评价的目的主要有以下几个方面：

1. 诊断园本课程开展状况。课程评价是对课程现象和活动的系统、客观地把握和评判，能保证我们得到准确、科学的信息。因此，依靠课程评价，能准确判断幼儿园课程的开展状况，发现问题并及时作出调整。课程评价是促进园本课程建设的需要，也是课程管理的重要环节。

2. 反馈课程实践中存在的问题。反馈问题是课程评价的一个重要功能，也是幼儿园课程实践的一项重要工作。在幼儿园课程实践过程中，经常性地开展多种形式的评价对于发现实践中存在的各种问题，并进而解决这些问题具有重要意义。保教管理者在此过程中需要合理运用不同的评价方式，不能厚此薄彼，必须统合兼顾，进一步给予教师相关指导，帮助教师建构科学的课程评价观，完善课程实践。

3. 保障园本课程的高质量发展。近年来，课程评价的发展过程不断从他评走向自评，从评价课程实施的效果走向评价课程实施的过程，这就进一步推动评价结果反哺于课程实践。首先，课程评价的过程可帮助教师了解自身教育实践能力、实践中存在的问题、实践后需要改进的地方，最终帮助教师反思自己的教育工作,进行自我调控、自我完善、自我修正,从而促进教师的专业发展。其次,课程评价的过程也可提高家长对幼儿园活动的参与意识,增进家长对幼儿园教育活动的认识,提升家长的育儿能力,促进家园共育。总之,课程评价能促进教师、家长以及所有和课程相关人员的发展,这一过程的良性循环成为园本课程高质量发展的有力保障。

4. 促进幼儿的全面发展。在课程评价过程中,需要重视幼儿知识和技能的获得,更要重视幼儿情感、品质、态度、社会性、学习能力的发展。评价的维度需要多元化,既指向显性能力的提升,又要突出隐性能力的培养,从而能够全面有效地诊断幼儿的发展水平,发挥课程评价对幼儿的唤醒、激励作用。课程评价作为课程开发过程中的调节系统,以促进幼儿发展为根本目的,这也是课程评价的本质所在。

(北京市海淀区唐家岭新城幼儿园 马闻瞳)

八、园本课程的管理机制[①]

幼儿园课程管理是幼儿园园长及相关人员对幼儿园课程编制、实施和评价等工作进行组织与管理的过程,幼儿园课程管理需要一系列保障机制来推进课程不断实施、优化与变革。

随着课程管理理念的不断变革,幼儿园课程管理机制已经从层级管理、行政管理走向赋权管理、专业管理,更加注重多元主体共同管理,注重教师课程意识构建与课程领导力的发挥,注重激发园本课程建设的内驱力和课程运行的持久动力。当前课程管理主张通过民主参与、平等对话、尊重差异等方式调动不同参与者支持幼儿园课程从研发、实施到决策的主动运行与不断优化。

1. 在平等对话、民主参与的氛围下建设课程管理机制

课程管理机制是与幼儿园课程建设与运行过程相伴相生的系统性工程,为幼儿园课程决策、研发、实施和评价等一系列课程运行过程提供有力的

[①] "园本课程的管理机制"的作者为北京市清华洁华幼儿园边亚华。

支持与保障。课程管理机制建设应注重氛围的开放性、主体的多元性与参与的民主性，在平等交流与对话中积极建构课程管理机制并实施，避免自上而下的课程管理或园所管理者的检查监督。因此，课程管理机制的建设要注重参与主体的多元性与民主性，让管理者、教师、家长、专家、社区人员及上级行政人员等形成园本课程管理的共同体，围绕课程运行的不同阶段来共同研讨审议，在对话交流的基础上达成共识、形成合力，不断完善、优化课程建设。园所应基于自身课程建设情况，从课程研发、实施到评价等关键环节形成相应的制度和管理机制，以确保对课程运行的推动与支持。

2. 保持课程管理机制的活力，激发教师课程创生能力

幼儿园课程管理机制建设的目的是为园所课程动态运行和迭代更新提供资源供给与力量支持，以保障园本课程的不断创生优化，从而促进教师专业发展与幼儿的全面和谐成长。

在课程建设与运行过程中，教师是课程建设的主体与主力，课程实践与优化离不开教师的主动钻研和积极实践。

首先，幼儿园课程参与主体要建构共同的课程愿景，明确课程未来的发展方向，激发课程建构主体自主实践和主动探索。其次，赋予教师课程决策权与自主权，支持教师大胆实践创新，同时跟进系统的培训与指导，提升教师的课程管理意识，促进教师将自己的理念与优势、班级幼儿的需求与特点融入课程实践中，实现教师与儿童共同建构班本课程，促进课程理念的班本化、园本化探索，培养教师的课程创生能力。

再次，要形成多主体参与的课程实践共同体，大家围绕课程实践的具体问题与情景相互协商、平等交流，拓宽思维视野，吸纳有益观点，真正帮助和支持教师实现课程的深度探索。

最后，建构科学合理的课程管理机制，保障教师与课程实践中的其他主体享有的自主空间与支持体系，激发园所课程创生的能动性与先进性，促进课程的迭代更新。

【探索与总结】

多主体参与课程管理机制建设的探索

在园本课程建设与运行过程中，我园定期邀请学前教育领域的专家、家长代表、社区工作人员、学校职能部门代表，以及本园全体干部和不同岗位的教师代表、后勤工作人员代表等围绕课程建设开展系列研讨会，建立了以园长为核心，教研室具体负责、不同群体参与的课程管理共同体。

共同体成员围绕园本课程建设的环节与要点，形成课程决策的民主审议机制、课程研发与实践的共建共享机制、课程实施与优化的沟通反馈机制、课程评价的导向激励机制，并共同讨论制定出不同主体在课程管理四个机制运行中发挥的作用。课程管理机制民主共建的核心目的是吸纳多主体共同参与，实现多主体互动共生，推动我园课程建设的创生与迭代。

在课程决策的民主审议机制中，针对园所课程建设与运行的重大问题需要大家基于一定的理念共同作出科学判断与决策。比如园所课程发展愿景、课程总体目标与内容框架、课程实施与评价的方向等方面，由共同体基于自身的理念与观点提出建议，并在系列学习、培训、讨论等的基础上达成共识。

在课程研发与实践的共建共享机制中，教师与园所管理者（园长及业务干部）是课程研发与实践的主体，家长、社区人员和幼儿园其他部门人员是课程研发与实践强有力的资源和支持者，而专家、园所管理者是引领者，答疑解惑，为实践群体提供专业支持与帮助。园所管理者需要发挥双重作用，既要与教师共同开展课程实践，同时也要为教师实践提供支持，引领教师开展实践探索。同时，我们强调每一个成员都可以为其他成员提供课程支持与帮助，调动所有人员的专业积极性，发挥专业引领的能动性，如专家可以基于课程理念给予实践指导，而一线教师则可以基于实践情境给予其他成员情境化的解释，帮助大家更好地理解课程实践中的具体表现，家长和社区工作者同样可以基于自己的领域为大家提供服务、指导与支持等。

在课程实施与优化的沟通反馈机制中，我们注重沟通反馈机制的畅通性与实效性，一方面定期围绕课程实践的现场、案例、困惑等进行共同研讨，研讨中大家都可以提出自己的问题，并提出改进和优化策略；另一方面保教管理者通过日常巡班、教研等方式随时与教师进行沟通，倾听教师的真实声音，发现教师实践中的问题、困惑或优点，及时捕捉并给予适宜的反馈与支持，在相互的沟通、反馈交流中提升教师的课程主体意识，进一步激发教师沟通反馈的主动性，形成沟通—反馈—实践—优化的不同主体良性交流机制，共同促进课程的发展与优化。

在课程评价的导向激励机制中，课程管理的共同体成员皆是课程评价的核心成员，大家围绕"儿童发展"的根本性问题形成评估要点，并围绕评估要点展开定期与不定期的过程性评价。课程评价对课程建设的理念、实践、管理等起到了积极导向作用，让课程实践真正活起来。在课程评价管理中，我们注重发展性评价、建设性评价和多主体共同评价，主张将课程评价变为多元共同体交互参与的活动，真正让课程评价成为相互交流、发表观点、促进成长的正向激励活动。同时，通过现场交流、案例推荐、经典活动品鉴等多种途径将优质的成果和经验向市区推送，鼓励教师与管理者发挥示范引领作用，促进教师主动成长。

（北京市清华洁华幼儿园　边亚华）